RACHEL KUSHNER

HARTE LEUTE

Essays

Aus dem Englischen von
Bettina Abarbanell

Rowohlt

Die Originalausgabe erschien 2021 unter dem Titel
«The Hard Crowd» bei Scribner, New York.

Die Übersetzerin dankt dem Deutschen Übersetzerfonds e.V.
für die Unterstützung ihrer Arbeit an diesem Buch.

Deutsche Erstausgabe
Veröffentlicht im Rowohlt Verlag, Hamburg, November 2022

Satz aus der Fournier MT
Gesamtherstellung CPI books GmbH, Leck, Germany
ISBN 978-3-498-00240-4

Dieses Buch ist für Peter Kushner
und Pinky Drosten Kushner

Was andere von mir aufnehmen, spiegelt sich in mir wider
und bildet die Atmosphäre namens: «Ich».

INHALT

The Girl on a Motorcycle

Wenn ich an Sommertagen zum Spielen nach draußen geschickt wurde, versteckte ich mich oft in der Garage. Deren Attraktionen für ein Kind waren ein Roller mit Holzrädern, mit dem ich auf dem glatten Zementboden herumfuhr; stapelweise Pfirsichkisten, die geplündert werden konnten, bis meine Mutter Zeit fürs Einmachen fand; und eine 1955er Vincent Black Shadow. Die Vincent war das Motorrad meines Vaters, das er 1965, drei Jahre vor meiner Geburt, in England gekauft hatte. Meine Eltern lebten zu der Zeit mit meinem älteren Bruder, der noch ein Baby war, in einer Wohnung ohne fließend warmes Wasser im Londoner Stadtteil Kentish Town, damals ein Arbeiterviertel, in dem auch ein berühmter Theoretiker der Arbeiterklasse – Karl Marx – einmal gelebt hatte. Während meine zweiundzwanzigjährige Mutter oben auf dem Herd Windeln auskochte (in einem Topf, den sie an einem Gemeinschaftswasserhahn im Flur füllte), verbrachte mein Vater die Tage damit, auf der Straße vor dem Mietshaus an seinem Motorrad zu werkeln. Wenn es zu dunkel dafür wurde, ging er in die Kneipe, um Bücher zu lesen, denn der Strom in der Wohnung meiner Eltern lief über einen Münzautomaten und war unerschwinglich, zumindest für sie. Mein Vater behauptet noch heute, dass Kneipenkultur und Klassenbewusstsein zusammengehörten, weil alle des kostenlosen

Stroms wegen in Bars gingen. (Mit «alle» meint er, glaube ich, Männer.) Aber an Guy Fawkes Night, so erzählt man sich in unserer Familie, blieb mein Vater zu Hause bei meiner Mutter, und sie sahen gemeinsam aus dem Fenster und schauten zu, wie die Leute ausgediente Möbel und anderen Müll zu einem lodernden Feuer auf der Straße zerrten, wie es an diesem Tag, zum Gedenken an Guy Fawkes' 1605 unternommenen Versuch, das Parlament in die Luft zu jagen, Brauch war. Als eine Frau einen leeren Kinderwagen zum Feuer schob, drückte meine Mutter den Kleinen schnell meinem Vater auf den Arm und rannte hinunter, um sich den Wagen zu holen. Sie wollte ihn so unbedingt haben, dass sie die Frau unter Tränen anflehte, ihn nicht zu verbrennen. Die Frau lenkte ein und gab ihn meiner Mutter. Es war ein Silver Cross – Luxusausführung –, allerdings ziemlich verdreckt und wegen einer ausgeleierten Feder krängend. Meine Mutter liebte ihre schiefe Kiste und schob meinen Bruder darin gern durch den Regent's Park, während mein Vater endlos an seiner Vincent herumbastelte.

Gelegentlich fuhr mein Vater auf der Vincent zum Ace Cafe, einem rund um die Uhr geöffneten Diner mit gigantischem Neonschild, in dem das Phänomen des «Café-Rennens» populär gemacht wurde. Eine Vincent Black Shadow war exotisch im Ace, wo die Leute zumeist mit Rennlenkern und zurückversetzten Fußrasten aufgemotzte Triumphs, BSAs und Nortons besaßen, aber zu ihrer Zeit war die Vincent eine sehr schnelle Maschine mit gigantischem Motor (1000 ccm). Als mein Vater das erste Mal zum Ace rausfuhr, das an einer Ringstraße im Nordwesten Londons lag, war draußen vor dem Haus, wo die Motorräder in funkelnden Reihen geparkt standen, gerade ein Streit im Gange. Irgendein irregeleiteter Störenfried verteidigte die Mods (im Ace traf sich ausschließlich die Rockerszene). Mary Quant und die Modewelt hatten die Mods und ihren dandyhaften, androgynen Look, ihre Vespas und Lambrettas zu einem aufkommenden Trend erklärt – einem, der die Rocker als Inbegriff der Coolness abzulösen drohte. Mein Vater fragte einen der Rocker: «Worum geht's hier denn?» Der Mann sagte: «Das sind Scheiß-*Weiber*, darum geht's!» Er meinte die Mods.

Die Rocker waren Männer und wollten, dass man das auch erfuhr. Die Mods waren Weiber. Und auch Frauen waren Weiber, die Kinderwagen schoben. Das war alles vor meiner Zeit, spielte aber in meiner Vorstellungswelt, da draußen in der Garage, eine große Rolle. Was war ich? Ein Kind, das versessen auf das Motorrad seines Vaters war.

Gegen Ende jenes Jahres zogen meine Eltern auf einem griechischen Frachter in die Vereinigten Staaten zurück, und die Vincent kam mit. Ihr rostiger schwarzer Benzintank hat eine Delle, seit sie achtlos vom Frachter auf eine Laderampe fallen gelassen worden war. Wenn ich allein in der Garage war, hob ich die grüne Segeltuchhülle an und lauschte auf das Ticken und Singen ihres Aluminiumgussmotors, der sich in der Sommerhitze regte. Sie war völlig verschmutzt, und trübschwarzes Öl tropfte in eine Schüssel unter ihrem Motor, aber selbst dort auf ihrem Mittelständer, mit beiden Rädern in der Luft, und obwohl sie nur einmal im Jahr gestartet wurde, kam sie mir vor wie ein lebendiges Wesen. Meinem älteren Bruder hätte nichts gleichgültiger sein können als der Unterschied zwischen Universal- und Sechskantschlüsseln; ich war es, die im Regen stand, wenn die Fahrer bei der Rallye der britischen Motorrad-Oldtimer vorbeikamen, zusammen mit meiner Mutter im Matsch am Straßenrand versank und sich, mit sieben, überlegte, dass Motoröl unter den Nägeln, die Fähigkeit, einen Viertaktmotor zu kickstarten oder eine Fußkupplung zu bedienen, nicht nur von Fertigkeiten zeugte, sondern von *Charakter.*

In dem englisch-französischen Spielfilm *The Girl on a Motorcycle* von 1968 schenkt Alain Delon seiner jungen Geliebten Marianne Faithfull eine Harley-Davidson. Über weite Strecken des Films sitzt sie auf dem Motorrad und fährt glücklich und vom Wind gepeitscht durchs Land. Das Motorrad war ein Hochzeitsgeschenk: ein fahrbarer Untersatz, der sie aus dem Elsass, wo sie mit ihrem ahnungslosen Lehrer-Ehemann lebt, nach Heidelberg bringen sollte, wo sie sich Delon um der Aufmerksamkeit und Erniedrigung willen (in einer unbeabsichtigt geschmacklosen Szene schlägt er sie mit einem Rosenstrauß auf den Hintern) hingibt.

Obwohl wir sie allein auf der Harley sitzen sehen, ist es Delon, der ihr Schicksal antreibt. Er hat ihr das Motorrad geschenkt, um sie von ihrem Ehemann weg und unter seine Kontrolle zu bringen. Trotzdem kommt man am Wesen der Maschine, die von einer mächtigen Schubkraft bewegt und von der Fahrerin gelenkt wird, nicht vorbei. Wenn sie darauf sitzt, ist sie allein und schnell. Sie fährt bei Sonnenaufgang über die französisch-deutsche Grenze, in einem engen Ledereinteiler mit nichts darunter, und fragt sich, ob der grinsende Beamte sie auffordern wird, den Reißverschluss zu öffnen (der Originaltitel lautete ursprünglich *Naked under Leather*, daher auch der deutsche Titel *Nackt unter Leder*). Der Beamte tätschelt ihren Hintern und winkt sie durch. Sie ist zwar zu Delon unterwegs, könnte theoretisch aber überall hinfahren – eine Tour durch Bayern oder nach Polen machen, während Delon raucht und grübelt, gemeingefährlich gut aussehend und allein.

Motorräder kamen nicht als Geschenke von Männern oder Transportmittel zu Männern in mein Leben, sondern als Maschinen, die gefahren werden wollten. Mein erstes Bike war eine Moto Guzzi 500, die schließlich einen Moto-Guzzi-Mechaniker anzog. Der Mechaniker, der zehn Jahre älter war und eine stärkere Persönlichkeit hatte als ich, entpuppte sich als dominierend und manipulativ, ein wenig wie Alain Delon es gegenüber Marianne Faithfull ist. Und bedauerlicherweise stand ich, wie Faithfulls Charakter im Film, unter seinem Einfluss, selbst wenn mein Interesse an Motorrädern – nach der Guzzi wechselte ich zu japanischen Straßenmaschinen – absolut eigenständig war. Der Mechaniker half mir, eine rennfertige Kawasaki Ninja für ein gefährliches, illegales Straßenrennen herzurichten, an dem auch er teilnahm. An dem Rennen teilzunehmen hieß, seinem Leistungs- und Mutstandard gerecht zu werden und sich zugleich allein auf die Reise zu machen. Ich glaube, ich brauchte seine Anerkennung, wollte aber zugleich von dieser Dynamik befreit sein. Selbst wenn es ein Mann ist, der eine Frau auf die Reise schickt – für die Dauer dieser Reise ist sie kinetisch, entfesselt und für sich.

Auf einer Landkarte kennzeichnet eine dicke schwarze Linie den Transpeninsular Highway, oder Highway 1, der sich ganz durch Baja California zieht – eine lang gestreckte vielgestaltige Halbinsel, die vom mexikanischen Festland durch die lauwarmen, lebensreichen Gewässer des Golfs von Kalifornien getrennt ist. Der Highway 1 ist die größte und wichtigste Straße durch Baja California. Sie wurde 1973 fertiggestellt, Zeugnis der Modernisierung und erste Verbindung zwischen Nord und Süd in einem Gebiet, wo die Menschen einst, durch riesige Flächen rauer Wüste und hoher Gebirge voneinander abgeschieden, über ihre eigene Region hinaus kaum Verbindung gehabt hatten.

Eine dicke schwarze Linie auf einer Landkarte kann für Uneingeweihte irreführend sein. Als ich besagtes Rennen 1992, mit vierundzwanzig Jahren, fuhr, wurde der Highway 1 nur auf einer Reihe von Mautstrecken zwischen Tijuana und

Ensenada regelmäßig instand gehalten (wenn auch ohne so luxuriöse Dinge wie Leitplanken oder Fahrbahnmarkierungen) – ein winziges Teilstück der 1770 Kilometer langen Straße. Jenseits von Ensenada bestanden die befestigten Straßen aus direkt auf den Erdboden geschüttetem Schotter, hatten also genauso viele Senken und Kurven wie das Land darunter. Solche Straßen halten nicht gut, und so gab es auf der gesamten Strecke bis zum Ende der Halbinsel riesige Schlaglöcher, manche davon klaffende, fünfzehn Meter lange Flächen bröckelnder Befestigung. Die häufigen und dramatischen Senken, *vados* genannt, konnten mit Sand oder Wasser gefüllt sein und in einer eiskalten Wüstennacht auch mal mit einer schlafenden Kuh, die im Straßenbelag noch Restwärme vom Tag gefunden hatte. Baja California ist bergig und die Straße, abgesehen von ein paar geraden Abschnitten, eine gewundene Aneinanderreihung von uneinsehbaren Kurven und Serpentinen. Viele der Kurven waren nicht mit Warnschildern markiert, und auf der Straßenoberfläche lag oft ein Film aus Dieselkraftstoff, der aus Pemex-Tanklastern geschwappt war. Manchmal verengte sich die Straße plötzlich auf eine einzige Spur, oder der glatte Belag wurde jäh zur Waschbrettpiste, ein brutaler Wechsel des Untergrunds, der bei einem unvorbereiteten Kfz einen Achsbruch und bei jemand auf dem Motorrad ein totales Desaster verursachen konnte, besonders wenn dieser Jemand so dumm war, an einem einzigen Tag die ganze Baja-Halbinsel hinunterzurasen, eine Strecke, für die eine Durchschnittsgeschwindigkeit – Serpentinen, schlafende Kühe und alles eingerechnet – von über 160 Stundenkilometern nötig ist.

Dieses Straßenrennen, Cabo 1000 genannt, war früher ein jährlich stattfindendes Ereignis, das in San Ysidro begann, der letzten amerikanischen Stadt vor der Grenze zu Mexiko, und in Cabo San Lucas, an der Spitze der Baja-Halbinsel, ungefähr 1700 Kilometer weiter südlich, endete. Mit dem Auto ist das eine vier oder fünf Tage lange, schwierige Fahrt bei extremen Witterungsbedingungen und Straßenzuständen. Die erwähnte geforderte Durchschnittsgeschwindigkeit schloss das Abbremsen in Städten ein (eine Ehrensache, die ein paar Teilnehmer stets missachteten) sowie Zwischenstopps, um Wasser zu trinken, zu tanken oder etwas zu reparieren. Um also die durchschnittlichen 160 km/h zu schaffen, musste eine Teilnehmerin auf den geraden Strecken Vollgas geben und so schnell fahren, wie ihr Motorrad es hergab.

Ich hatte zur Vorbereitung auf das Cabo-Rennen monatelang an meiner Ninja 600 gearbeitet. Sie hatte das perfekte Format dafür: war stark, aber klein und wendig genug, um sich in Gebirgskurven gut manövrieren zu lassen. Um die Geschwindigkeit und Leistung zu steigern, rüstete ich das Motorrad mit Aftermarket-Ventilen aus rostfreiem Stahl, einem überarbeiteten Zylinderkopf, einem Hochleistungsvergaserdüsensatz und einer Vier-in-eins-Auspuffanlage mit Drag-Endrohren nach. Ich diskutierte lange mit Freunden darüber, welche Art von Reifen ich wählen sollte, Gespräche, in denen wir das Für und Wider von Leistung und Haltbarkeit gegeneinander abwogen. Für Bodenhaftung und Kurvenfahrten würde ich einen relativ weichen Reifen brauchen, aber ein zu weicher Reifen wäre schon nach der Hälfte der Strecke zerfetzt. Kleine Details, wie die richtige Tönung des Visiers zu finden und sich ein System zu überlegen, wie man es während der Fahrt säubern konnte, waren wichtig. Manche entschieden sich für Tear-offs, Plastikfolien, die man abziehen konnte, sobald sie mit Insekten und Dreck verschmutzt waren. Wade Boyd, ein Isle-of-Man-Veteran, der das Cabo-Rennen viele Male gewonnen hatte (in einem Jahr nahm er auf einem fast spielzeugkleinen Motorrad, einer Zweitakt-350er, teil), hatte sich einen alten, aufgeschnittenen Tennisball auf den Lenker montiert, in dem ein Schwämmchen zum Herausnehmen und Abwischen des Visiers feucht gehalten wurde. Wade war Metallbauer von Beruf, und seine Cabo-Maschine war mit diversen maßgefertigten Anbauten bestückt, die ihm siegen halfen. Er entwarf einen automatischen Kettenöler sowie einen Glasfaser-Doppeltank, der unglaubliche vierzig Liter Benzin fasste (ein typisches Motorrad fasst zwischen fünfzehn und zweiundzwanzig). Seine Maschine sah aus wie eine schwangere Spinne.

In den Wochen vor dem Rennen hatte ich an der Küchenwand des Lagerhauses in San Franciscos Woodward Street, wo ich mit meinem damaligen Freund – dem Moto-Guzzi-Mechaniker – und zwei weiteren Kumpels aus der Motorradszene wohnte, eine Karte von Baja hängen, auf der die Ortschaften mit Pemex-Tankstellen markiert waren. Ich hatte gehört, dass einige dieser Tankstellen ohne Vorwarnung wegen Benzinknappheit oder aufgrund einer Laune des Besitzers geschlossen haben konnten. Ich würde also zusätzliches Benzin mitführen müssen. In einem Bootszubehörladen in Oakland kaufte ich mir einen Zusatztank samt elektrischer Pumpe und beleuchtetem Kippschalter für den Lenker, montierte ihn mithilfe des Freundes auf dem Sozius und verband ihn per Schlauch mit dem Originaltank.

Die letzten paar Tage der Vorbereitung des Motorrads waren hektisch, und als mein Freund, unser Mitbewohner Peter Waymire alias Stack (kurz für Stackmaster – Stapelmeister –, weil er so viele Unfälle baute) und ich aufbrachen, hatten wir die ganze Nacht durchgemacht, alles an unseren Bikes noch einmal nachgeschraubt und geprüft beziehungsweise, in Stacks Fall, den Motor überhaupt erst zusammengesetzt.

Wir fuhren um sechs Uhr morgens in San Francisco los, um nach der Ankunft an der Grenze noch genügend Zeit zum Schlafen zu haben, bevor das Rennen früh am nächsten Morgen begann. Die meisten Teilnehmer des Cabo-Rennens kamen aus SF, und da Tijuana zwölf Stunden südlich davon liegt, transportierten die Leute ihre Motorräder auf Anhängern oder Pritschenwagen dorthin, um Lauffläche und Fahrerenergie zu schonen. Niemand von uns besaß einen Truck, aber mein Freund hatte eine 1960er Tohatsu, ein seltenes japanisches Motorrad, an einen Mann in Los Angeles verkauft, der bereit war, für den Transport bis zu ihm einen Ryder-Truck zu bezahlen. Für den Käufer der Tohatsu war das billiger, als sich das Motorrad schicken zu lassen; für uns bedeutete es den kostenlosen Transport über die Hälfte der Strecke bis zur Grenze. Das Lagerhaus, in dem wir wohnten, hatte früher zu einer Aftermarket-Motorradzubehörfirma namens Hap Jones gehört und war voll von alten japanischen Sammlerstücken wie besagter Tohatsu sowie den hässlichen Aftermarket-Harley-Davidson-Zubehörteilen, für die Hap Jones berühmt war. Der Sohn des Firmengründers erbte das Lagerhaus, als sein Vater starb, und da er selbst keinerlei Interesse an Motorrädern hatte, vermietete er es uns billig und machte auch keinerlei Anstalten, Anspruch auf die Restbestände aus der väterlichen Firma zu erheben. Mein Freund versuchte permanent, alte Motorräder und toten Hap-Jones-Lagerbestand loszuwerden, indem er in *Walneck's Classic Cycle Trader* inserierte, dem meistgelesenen Kleinanzeigenblatt für Motorradklassiker. Er tat das so regelmäßig, dass er und die Frau, die bei *Walneck's* irgendwo in Illinois ans Telefon ging, sich schon beim Vornamen nannten (er behauptete, sie wolle unbesehen mit ihm schlafen).

Am Nachmittag kamen wir mit dem Ryder-Truck in Los Angeles an. Der Tohatsu-Käufer wohnte in einem schicken Teil von West Hollywood und wartete an der Straße, als wir vorfuhren. Er hatte ein akkurates *Wild Angels*-Image, mit perfekt gekrempelten Jeans und hochgegelter Tolle. Mein Freund und Stack tauschten Blicke der Sorte *klar, Angeber*, als der Typ mehrere Hundert Dollar für ein unserer Meinung nach albernes Motorrädchen hinblätterte. Es war ein seltsamer Moment: Hier standen wir, mit unseren eben vom Truck abgeladenen räudigen, zusammenmontierten Bikes, in geflickschusterter Ledermontur und mit Kevlar-Handschuhen, unterwegs zur Teilnahme an einem supergefährlichen, bunt gemischten Jeder-gegen-jede-Rennen. Und dort war dieser ganz andere Typus, aber ebenfalls ein Enthusiast. Er hatte enorme Anstrengungen unternommen, um eine obskure Maschine zu erwerben, und mit seiner Kleidung und der sorgfältigen Frisur hatte er sein Leben offensichtlich auf die Art von Motorrädern zugeschnitten, die er liebte. Er machte sein Ding; es war anders als unseres, aber wir waren allesamt Freaks.

Stack war in L. A. aufgewachsen, und auf seine Empfehlung hin fuhren wir zu einem Nahost-Imbiss am Hollywood Boulevard. Wir aßen unsere Falafel draußen auf dem Gehweg sitzend, wo wir unsere Maschinen im Auge behalten konnten. L. A. ächzte gerade unter einer Hitzewelle, und an dem Nachmittag zeigte das Thermometer knapp 38 Grad. Ich zerfloss in meinen schweren Lederklamotten und war todmüde, weil ich in der Nacht nicht geschlafen hatte. Auf dem Freeway gen Süden gerieten wir in den Berufsverkehr, und vor uns lagen noch 240 Kilometer. Stack war Motorradkurier in L. A. gewesen, und mit seinen instinktiven Fahrkünsten und seiner L. A.-Freeway-Erfahrung nahm er uns mit auf ein Abenteuer, bei dem wir mit achtzig Sachen zwischen den Spuren entlangrasten. Jeder Motorradfahrer fährt durch Gassen, nur nicht mit achtzig Stundenkilometern. Ich war die ganze Zeit kurz vor einem Herzinfarkt, erwartete ständig, dass jemand die Spur wechseln und mich schneiden würde. Aber meinen Freund, der Stack folgte, darum zu bitten, langsamer zu fahren, war ausgeschlossen – und wäre Wasser auf seine Mühle gewesen. «Fahr aggressiv oder stirb im Sattel», hätte er gesagt.

Bei Sonnenuntergang kamen wir in San Ysidro an, einer kleinen Stadt mit einem Motel 6, einem Denny's gleich gegenüber, ein paar Geldwechselbuden und einer gewaltigen Kontrollstation am Grenzübergang nach Tijuana. Nach dem Zwischen-den-Spuren-Abenteuer lagen meine Nerven blank, und das Rennen hatte noch nicht mal angefangen. Es begann mir besser zu gehen, als ich meine Freundin Michelle entdeckte, die in Shorts, Bikinioberteil und robusten, mit lila Filzstift aufgehübschten Motocross-Stiefeln auf ihrer Honda CBR über den Motel-6-Parkplatz fuhr. Michelle war eine von drei Frauen unter den neunundzwanzig Teilnehmern des Rennens, mich eingeschlossen, und eine versierte Motorradfahrerin. Sie kam mit uns zum Essen im Denny's, wo mein Freund darüber redete, dass er ein Ausnahme-Informatiker hätte werden können, wenn er gewollt hätte (er verdiente sich den Lebensunterhalt als Mechaniker und damit, in unserem Lagerhaus Cannabis anzubauen), und dass die Kellnerin ihm «den Blick» zugeworfen habe («den Schwanzblick», war sein Ausdruck; überall warfen Frauen – große, kleine, alte, junge, dicke, dünne – ihm den Schwanzblick zu). Als er aufstand, um auf die Toilette zu gehen, brach Michelle in Gelächter aus. Sie hatte selbst mal eine romantische Begegnung mit ihm gehabt und war vorsichtig. Ich schämte mich für ihn und hatte meine eigenen Zweifel.

Nach dem Essen war ein Teilnehmertreffen anberaumt, und alle versammelten sich um den Motel-Pool, um Lee Jones, der das Cabo-Rennen organisierte, sprechen zu hören. Ich verwende hier nicht Lees echten Namen, aber er war Hochadel in der Motorradszene. Wenn man sich für Cabo anmeldete, stellte man ihm einen Scheck aus (im Jahr meiner Teilnahme kostete es hundert Dollar). Das Geld würde angeblich an die Grundschulen von Baja California gehen, und niemand stellte die Legitimität von Lees philanthropischen Unternehmungen je infrage. Er war ein stoischer Mann mit stahlgrauem Haar und dazu passenden Augen, und er besaß einen berühmt-berüchtigten Motorrad-Kurierdienst mit Lieferanten, die wie Glenn Danzig aussahen. Die Leute sagten gerne, Lee sei «von Hells Angels großgezogen» worden, und sie sagten es ehrfürchtig, so als wäre er bei Wölfen aufgewachsen. Lee wies uns an, *no comprendo* vorzuschützen, sollten wir von *federales* rausgewunken werden. Jeder bekam einen auf Spanisch geschriebenen Brief ausgehändigt, den wir auf der Fahrt dabeihaben sollten. Er war anscheinend von der Handelskammer und besagte, dass wir eine Wohltätigkeitsfahrt machten, um Geld für die Kinder von Baja California aufzubringen. Es wurde davon gesprochen, wie unwahrscheinlich es war, dass dieser Brief sich als nützlich erweisen würde: Niemand hatte vor anzuhalten, falls ein *federale* uns dazu aufforderte. Ein renntaugliches Motorrad kann einem Cop – egal welchen Zuständigkeitsbereichs, auch des amerikanischen – ohne Weiteres davonfahren, und zu Hause in SF taten es viele dieser Fahrer regelmäßig aus Spaß (bei meinem ersten Date mit jenem Freund hatte er sie auf seiner Dual-Sport-KLR 650 abgehängt, indem er eine steile kleine Treppe hinunterraste und mit mir hintendrauf von einer einen Meter hohen Böschung sprang). Am nächsten Morgen, schon beim Rennen, kam ich an Kindern vorbei, die am Straßenrand standen, aber ich fuhr 195 km/h und sah sie nur als verschwommene Flecken. Ich vermute, die Kinder von Baja California hatten wenig mehr von unserer Wohltätigkeitsfahrt, als einen kurzen Blick auf heulende, Staub aufwirbelnde Motorräder zu erhaschen.

Bei dem Treffen waren auch zwei Frauen anwesend, die den Crash Truck fahren würden, einen Lkw, mit dem die Siebensachen aller Teilnehmer nach Cabo San Lucas transportiert und die Motorräder eingesammelt werden sollten, die auf dem Highway 1 liegen blieben oder einen Unfall bauten. Ein Typ, an dessen Namen ich mich nicht erinnere, begleitete die Crash-Truck-Frauen. Ich habe seinen Namen vergessen, weil wir ihn sofort «Reggae on the River» zu nennen begannen, nach einem Sommermusikfestival auf dem Eel River, das lässige, langhaarige Typen wie ihn anzog. Reggae on the River hatte ursprünglich vorgehabt, selbst an dem Rennen teilzunehmen, aber auf der San-Ysidro-Ausfahrt zum Motel 6 war seine Vorderbremsanlage ausgefallen, und beim Herunterschalten vor einer Kreuzung, als er das Motorrad zum Stehen bringen wollte, hatte er sich das Getriebe zerstört (und die Sohlen seiner Stiefel waren komplett geschmolzen).

Nach dem Teilnehmertreffen ging ich ins Bett. Es war zehn Uhr, und der Motelwecker würde um halb vier klingeln. Mein Freund war noch auf dem Parkplatz und tat allerletzte Handgriffe an seinem Motorrad, überzeugt, dass er die berüchtigten und favorisierten Lee Jones und Wade Boyd wegpusten würde. Ich döste ein, wurde aber immer wieder von Stimmen draußen geweckt; ein ehemaliger Mitbewohner von uns, Sean Crane, unterhielt sich mit jemandem über die Pros und Kontras von synthetischem Motoröl. Sean hatte ein süßes, aber schuldbewusstes, mädchenhaftes Lächeln und langes, welliges Haar, und er trug eine schwarze Lederkombi mit den aufgenähten weißen Knochen eines Skeletts. Wenn er auf einem Rennmotorrad saß, sah er aus wie eine Todeserscheinung. Sean fuhr auf der Straße, als wäre er auf einer Rennstrecke: Er war talentiert, ging aber enorme Risiken ein. Beim Cabo-Rennen des Vorjahres hatte er mit einem anderen Fahrer, einem

Mann aus Los Angeles, gezockt, den, wie sich herausstellte, niemand sonst kannte. Sean hatte ihn an einer Klippe in einer schwer einsehbaren Kurve ausgebremst, sodass er ins Schleudern geriet, über die Klippe stürzte und auf dem Luftweg in ein Krankenhaus in San Diego gebracht werden musste. Er verlor am Ende ein Bein. Sean fuhr einfach weiter.

Um halb fünf wurden wir auf dem dunklen Parkplatz des Motel 6 nebeneinander aufgereiht und ließen alle neunundzwanzig die Motoren aufheulen, ein Schwarm wütender Bienen. Der Morgen graute noch nicht einmal andeutungsweise, und dichter Nebel verdeckte den Vollmond; das Rennen war extra auf einen Vollmondtag gelegt worden. Ich hatte keinem meiner Freunde Glück gewünscht oder überhaupt viel geredet, war vom Moment des Weckerklingelns an voll darauf konzentriert gewesen, mich anzuziehen, das Motorrad warm laufen zu lassen, letzte Vorbereitungen zu treffen – etwa dafür zu sorgen, dass meine von einer Reißverschlusstasche geschützte Karte sicher auf dem Benzintank befestigt war – und dann in Stellung zu gehen. Die Menschen, die ich kannte, waren zu dunklen, unvertrauten Silhouetten mit Ledermontur und Integralhelmen geworden, deren Visiere heruntergeklappt waren. Mein Freund rollte neben mich und hob den wildlederbehandschuhten Daumen, aber ich war schon in meiner eigenen Welt, eingeholt von der Angst und anderen, positiveren Gefühlen – Aufregung, Vorfreude –, und kurz darauf fuhren wir in einer kakofonischen Gruppe vom Parkplatz. Er vollführte einen Schlenker um mich herum und schoss davon. Ich war allein und dachte: *Jetzt übernehmen Entropie und Fahrkünste; das ist der Moment, ich bin auf mich allein gestellt.* Diejenigen, die an der Spitze waren und bis zu 260 km/h schnell fuhren, würden bei Sonnenuntergang in Cabo ankommen, während andere erst im Verlauf der Nacht, in fünfzehn bis zwanzig Stunden, ins Ziel einrollen würden. Ich überquerte die Grenze nach Mexiko und erreichte die erste lange Steigung, einen dunklen Berg hinauf. Meine Scheinwerfer durchschnitten den feuchten Ozeannebel. Ich war irgendwo in der Mitte des Felds und versuchte, fokussiert zu bleiben, ging durch, was ich wusste, was man mir gesagt, was ich zu erwarten, wie ich wachsam zu sein hatte.

In den Bergen zwischen Tijuana und Ensenada war der Nebel dicht. Die Straßen waren glatt und voller Haarnadelkurven. Als ich in Ensenada ankam, hatte ich den schlimmsten Nebel hinter mir, aber die dunkle, schlafende Stadt barg ihre eigenen Gefahren. Die Temposchwellen waren nicht farblich gekennzeichnet wie in den Staaten, und so flog ich mit 130 km/h unversehens über mehrere davon, das heißt, ich segelte durch die Luft und landete – da die Federung des Motorrads besonders hart war, damit ich knappe und präzise Kurven fahren konnte – äußerst unsanft.

Bei Geschwindigkeiten ab 130 km/h verbrennt Benzin exponentiell schnell, bei über 200 Sachen verfliegt es förmlich. Als ich zum ersten Mal meinen Zusatzbenzinschalter umlegte – ein beruhigendes blaues Licht zwischen meinen orange leuchtenden Instrumenten –, war es ein wunderbares Gefühl, die Nadel meiner Benzinanzeige langsam steigen anstatt fallen zu sehen, während weitere 16 Liter den Tank der Ninja füllten.

Hinter El Rosario ebnete sich die Landschaft, und ich fuhr durch eine bewirtschaftete Niederung. Der Morgen graute, der Nebel löste sich in große, durchscheinende Wölkchen auf, die über die Straße trieben, als ein Bauer direkt vor mir auf die Straße fuhr. Er hatte mich wohl nicht gesehen, in seinem ramponierten Pick-up mit einem einzelnen Scheinwerfer auf dem

Dach, der trübes Licht abgab. Ich musste scharf bremsen, um nicht mit ihm zusammenzustoßen. Dummerweise bremste ich auf Schotter. Das Motorrad geriet in ein sogenanntes Lenkerschlagen (auch Tank Slapper genannt), bei dem das Vorderrad die Kontrolle verliert und heftig hin und her wackelt, sodass die Lenkerenden abwechselnd gegen den Tank schlagen. Es ist eine nicht beherrschbare Situation, die man am besten einfach aussitzt. Irgendwann hatte ich das Motorrad wieder unter Kontrolle und fuhr weiter, während das Adrenalin durch meine Adern schoss und es um mich herum allmählich heller wurde.

Die Sonne stand hoch am Himmel, als ich den ersten Tankhalt einlegen musste. Auf den zurückliegenden paar Hundert Kilometern durch die Vizcaino-Wüste, wo es von volkswagengroßen Felsbrocken wimmelte, manche mit behelfsmäßigen Grabmarkierungen wie Kerzen, Gottheitsfiguren und Plastikblumen verziert, hatte ich ein schwerfälliges Wohnmobil nach dem anderen überholt. Ich war bis zu der trostlosen, windigen Raststätte Cataviña gekommen, ein gutes Drittel des Weges die Baja-Halbinsel hinunter. Als ich an der Pemex-Tankstelle anhielt, fürchtete ich, der Wart würde darauf bestehen, den Tank für mich zu füllen. Wenn man mit dem Auto kommt, tun sie das immer, und ich wollte nicht, dass er Benzin über den Rand des Zusatztanks verschüttete. Doch nachdem er mir dabei zugesehen hatte, wie ich den Helm abnahm, meine Kette richtete und ölte und einen halben Liter Öl in den Motor goss, begriff er, dass ich eine eigene Agenda hatte, lächelte und reichte mir den Benzinschlauch. Ich fühlte mich gut – stark und im Rhythmus.

Gegen zwölf hatte ich die Hälfte der Strecke geschafft. Ich war überholt worden, hatte selbst ein paar Teilnehmer überholt und wusste, dass ich mich irgendwo im Mittelfeld befand.

800 Kilometer südlich, kurz vor Guerrero Negro, der Stadt, die sich entlang der Nord-Süd-Grenze von Baja California erstreckt, ist die längste ununterbrochene Gerade auf dem Transpeninsular Highway. Tief in meine Montur geduckt, fuhr ich mit 190 Sachen darauf und drehte den Gashebel bis zum Anschlag hoch. Ich erreichte 228 Stundenkilometer; so schnell war ich noch nie gefahren.

Ich konnte die riesige Metallskulptur sehen, die die Nord-Süd-Grenze kennzeichnet, ein an die zwanzig Meter hohes Gebilde aus Stahlträgern, das, wie ich gehört habe, ein Vogel sein soll, aber eher wie ein auf Grund gelaufener Ölbagger aussieht. Vor mir am rechten Straßenrand stand eine Gruppe geparkter Motorräder. Ich erkannte Wade Boyd, der kilometerweit vor mir hätte sein sollen, und einen anderen Mann, den wir Doc nannten. Ein dritter, der bei ihnen am Straßenrand gehalten hatte, scherte plötzlich vor mir auf den Highway ein. Entweder hatte er mich nicht gesehen, oder ihm war nicht klar, wie schnell ich fuhr. Es war jemand, den ich aus unserer Bikerkneipe in San Francisco kannte, deren Name – Zeitgeist – auf den Rücken seiner rot-schwarzen Ledermontur gestickt war. Nach vielen Stunden der Einsamkeit und intensiven Konzentration war ich froh, diese vertrauten, lächerlichen Lederklamotten zu sehen. Doch dann setzte die Realität ein – dass er nur 50, ich dagegen 210 Stundenkilometer fuhr –, und im Nu war ich dicht hinter ihm. Ich scherte aus. Als ich gerade um ihn herumgefahren war, sah ich, dass die Straße eine unangekündigte, extrem scharfe Linkskurve machte. Aus der anderen Richtung kam ein Lastwagen, sodass ich nicht beide Spuren würde nutzen können. Ich fuhr viel, viel, viel zu schnell, um mich mit dem Motorrad weit genug in die Kurve zu legen, und wollte auch nicht darunter zerquetscht werden. Ich beschloss, von der Straße abzufahren.

Das Gelände jenseits der Straße war ein flacher, sandiger Graben, was im Rückblick wie unglaubliches Glück erscheint – auf dem größten Teil der Strecke führt die Straße zwischen zerklüfteten Felsen auf der einen und Meeresklippen auf der anderen Seite entlang oder zwischen großen Steinen auf beiden Seiten. Aber eine so radikale Oberflächenveränderung bei Tempo 210, selbst wenn der neue Untergrund Sand ist, kann nicht folgenlos bleiben, und als ich vom Asphalt herunterfuhr, katapultierte mich das Motorrad in die Höhe. Meine Erinnerung an dieses Ereignis ist in Bilder zersplittert: Ich sehe den Reifen die Straße verlassen, und dann bin ich mitten in der Luft über dem Motorrad, davon getrennt, hoch über den Instrumenten und dem Lenker, und als Nächstes ist da ein schneller Sturz und ein brutaler, dumpfer Aufprall, wohl mit dem Kopf, wie ich angesichts des enormen Kraters auf der Rückseite meines teuren Renn-Helms später ermitteln konnte. Ich werde wieder hochgeschleudert, mein Körper wird auf den Boden geknallt, mit dem Hüftknochen zuerst, und dieser vorstehende, verletzbare Knochen fühlt sich an, als wäre er zu einer Tüte Staub geworden. Dann hüpfe ich noch einmal kurz hoch und komme endlich trudelnd zum Liegen. Ich schrie in meinem Helm, gedämpfte Schreie, während der Schmerz in meinem Körper raste. Man hört immer, dass dies der Moment ist, in dem die Endorphine zu wirken beginnen, sodass die Menschen nicht mal merken, dass sie verletzt sind, aber ich empfand lebhafte, furchtbare Schmerzen.

Zeitgeist, der Fahrer, der vor mir auf die Straße gefahren war, kam angerannt. Ich schmeckte Blut im Mund und versuchte, mich aufzusetzen. Das Motorrad hatte sich zweimal überschlagen, mich dabei wie durch ein Wunder nicht getroffen, und Teile der Plastikverkleidung, Fußrasten, ein Bremshebel und anderes Ninja-Schrapnell lagen über den sandigen

Graben verstreut. Überall Benzin und Öl. Ich war enttäuscht und wütend. Ich konnte nicht glauben, dass ich nach all der Vorbereitungsarbeit einen Unfall gebaut hatte. Ich dachte immer nur: *Mein Motorrad, mein Motorrad.* Dann hatte ich das Gefühl, mich übergeben zu müssen, also sagte ich: «Nimmst du mir mal den Helm ab?» Zeitgeist schien besorgt und war überzeugt, dass ich mich nicht rühren und den Helm aufbehalten sollte. Ich versuchte selbst, ihn abzunehmen, aber der Wunsch, bewusstlos zu werden, war stärker als der Wunsch, mich zu übergeben. Als ich aufwachte, hielt mich der Biker, den wir Doc nannten, im Arm, und ich hatte den Helm nicht mehr auf.

Doc war tatsächlich ein Doktor. Er hatte eine Hausarztpraxis im Süden von San Francisco, glaube ich, aber später hörte ich, dass er Gefängnisarzt in Folsom geworden war. Doc hatte eine schwarze, mit Tabletten vollgestopfte Arzttasche dabei und vermittelte zwei gegensätzliche, aber gleichermaßen gruselige Eindrücke: Er war immer verdächtig sediert, mit schweren Lidern und einem sanften, nur halb bewusst wirkenden Kichern, und er fuhr mit berüchtigter Aggressivität. Niemand versuchte, ihn zu überholen, weil klar war, dass er einen schneiden und die ganze Straße für sich beanspruchen würde. Trotz dieser Marotten war ich froh, dass ein echter Arzt anwesend war. Ich sagte Doc, dass mein Fußgelenk wehtat. Er zog mir den Stiefel aus. Mein Fuß schwoll an. Doc brüllte, Wade solle ihm eine Rolle Klebeband zuwerfen, und begann dann, meinen Fuß damit zu umwickeln, über der Socke, sehr fest. Er steckte meinen Fuß wieder in den Stiefel, und während ich vor Schmerzen aufschrie, sagte er: «Zieh den Stiefel nicht aus. Du kriegst ihn nicht wieder an.»

Just in dem Moment kam ein mexikanischer Krankenwagen auf uns zugeheult und schoss von der Straße in den Graben, wobei er all die von meiner Ninja abgeplatzte teure Glasfaserverkleidung überfuhr und pulverisierte. Doc und Wade fassten mich eilig unter den Achseln und richteten mich auf, und den Männern, die aus dem Krankenwagen ausstiegen, einer Art Boy-Scout-Bus der Sechzigerjahre mit einem roten Kreuz an der Seite, rief Doc zu: «Geht ihr gut. Alles völlig okay. Kein Krankenwagen.» Es lief das Gerücht um, dass die Kliniken auf der Halbinsel teurer Schwindel seien. Ich weiß nicht, ob das stimmt oder je gestimmt hat, aber Doc und Wade glaubten es. Die beiden trugen mich über die Straße zu einem alten Hotel, das genau dort am Highway war.

Als sie mich auf den Stufen ablegten, hörte ich Doc mit seiner halb sedierten Stimme murmeln: «Oh, wow, Mann, das ist ja ein Jammer.» Ich schaute über die Straße und sah, wie meine geschrottete Kawasaki Ninja auf der Ladefläche eines Pick-ups festgeschnallt wurde. Der Truck fuhr auf den Highway und beschleunigte in Richtung Norden. Mein Motorrad war gestohlen worden, und es gab nichts, was ich dagegen tun konnte.

Wie sich herausstellte, war der Motor des Favoriten Wade Boyd explodiert. Doc, der ihn am Straßenrand stehen sah und selbst ebenfalls mit mechanischen Problemen zu kämpfen hatte, war in der Hoffnung, Wade könne ihm helfen, an den Rand gefahren. Der dritte Fahrer, der Typ in der Zeitgeist-Montur, der vor mir auf den Highway gefahren war, hatte aus Nettigkeit angehalten. Nachdem er ihnen was zu rauchen gegeben und mehr oder weniger meinen Unfall verursacht hatte, war Zeitgeist weitergefahren. Doc hatte eine lecke Auspuffdichtung, die konnte Wade ohne neue Dichtung auch nicht reparieren. Da er annahm, dass es mir im Wesentlichen gut ging, startete Doc sein Motorrad, das schrecklich klang: schwach und stotternd. Wade lachte und sagte: «Mit dem Ding willst du noch ganz nach Cabo fahren?» Doc nickte. «Das ist besser, als auf den Crash-Truck zu warten. Ihr werdet den ganzen Tag hier sein.» Er fragte mich noch einmal, ob ich Schmerzmittel aus seiner Arzttasche haben wolle (was ich verneinte), und fuhr davon; sein Motorrad keuchte die Straße hinunter wie ein krankes Tier.

Doc hatte recht. Wade und ich warteten den ganzen Tag. Als der Crash Truck schließlich auftauchte, war es nach Mitternacht. Hinten im Wagen rollten zwischen den Reisetaschen und Werkzeugen aller Teilnehmer leere Bierdosen herum, und Reggae on the River und die beiden Frauen schienen sich prächtig zu amüsieren. Ich erzählte ihnen vom Diebstahl meines Motorrads und erntete ein tröstendes «Scheiße, nicht dein Ernst!» von Reggae on the River, der meinen Kummer trotz Betrunkenheit nachfühlen konnte. Nachdem sie Wades Motorrad auf den Anhänger des Trucks geladen hatten, beschlossen Reggae und die Crash-Truck-Frauen, vor der Weiterfahrt gen Süden in dem Hotelrestaurant zu essen. Mir tat alles weh, und ich war erschöpft, aber mit meinem wahrscheinlich gebrochenen Fußgelenk war ich einfach zu schwach, um zu protestieren.

Nachdem in diesem alten Hotel tellerweise Essen und viele weitere Biere konsumiert worden waren, fuhren wir endlich los. Ich schlief hinten im Pick-up unter einer Decke ein. Um vier herum wachte ich an einer Tankstelle bei Loreto von Reggae on the Rivers Stimme auf. «Oh, Scheiße. Alter. Nicht im Ernst!» Er hielt den leeren Seesack eines der Teilnehmer hoch, dessen gesamter Boden durch Reibung weggebrannt war. Nachdem Wades Motorrad in Guerrero Negro auf den Truck geladen worden war, hatten Reggae und die beiden Frauen das Gepäck der Teilnehmer neu verstaut und sich bei vielen Reisetaschen nicht die Mühe gemacht, sie zu sichern. Der Seesack, den er jetzt hochhielt, war nachlässig an die Heckklappe gehängt worden, und wenn Sachen herumrutschten, wurde er über die Ladefläche geschleift, während viele andere Taschen hinausfielen und sich auf dem Highway zwischen Guerrero Negro und Loreto verteilten. Meine eigene Tasche, mit all meinen Kleidungsstücken, meiner Kamera, meinen Hausschlüsseln, all meinen Ausweispapieren und dem Großteil meines Geldes darin, war verschwunden.

Kurz vor Mittag des nächsten Tages kamen wir in Cabo San Lucas an. Die Motorräder waren vor dem touristischen Siegesfeier-Restaurant, dem Giggling Marlin, aufgereiht. Alle begrüßten uns in ihren Shorts und Cabo-1000-T-Shirts. Wades Freundin war extra seinetwegen mit dem Flugzeug hergeflogen und kam mit kalten Margaritas für uns aus dem Marlin gelaufen. Nachdem Wade wegen seiner Panne ausgeschieden war, hatte der lange blonde Randy Bradescu, der ein Motorradgeschäft im Marine County besaß, das Rennen gewonnen. Zweiter war Lee Jones geworden. Mein Freund war am hinteren Ende des Hauptfelds ins Ziel gefahren. Er sagte, er habe das Essen im Denny's am Abend zuvor nicht vertragen, am Morgen sei er noch ganz vorne gewesen, habe dann aber den ganzen Weg bis nach Cabo alle paar Kilometer an den Rand fahren und kotzen müssen. Wie ich später feststellte, war das bei diesem Mann ein Muster: Immer gab es ranziges Essen, bedürftige Frauen, unsinnige Regeln und eifersüchtige, unfähigere Männer, die ihn behinderten. Im Licht meines eigenen Unfalls erschienen mir seine Probleme zunehmend grotesk.

Während Krüge voll Margarita herumgingen, wurden Geschichten ausgetauscht. Meine Freundin Michelle hatte, zur Überraschung und Irritation vieler der männlichen Teilnehmer, einen mehr als respektablen sechsten Platz belegt. Stackmaster fuhr gleich hinter Michelle ins Ziel, obwohl seine

Kopfdichtung die ganze Zeit geleckt hatte und er immer wieder hatte anhalten müssen, um mehr Dichtmittel aufzutragen. Als er in Cabo ankam, war sein Motor über und über mit dem klebrigen orangenen Zeug bedeckt. Sean Crane, der Süße, mit seiner Skelettaufdruck-Montur, war zwischen Tijuana und Ensenada unverfroren auf dem Hinterrad durch die Reihe von Mautstellen geprescht, weil er sich weigerte, die ungefähr drei Dollar fünfzig zu bezahlen. Er setzte einen ganzen Konvoi von *federales* in Bewegung, die dann irrtümlich meinen Freund James verhafteten. Irgendwann ließen sie James gehen, nicht ohne ihn ein Bußgeld dafür zahlen zu lassen, dass er in einer 80er-Zone 190 gefahren war. Ich hörte zu, trank die Hälfte meiner Margarita und humpelte dann zum Hotel gleich nebenan, um zu schlafen. Es war drei Uhr am Nachmittag, und ich war seit achtundvierzig Stunden wach. Als ich mich auszog, sah ich, dass die Innenseiten meiner Beine so dunkel waren wie eine Schiefertafel; um den lädierten Hüftknochen herum war alles granatapfelrot, und an den Armen hatte ich einen Asphaltausschlag, Abschürfungen, die ich mir beim Aufprall auf dem Boden zugezogen hatte, weil meine Ledermontur eine Nummer zu groß war. Ich zog die Stiefel aus, ließ aber Docs Klebeverband über meiner Socke.

In den nächsten zwei Tagen konnte ich wegen meines Fußgelenks kaum laufen, die Blutergüsse wurden dunkler und größer, und nachts wachte ich regelmäßig davon auf, dass die seegroßen Verschorfungen an der Hotelbettwäsche klebten. Ich ließ meinen Fuß röntgen und erfuhr, dass es nur eine schwere Verstauchung war. Mein Freund bezahlte das Zimmer, da mein ganzes Geld ja weg war, und half mir, von A nach B zu kommen, weil ich nicht alleine gehen konnte. Ich glaube, er war stolz, seit sich die Kunde verbreitet hatte, dass ich mit 210 Sachen gecrasht war, während Doc und Wade vom

Straßenrand aus zugesehen hatten. Ein spektakulärer Sturz, an dem ich eigentlich nicht selbst schuld war. Doch paradoxerweise hatte ich seit dem Unfall das Gefühl, diesen Freund und sein dominierendes Wesen nicht mehr zu brauchen. Ich hatte ohne ihn gelitten und bestanden. Es war so viel Schlimmes passiert – der Unfall, der Diebstahl meines Motorrads –, aber ich war seltsam glücklich. Ich war nicht ernsthaft verletzt, und meine Haltung war intakt. Ich tat das Geschehene mit einem Lachen ab.

Die Gruppe gut erhaltener Freundinnen, die hergeflogen waren, um ihre Freunde in Cabo zu treffen, liehen mir saubere Kleider, einen Badeanzug, Shampoo und Sandalen, da all mein Zeug von der Ladefläche des Trucks gerutscht war, während Reggae und die Frauen im Fahrerhaus Party machten. Auf Lee Jones' Ratschlag hin ging ich zum amerikanischen Konsulat in Cabo, um zu versuchen, mein Motorrad wiederzufinden. Anscheinend war es gang und gäbe, dass die Fahrzeuge von Ausländern, die einen Unfall gehabt hatten, zum Schrottplatz nördlich von Guerrero Negro gebracht wurden, wo sie zum Privateigentum der Familie wurden, die den Platz betrieb. Ich bekam das Gefühl, dass die Familie Kontaktpersonen hatte, die an tückischen Stellen des Highway 1 lauerten, wie etwa der ungekennzeichneten Linkskurve, wo es mich gerissen hatte. Mein Motorrad war so schnell, kaum dreißig Minuten nach meinem Unfall, gestohlen und dann ganz ruhig auf eine Ladefläche geschoben und festgeschnallt worden. Nach einer Reihe längerer Telefonate hatte eine Frau vom Konsulat es aufgespürt. Sie sagte: «Hier ist die Adresse, aber es liegt an Ihnen, ob Sie es wiederbekommen. Die Leute werden Bargeld erwarten.»

Nach zwei Tagen Cabo hatten wir alle genug. Randy Bradescu, der das Rennen gewonnen hatte, flog von Cabo aus zu einem anderen Rennen in Florida und ließ mir sein Motorrad da, damit ich zu besagtem Schrottplatz fahren konnte, wo meins angeblich gelandet war. Seins war eine BMW K100, wegen ihres klobigen, quadratischen Motors manchmal Flying Brick genannt, Fliegender Ziegelstein. Sie war riesig und kopflastig und für mich schwer zu lenken, aber ich schaffte es. Auf dem Highway Richtung Norden machte unsere große Gruppe halt für die Nacht in Mulegé, einem herrlichen Ort, mit einer blaugrünen Bucht, weißem Sandstrand und dem langsam dahinströmenden Rio Mulegé, an dessen Ufern Schatten spendende Dattelpalmen wuchsen. Dort schwamm ich im Meer, und mein Asphaltausschlag löste sich in nässende, grüngelbe Fäden auf, die sich abschälten und um mich herumtrieben wie Seetang.

Als ich am nächsten Morgen das Hotelzimmer verließ, bemerkte ich eine gigantische Tarantel an der Tür. Auch Skorpione gab es in Mulegé. Beim Frühstück ließ ein durchreisender Typ, der Green-Tortoise-Busfahrer gewesen war und zwanzig Jahre lang Busladungen von Menschen die Baja-Halbinsel rauf und runter chauffiert hatte, einen Skorpion seinen Arm hochkrabbeln. Wir warteten alle atemlos ab, bis er ihn von seinem Handgelenk auf den Boden schnipste und mit dem Stiefel zertrat.

Wir fuhren weiter gen Norden zu dem Schrottplatz; die ganze Gruppe, immer für eine neue Herausforderung zu haben, war gespannt, ob ich mein Motorrad zurückbekommen würde. Wir erreichten das eingezäunte Gelände kurz vor Einbruch der Dunkelheit. Ich klopfte an die Tür des benachbarten Hauses, und mein Freund und Stackmaster schlichen auf den Hof, um sicherzugehen, dass mein Motorrad wirklich da war.

Wade kam zur Unterstützung mit mir hinein, während Stack und mein Freund die Ninja vom Hof schoben. Mit meinem schlechten Spanisch schaffte ich es, mein eigenes Motorrad für 150 Dollar, die ich mir von meinen Mitfahrern geliehen hatte, zurückzukaufen.

Jedes einzelne Teil, das bei dem Unfall hatte abbrechen können, war abgebrochen. In der zunehmenden Dämmerung klaute Stack einen Autoscheinwerfer von dem Schrottplatz, brachte ihn dort an, wo meiner gewesen war, und befestigte ihn mit Klebeband. Mein Freund bog, trat und begradigte Fahrgestell und Lenker, bis das Motorrad beinahe fahrbar war. Als Fußrasten rammte Stack Flachschraubendreher in die Motorverkleidung. Mein Freund startete die Maschine, indem er sie kurzschloss (der Schlüssel war beim Sturz im Anlasser abgebrochen).

Insgeheim wollte ich dieses Motorrad nicht fahren. Es war ein Wrack – das Fahrgestell verbogen, die Lenkung aus dem Lot, der Tank zerbeult und voller Krater, der Auspufftopf aufgeschlitzt (was ich am nächsten Morgen zu reparieren versuchte, indem ich eine aufgeschnittene Cola-Dose mit Sicherheitsdraht darum herumwickelte). Aber mein Freund drängte mich, die Unglücksmaschine zu fahren, und die Alternative war Randys BMW, die zu groß für mich und schwierig zu handhaben war. Ich ließ sie zum Abtransport auf dem Crash Truck stehen und setzte mich auf meine Ninja – das Ding, das mich bei 210 km/h abgeworfen und sich dann mehrfach überschlagen hatte.

Wir brachen in der Dunkelheit auf, ich auf der Ninja. Die Straße nach Baja de Los Angeles, wo wir übernachten wollten, war in schauderhaftem Zustand. Es gab Furchen im Asphalt, die genau die Breite meines Vorderreifens hatten, und wenn er in eine davon geriet, blieb der Reifen darin stecken wie ein

Gutterball beim Bowling, sodass ich das Motorrad nicht mehr kontrollieren konnte. An vielen Stellen war die Straße vollständig ausgewaschen und bestand nur noch aus Sand. Lange Strecken waren überschwemmt. Das Licht meines neuen, nicht verstellbaren, mit Klebeband befestigten Scheinwerfers versickerte nutzlos in der Dunkelheit und zur linken Seite, anstatt die Straße vor mir auszuleuchten. Ich konnte kaum sehen, wohin ich fuhr, und mit dem aufgeschlitzten Auspuffrohr war das Motorrad so laut wie ein Funny Car auf einer Drag-Strecke.

Das Wasser in Bahia de Los Angeles ist von einem verblüffenden, künstlichen Kreideblau. Ich ging gleich nach dem Aufwachen am nächsten Morgen schwimmen. Als ich aus dem Wasser kam, sah ich, dass das gesammelte Blut in den Ergüssen an meinen Beinen anfing, nach unten zu sacken und lange, lila Streifen auf meinen Beinen zu hinterlassen. Damit begann der Juckreiz, und er hörte erst zwei Wochen später wieder auf.

Gleich nördlich von Bahia de Los Angeles gab es ein trockenes Seebett, wo alle unbedingt hinwollten. Hinter Bahia nahmen wir eine Sandpiste, eine schwierige Geländefahrt auf Straßenmotorrädern. Das Seebett war eine weite, rissige Haut aus pudrigem rotem Staub, die sich kilometerweit in alle Richtungen erstreckte. Alle sausten, so schnell sie konnten, umher, gerieten auf der fremdartigen Oberfläche ins Schleudern. Es gab keine Bodenhaftung, aber da das Seebett beruhigend weich war, gingen die Leute Risiken ein. Ich hatte genug Abenteuer gehabt, setzte mich hin und schaute mit den Freundinnen, die nach Cabo geflogen und jetzt als Beifahrerinnen mitgekommen waren, zu. Stackmaster raste im Kreis herum, bis er stürzte und dann lachend wieder aufstand, er und sein schmieriges Motorrad, dessen Motor noch mit klebrigem Dichtmittel bedeckt und jetzt mit Seestaub paniert war.

Von da war die Fahrt nach Norden lang und anstrengend. Ich konnte mit meinem Freund nicht mithalten, der keine Lust hatte, sein Tempo zu drosseln, und so fuhr ich am Ende mit Wade, seiner Freundin und ein paar anderen Freunden. Etwa 320 Kilometer vor der Grenze, in einem Dorf namens San Quintin, hielten wir alle an, um zu tanken, und die anderen beschlossen, etwas essen zu gehen. Ich fuhr allein weiter. Die Dämmerung nahte, und ich hatte kein gutes Gefühl dabei, mit einem so unzureichenden Scheinwerfer durch die Dunkelheit zu fahren. Als ich die Berge bei Ensenada erreichte, war es Abend geworden, und ich musste immer wieder anhalten, um den Scheinwerfer neu festzukleben und dafür zu sorgen, dass er auf die Straße gerichtet war. Ich konnte kaum etwas sehen. Der Lenker war verbogen und schwer zu kontrollieren. Wenn große Lkws an mir vorbeifuhren, wirbelten sie Kies hoch, der gegen meine empfindlichen Blutergüsse spritzte und an mein Visier prasselte, denn meine Windschutzscheibe war bei dem Unfall zerstört worden.

In Rosarito hielt ich an, um mich aufzuwärmen. Ich ging in einen Diner amerikanischen Stils und bestellte einen heißen Kaffee. Meine Hände zitterten vor Kälte. Ich war der einzige Gast in dem Lokal, und der alte Mann hinter dem Tresen brachte mir einen Teller Pommes frites, die ich nicht bestellt hatte, aber dankbar aß.

Ein paar Stunden später erreichte ich das Motel 6 in San Ysidro. Ich schaltete den Motor ab, zog Helm und Handschuhe aus und begann, obwohl ich mich schäme, es zuzugeben, zu weinen. Es waren Tränen der Erleichterung. Es war vorbei. Ich war heil und ganz wieder zurück.

An einem einzigen Tag die ganze Baja-Halbinsel hinunterzufahren, ist so ähnlich, als würde man an einem Tag von Norden nach Süden durch den gesamten Bundesstaat Kalifornien oder von San Francisco nach Denver, Colorado, fahren. So groß ist die Distanz und so groß der geografische Wandel.

Ich bin mir nicht sicher, wer sich das Konzept der Cabo 1000 ausgedacht hat – es könnten Lee und Wade gewesen sein, aber ich weiß es nicht. Ich stelle mir ein paar Männer an der Bar oder bei jemandem zu Hause vor, mit den nötigen Bieren und Joints, und jemand bringt die Idee zu diesem Rennen aufs Tapet, als eine Art ausgefallene Mutprobe. Sie sind alle schon mit dem Motorrad in Baja California herumgefahren, aber die Idee mit dem einen Tag ist neu. Das erste Rennen ist für erfahrene Renn- und Straßen-Motorradfahrer wie Wade ein Erfolg. Für andere, die es nicht sind, ist es ein Desaster; entweder haben sie Pannen, weil die Belastung für den Motor und das ganze Bike extrem ist, oder sie bauen schon früh einen Unfall, weil sie kein Gefühl für die Gefahren haben und dafür, wie man sich auf den kurvenreichen, tückischen Straßen seine Kräfte einteilt. Diese ungleiche Verteilung von Erfolg und Scheitern ist eine der Hauptsachen bei der Veranstaltung.

Im Jahr nach dem Auftaktrennen haben schon mehr Leute vom Cabo 1000 gehört und wollen sich daran versuchen. Das Ziel besteht für die meisten nicht darin, zu gewinnen, sondern lediglich in Cabo anzukommen, ohne zu sterben. Es ist eine Prüfung des Willens, des Muts und des Durchhaltevermögens. Als Sean Crane einen anderen Fahrer schneidet und dieser daraufhin ein Bein verliert, nimmt das Rennen mythischere Ausmaße an. Das verlorene Bein wird zu einem warnenden Beispiel: *Pass auf, dass dir nicht passiert, was ihm passiert ist*, und zu einer Art Opfer: *ihm, nicht dir*. Durch den Verlust seines Beins wird jener Fahrer zu einem Anderen, einem Nicht-Wir. Und tatsächlich gibt es keine weiteren verlorenen Beine. Aber ein Detail dieser Geschichte bleibt, eine unsichtbare Drohung, die als Damoklesschwert über dem Vorfall schwebt: Wenn du dich verletzt, könntest du auf dich allein gestellt sein. Sean haute ab, überließ den anderen Fahrer mit seinem kaputten Körper sich selbst.

Randy Bradescu, der in dem Jahr meiner Teilnahme gewann und auf dessen Motorrad ich die halbe Strecke gen Norden zurücklegte, starb vier Jahre später bei dem Cabo-Rennen. Er war die ganze Zeit Erster gewesen, an der Spitze aller anderen Teilnehmer, bevor er einen tödlichen Sturz hatte. Ein paar Leute hielten an, um nach ihm zu schauen. Aber sobald sie festgestellt hatten, dass er tot war, setzten sie sich wieder auf ihre Motorräder und fuhren weiter nach Cabo und zur Siegesfeier und wieder zurück, Mulegé und das trockene Seebett inklusive. Randy lag tot allein am Straßenrand. Seine Frau schickte ihren Bruder nach Baja, um die Leiche zu bekommen, der erst jede Menge Papierkrieg bewältigen musste, bevor sie freigegeben und in die Vereinigten Staaten gebracht werden konnte. Randy war die Brieftasche entwendet worden, als er tot dalag, und damit verschwand auch seine nachweisliche Identität, denn es waren keine Freunde zur Stelle, die den mexikanischen Behörden hätten sagen können, wer er war. Im Nachhinein verwendete irgendjemand dafür den psychologischen Fachbegriff «Gruppenapathie».

Als wir nach dem Cabo-Rennen alle wieder in San Francisco waren, verabredeten Michelle, Randy Bradescu und ich uns an einem Sonntagabend im Nightbreak, einer Bar in der Haight Street, die ein regelmäßiger Treffpunkt war. Ich hatte früher mal ein paar Häuser entfernt gewohnt und war fußläufig davon aufgewachsen. Randy war gerade von einem Rennen in Florida zurück. Zu dritt feierten wir so etwas wie ein Cabo-Wiedersehen. Im Nightbreak war Sushi-Abend, veranstaltet von einem Koch namens Nori, einem Surfer, Motorradfahrer und SF-Ortsansässigen, den wir alle liebten. Wir aßen Sushi und tranken Bier und alberten herum. Der DJ spielte AC/DC und T. Rex, und Randy belustigte uns mit Dancefloor-Eskapaden, die bei einem normal aussehenden, extrem großen blonden Mann im Rugby-Shirt besonders witzig waren, denn das Nightbreak war eine Biker-Bar, in der die Leute nur schwarzes Leder trugen. Ich war so glücklich an dem Abend. Riskierte nicht mein Leben, trank nur ein paar Bier in meiner Heimatstadt, meinem Zuhause.

Ich weiß nicht mehr, ob jener Freund von mir auch dabei war. Ich trennte mich irgendwann um diese Zeit herum von ihm und zog aus dem Lagerhaus an der Woodward Street aus. Ich suchte mir eine eigene Wohnung und fing was mit einem anderen an, der auch Moto-Guzzi-Mechaniker war, aber netter, so alt wie ich und nicht kontrollsüchtig. Der frühere Freund begann, überall aufzutauchen, wo ich war. Ich wünschte, es gäbe einen anderen Ausdruck als «Stalking» für das, was er machte, die Häufigkeit, mit der er bei mir klingelte, und sein allgegenwärtiges und permanentes Erscheinen, wo immer ich mich befand, aber es gibt keinen. Es gipfelte darin, dass er eines Morgens durchs Fenster in meine Wohnung einstieg. Zum Glück kam meine Mitbewohnerin nach Hause und verscheuchte ihn. Ich habe ihn nie wiedergesehen, aber ein Jahrzehnt lang fühlte ich mich verfolgt.

Derjenige, der uns ursprünglich miteinander bekannt gemacht hatte, Lawrence Gill, allseits beliebter Maschinenschlosser, der eine Vincent Black Shadow besaß, das gleiche seltene Motorrad, das auch mein Vater hat, schrieb mir einen Brief, in dem er sich dafür entschuldigte, mich diesem Freund vorgestellt zu haben. Mit wem ich zusammen war, war niemandes Schuld als meine. Ich war erwachsen und traf meine eigenen Entscheidungen. Das wollte ich Lawrence Gill noch sagen, aber er starb, bevor ich die Gelegenheit dazu hatte. Er wurde von einem Autofahrer getötet, der vor seinem Motorrad links abbog, als er unterwegs war, um eine Besorgung zu machen. Nori, der nette Sushi-Koch, mit dem ich mich enger anfreundete, nachdem er ein eigenes Restaurant unweit von meiner neuen Wohnung in der Pearl Street eröffnet hatte, starb ein paar Jahre nach besagtem Abend mit Randy und Michelle bei einem Motorradunfall. Sean Crane starb, weil er Sean Crane war und spät in der Nacht irgendwelche Motorrad-Kapriolen vollführte, die zu einem tödlichen Sturz auf der Sixteenth Street führten. Michelles Mitbewohner, ein Motorradfahrer namens Julian, starb wenige Monate nach dem Cabo-Rennen, als er in Marin County Serpentinen hinauffuhr. Und Randy starb vier Jahre später, allein, am Straßenrand auf der Baja-Halbinsel, wonach es das Cabo-Rennen nicht mehr gab. Es endete mit Randys Tod.

Es gibt zu dem Film *The Girl on a Motorcycle* noch zwei wichtige Dinge zu sagen, die ich bisher nicht erwähnt habe. Eines ist, dass Marianne Faithfulls tatsächliche Fahrszenen, jene, in denen sie nicht vor einer künstlichen Leinwand übermütig den Kopf zurückwirft und den Lenker festhält, von einem Double übernommen wurden – einem großen, bulligen Mann in einer genauso engen Lederkombi wie ihrer, mit einer blonden, steif gegen seine breiten Schultern flatternden und an seine teutonische Stirn gepflasterten Perücke, wie ich feststellte, als ich den Film in Zeitlupe sah. Das andere ist die abrupte, schreckliche Schlussszene: Nachdem Marianne Faithfull, untröstlich wegen Alain Delon, in einer rustikalen Kneipe verzweifelt Kirsch auf Kirsch getrunken hat, setzt sie sich auf ihr Motorrad, und es beginnt, seltsam zu werden. Sie windet sich auf dem Sitz, als hätte sie Sex mit dem Motorrad, und fängt an, gewagte

Schlenker zu fahren, schlängelt sich auf der Autobahn zwischen den Fahrzeugen hindurch. Sie verliert die Kontrolle und knallt mit voller Wucht seitlich gegen einen Lastwagen, wird über das Führerhaus geschleudert und kracht durch die Windschutzscheibe einer viertürigen Limousine. Die untere Hälfte ihres in Leder gekleideten Körpers ragt aus dem Wagen, und sie stirbt. Das ist das Ende des Films.

Nach meiner Rückkehr aus Cabo reparierte und verkaufte ich die Ninja für gutes Geld. Ich weiß noch, dass ich den Mann, der sie kaufte, am liebsten gebeten hätte, sie nicht zu fahren. Ich weiß noch, dass ich dachte, ich gäbe eine Todesmaschine an ihn weiter. Aber ich war jung und pleite. Ich nahm das Geld und sagte nichts weiter als «viel Spaß». Ich bat ihn nicht, vorsichtig zu sein. Und ich erzählte ihm nicht, dass die Ninja einen gestohlenen Motor hatte. Der Originalmotor war ein Jahr vor dem Cabo-Rennen, als ich allein nach Boise, Idaho, fuhr, kaputtgegangen. Mein damaliger Freund hatte mir einen anderen Motor besorgt. Anfangs wusste ich nicht, dass er gestohlen war, aber irgendwann erfuhr ich, dass er von einem Typen namens Tiny kam, einem riesengroßen Teenager, der, wie wir alle wussten, abgeschlossene, geparkte Motorräder allein, ohne Hilfe, auf die Ladefläche seines Pick-ups wuchtete, high von Crystal Meth und PCP. Und die Wahrheit ist, dass mein heißer Motor nicht der erste war, der durch unser Lagerhaus an der Woodward ging, zwecks Neu-Prägung der Seriennummern, was eine geschickte Auflösung der Kristallstruktur unter den Nummern erforderte, die normalerweise durch Röntgenstrahlen sichtbar gemacht werden können. Als ich die Ninja verkaufte, war ich zuversichtlich, dass der Käufer kein Problem damit haben würde, sie registrieren zu lassen, da Fahrgestell- und Motornummern übereinstimmten.

Danach kaufte ich mir ein anderes Motorrad, eine Cagiva

Elefant 650, aber ich fuhr sie nicht oft und trennte mich am Ende auch von ihr. Fortan beschränkte sich mein Motorrad-Hobby darauf, dass mein Vater und ich alle paar Jahre an der Vincent Black Shadow herumwerkelten. Ich fuhr unbeschwert, nur zur Show, damit in San Francisco herum und führte sie auf britischen Motorrad-Expos vor. Verwendete viel Zeit darauf, seltene Ersatzteile für sie aufzutreiben. Aber es ist lange her, dass wir ihr Aufmerksamkeit gewidmet haben. Man könnte sie wenigstens mal wieder starten.

Wir sind hier alle Waisenkinder

An einer Straßenecke im Flüchtlingslager Shuafat in Ostjerusalem beobachtete ich, wie ein hinter dem Steuer einer zerbeulten Limousine versunkener Junge über die Kreuzung raste, dabei den Arm aus dem Fenster streckte und gestikulierte wie ein NASCAR-Rennfahrer kurz vor dem Boxenstopp. Ich war sprachlos. Er sah aus wie neun.

«So was kümmert hier keinen», sagte mein Gastgeber Baha Nababta, der über meine Verwunderung lachte. «Jeder kann tun und lassen, was er will.»

Während Baha und ich einen Rundgang durch das Flüchtlingslager machten, schlossen sich uns immer mehr Teenager an, bis wir eine Art Gefolge hatten. Darunter waren coole Jugendliche, die so aussahen wie coole Jugendliche auf der ganzen Welt, als hörten sie alle die gleiche Teenager-Frequenz, eine Hundepfeife mit globaler Reichweite. Mir fiel auf, dass Weiß hier eine beliebte Farbe war. Weiße, schlabberige, unten aufgekrempelte Jeans, weiße Polohemden, weiße knöchelhohe Turnschuhe. An einem Ort, wo die Straßen nicht asphaltiert sind und sich in Schlamm verwandeln, wo buchstäblich überall Müll rumliegt und es wegen der Wasserknappheit extrem schwer ist, Menschen und Kleider sauber zu halten, hat Weiß vielleicht einen besonderen Stellenwert.

Nach Shuafat kommen so wenige Menschen von außerhalb, dass mein Besuch offenbar ein absolut ungewöhnliches Ereignis war, das mit großer, nahezu hysterischer Herzlichkeit begrüßt wurde und scharenweise Kinder und Jugendliche anlockte. «Hallo, Amerika!», riefen sie aufgeregt. Ich brachte Abwechslung in ihr Leben, und überdies war ich mit Baha Nababta zusammen da, einem neunundzwanzigjährigen Palästinenser, der das Gemeinschaftsleben im Lager organisierte und den die Jugendlichen liebten. Denjenigen, die uns folgten, ging es nicht nur um meine Aufmerksamkeit, sondern auch um seine. Baha hatte eine seltene Art von Charisma. Lagerleitercharisma könnte man es nennen. Er war der geborene Anführer von Jungs. Jeder, dem wir begegneten, kannte ihn und winkte ihm entweder zu oder blieb stehen, um ein paar Worte mit ihm zu wechseln. Baha hatte ein Gemeinschaftszentrum gegründet, als Treffpunkt für die älteren Jugendlichen, denn im Flüchtlingslager Shuafat gibt es kein freies Gelände, keinen Park, nicht einen einzigen Spielplatz, nichts, wo Kinder sich aufhalten können, eigentlich noch nicht einmal eine Straße, auf der sie spielen könnten, denn Bürgersteige existieren nicht, und auf den meisten der engen, unbefestigten Wege ist kaum Platz genug für die Fahrzeuge, die darauf entlangrumpeln. Kleinere Kinder tippten mich an und wollten mir das Wandgemälde zeigen, das sie mit Baha gemalt hatten. Die Straße, die sie unter seiner Aufsicht gepflastert, die Pflanzen, die sie in einem schmalen Streifen Erde mit Baha gepflanzt hatten. Baha, Baha, Baha.

Mit den Erwachsenen war es genauso. Alle buhlten um seine Aufmerksamkeit. Auf unserem Weg durch das Lager summte pausenlos das Handy in seiner Tasche. Schließlich ging er dran. Es gab Streit zwischen einem Mann, dessen Baby in einer Klinik gestorben war, und dem Arzt, der es behandelt hatte. Der Mann, dessen Baby gestorben war, hatte versucht, den Arzt bei lebendigem Leib zu verbrennen, und Letzterer lag nun in einem Jerusalemer Krankenhaus und schwebte in Lebensgefahr. Im Laufe der zwei Tage, die ich mit Baha verbrachte, hörte ich noch mehr solche Geschichten, bei denen er um Hilfe gebeten wurde. Die Menschen zählten auf ihn. Er hatte für das Lager Shuafat, wo er geboren und aufgewachsen war, eine Vision, die weit über das hinausging, was man sich innerhalb der sehr engen Grenzen dieses Ortes vorstellen konnte.

In einer Gegend voller Hochhäuser, die sich um eine Moschee mit staksigen, futuristischen Minaretten drängten, rief ein pummeliger, vielleicht zehn- oder elfjähriger Junge Baha zu: «Mein Papa versucht, dich zu erreichen.» Baha erklärte mir, die Gebäude in diesem Teil des Lagers hätten im Moment kein Wasser, und alle versuchten, ihn deshalb zu kontaktieren. Er habe die Anrufe bislang ignoriert, gab er zu, weil er noch keine guten Nachrichten für die Bewohner habe. Mir schien, dass Baha hier so etwas wie der informelle Bürgermeister war, eine Führungspersönlichkeit, auf die die Menschen sich verließen, wenn es darum ging, ihre Streitigkeiten zu schlichten, Straßen zu bauen, Freiwilligen-Komitees zu bilden und für die Sicherheit der Kinder im Lager zu sorgen.

Das Gebäude, vor dem wir gerade standen, hatte zwölf Stockwerke. Gleich daneben war ein ebenso hohes. Die Hochhäuser sind in diesem Lager eng an eng gebaut, sodass ein Feuer verheerende Konsequenzen hätte. Ausgeschlossen, es zu löschen. Die Gebäude bestehen allesamt aus Steinblöcken, zwischen denen hier und da Holzkeile herausragen, so als wären die Bauarbeiter einfach gegangen und nicht mehr wiedergekommen, um die Fugen mit Mörtel zu füllen. Ich blickte an einer der hohen Fassaden hinauf und betrachtete die seltsamen Keile, die das Haus wie ein Modell wirken ließen, nur dass es bewohnt war. Während ich so den Hals reckte, wandte der pummelige Junge sich mir zu. «Das Haus ist bescheuert gebaut», sagte er. «Es ist Schrott.»

«Wohnst du hier?», fragte ich ihn.

«Ja», sagte er.

Das Flüchtlingslager Shuafat liegt, gemäß den Gemeindegrenzen, die Israel 1967 nach dem Sechstagekrieg festlegte, in Jerusalem selbst. (Obwohl häufig das gesamte von einer Mauer umgebene Gebiet als Flüchtlingslager Shuafat bezeichnet wird, ist das tatsächliche, von der UN-Hilfsorganisation für palästinensische Flüchtlinge betriebene Lager nur ein kleiner Teil davon. Angrenzend an das Lager gibt es drei Viertel, die zum Zuständigkeitsbereich der Stadt Jerusalem gehören.) Die Palästinenserbehörde hat dort keinerlei Rechtsbefugnis: Nach israelischem Recht befindet sich das Lager in Israel, und die Menschen, die dort leben, sind Einwohner Jerusalems, aber sie sind Flüchtlinge in ihrer eigenen Stadt. Obwohl sie Steuern an Israel zahlen, erhält das Lager kaum öffentliche Dienstleistungen. Es gibt keine nennenswerte staatliche Wasserversorgung, ein nur schlecht funktionierendes Kanalsystem, im Grunde keine Müllabfuhr, keinen Straßenbau, keine Post (die Straßen haben noch nicht einmal Namen, geschweige denn Adressen), praktisch keine irgendwie geartete Infrastruktur. Das Schulsystem ist unzulänglich. Israelische Feuerwehr- und Krankenwagen kommen nicht ins Lager. Die israelische Polizei taucht nur auf, um Leute zu verhaften; für die Sicherheit der Lagerbewohner sorgt sie nicht. Die Grundbucheintragungen sind chaotisch. Niemand weiß genau, wie viele Menschen wirklich im Lager Shuafat und in den drei angrenzenden Vierteln, einer Fläche von insgesamt vier Quadratkilometern, wohnen, doch Schätzungen zufolge sind es in etwa achtzigtausend. Sie leben innerhalb der Grenzen einer zehn Meter hohen Betonmauer, die mit Wachtürmen gespickt ist und Geheimtüren hat, die manchmal urplötzlich aufspringen, wenn israelische Truppen mit Hunderten oder, wie im Dezember 2015 geschehen, sogar über tausend Soldaten Razzien im Lager durchführen.

Hier gelten praktisch keine Gesetze, obwohl das Lager geografisch mitten in Jerusalem liegt. Die ursprünglichen Lagerbewohner wurden von der Altstadt, wo sie 1948 während des arabisch-israelischen Krieges Zuflucht suchten, ab 1965 in die Grenzen des Lagers umgesiedelt, und mit dem Sechstagekrieg 1967, als das Lager unter der Kontrolle der jordanischen Regierung stand, kamen noch mehr Asylsuchende dazu. Jetzt, fünfzig Jahre nach der Grenzziehung Israels von 1967, wissen noch nicht einmal israelische Sicherheitsexperten mehr so recht, warum das Lager Shuafat innerhalb der Jerusalemer Stadtgrenzen untergebracht wurde. Die Bevölkerung war damals wesentlich kleiner und die Stadt von schönem, grünem Waldgebiet umgeben, das sich bis zu dem Gelände erstreckte, wo später die jüdische Siedlung Pisgat Ze'ev erbaut wurde (das Waldgebiet existiert noch heute, jenseits der Trennungsmauer sichtbar, für die Lagerbewohner aufgrund derselben jedoch nicht zugänglich). Vielleicht hofften die Israelis, dass die Bewohner irgendwann umgesiedelt werden könnten, denn damals waren es nur einige Tausend. Stattdessen explodierte die Lagerbevölkerung im Lauf der folgenden Jahrzehnte und wuchs auf mehrere Zehntausend an. 1980 verabschiedete Israel ein Gesetz, mit dem es Jerusalem zur «vollständigen und vereinigten» Hauptstadt Israels erklärte. Ab 2004 wurde rund um das Lager eine Betonmauer errichtet, mitten in Israels selbst erklärten Grenzen, wie um es vom «vereinigten» Jerusalem abzubinden und zu veröden.

Wenn einem bei dem Begriff «Flüchtlingslager» für gewöhnlich keine Hochhäuser in den Sinn kommen, so gilt das auch für Einkaufszentren, aber im Lager Shuafat gibt es eins: zwei Etagen, eine dritte, die bei meinem Besuch im Bau befindlich war, ein Fahrstuhl nach oben, einer nach unten und ein Geschäft namens Fendi, in dem es billige Frauenkleidung zu kaufen gibt. Der Eigentümer des Einkaufszentrums begrüßte uns überschwänglich und nahm Baha gleich beiseite, um ihn in irgendeiner Angelegenheit um Rat zu fragen. Ein Teenager, ein Hipster mit glasloser Brille und Kapuzenpullover, der in einer Eisdiele des Einkaufszentrums arbeitete, gab mir und Moriel Rothman-Zecher, einem Schriftsteller und Organisator, der mich ins Lager begleitet hatte, um mich mit Baha bekannt zu machen und mir als arabischer Dolmetscher zur Verfügung zu stehen, eine Weltklasse-Beatboxvorstellung. Moriel und der Jugendliche vom Eisladen wechselten sich ab. Moriel war auch nicht schlecht, aber den Beatboxstandard des Flüchtlingslagers Shuafat erreichte er doch nicht ganz. Wir lernten einen Steuerberater namens Fahed kennen, der gerade ein Büro in dem Einkaufszentrum eröffnet hatte, um Bewohnern bei ihren Steuererklärungen zu helfen. Er war verblüfft, als er uns Englisch sprechen hörte, und freute sich, seins anwenden zu können. Die Steuerformulare seien auf Hebräisch, erklärte er uns, deshalb müssten die Leute im Lager einen zweisprachigen Steuerberater anheuern, um sie auszufüllen.

Bevor die Mauer errichtet wurde, hatten die israelischen Machthaber das Einkaufszentrum zweimal dem Erdboden gleichgemacht, doch der Eigentümer ließ es immer wieder aufbauen. Seit die Mauer steht, haben die Israelis zwar keine größeren Gebäude im Lager mehr zerstört, einzelne Wohnungen allerdings schon. Bewaffnete palästinensische Gangster könnten Bewohnern jeden Moment ihr Grundstück oder ihre

Wohnung wegnehmen. Ein Brand oder ein Erdbeben wäre katastrophal. Eine Immobilie im Lager Shuafat zu kaufen, birgt vielfache Risiken, doch die Kosten betragen oft nur ein Zehntel dessen, was man auf der anderen Seite der Mauer, in Ostjerusalem, für eine Wohnung bezahlen würde. Hier zu leben, stellt außerdem eine Möglichkeit dar, seinen Wohnsitz in Jerusalem zu behalten. Einwohner Jerusalems haben einen heiß begehrten blauen Personalausweis, mit dem sie in Israel arbeiten und für den Lebensunterhalt ihrer Familien sorgen können, anders als Palästinenser mit grünen oder sogenannten West-Bank-Personalausweisen, die etliche Belegdokumente brauchen, um Israel zu betreten – ob aus Arbeits- oder anderen Gründen – und dazu Militärcheckpoints wie Qalandiya passieren müssen, was stundenlanges Schlangestehen bedeuten kann. Ein Jerusalemer Wohnsitz ist für jeden, der Arbeit braucht, ganz einfach eine Rettungsleine, eine Frage des Überlebens.

Es gibt auch Nicht-Jerusalemer im Lager. Seit die Mauer hochgezogen wurde, ist es zu einem Zufluchtsort geworden, einem Hafen. Ich habe hier Menschen aus Gaza getroffen, die die vier Quadratkilometer des Lagers nicht verlassen können, weil sie sonst verhaftet würden, denn es ist ihnen verboten, Israel oder die West Bank ohne israelische Genehmigung zu betreten, und die wird so gut wie nie gewährt. Ich lernte eine Familie brasilianischer Palästinenser mit längst abgelaufenen Pässen kennen, die das Lager ebenfalls nicht verlassen können, weil sie weder grüne West Bank- noch blaue Jerusalem-Ausweise haben.

Das Lager Shuafat wird in den internationalen Medien oft als der «gefährlichste Ort in Jerusalem» dargestellt, als ein Schmelztiegel des Verbrechens, des Dschihad und der Müllbrände. Am Tag meiner Ankunft schwelten tatsächlich gleich hinter dem Checkpoint, dicht an der zehn Meter hohen Betonmauer, große Abfallhaufen, auf denen dünne Flämmchen in der starken Morgensonne hüpften. Ich war schon öfter in Ländern gewesen, die ihren Müll verbrennen; es ist ein Geruch, an den man sich gewöhnt. Meine Hauptsorge an dem Wochenende, das ich dort im Lager verbrachte, war eher die, dass mir ein Auto über die Füße fahren würde. Wenn man sich ernsthaft verletzt, gibt es hier nicht viel Hilfe. Kranke oder Verletzte werden zu Fuß oder mit dem Auto über den Checkpoint gebracht und auf der anderen Seite der Mauer in einen Krankenwagen verfrachtet. Bewohner berichten, dass auf diese Weise schon mehrere Menschen unnötig gestorben seien.

Auf unserem Weg durchs Lager begann ich zu verstehen, wie man dem Verkehr begegnete, ohne mit der Wimper zu zucken, nämlich indem man einfach davon ausging, dass die Fahrer Übung darin hatten, sich inmitten einer so unglaublichen Menschendichte einen Weg zu bahnen. Ich fragte Baha, ob hier je irgendwer von einem Auto überfahren werde, und war mir sicher, dass er Nein sagen würde.

«Ja, andauernd», sagte er. «Gerade erst ist ein Kind auf diese Art zu Tode gekommen», fügte er hinzu. Von da an drückte ich mich an die Hauswände. Später am Abend sah ich, wie ein kleiner Junge auf einem Erwachsenenfahrrad von einem Auto angefahren wurde. Er stürzte auf die Straße. Ich lief hin, um ihm zu helfen. Er weinte und streckte seine aufgeschrammten Hände aus. Ich wusste noch genau, wie weh es tat, sich die Handflächen aufzuschürfen, weil dort so viele Nerven endeten. Ein Palästinenser sagte zu dem kleinen Jungen, alles sei okay, und wuschelte ihm durchs Haar.

Als ich Baha fragte, ob der Müll direkt vor der Mauer verbrannt würde, weil das sicherer sei – eine Methode, ein Feuer in Schach zu halten, wie ein gigantischer Kamin –, schüttelte er den Kopf. «Es ist, äh, symbolisch.» Mit anderen Worten, der Müll wird an der Mauer verbrannt, weil die Mauer israelisch ist. Beim israelischen Checkpoint werden entlang der Mauer Drogen verkauft, nicht aus symbolischen Gründen. In einer Zone, wo das israelische Militär patrouilliert und Sicherheitskameras alles überwachen, können die Organisatoren des Lagers, wie Baha, den Drogenhandel nicht kontrollieren. Dealer sind dort vor den Mitteln der Volksjustiz, die innerhalb des Lagers angewendet werden, sicher. Das Gebiet des Lagers mit der stärksten militärischen Präsenz ist vielleicht das gesetzloseste.

Die beliebte Droge, die die Dealer verkaufen, heißt Mr. Nice Guy und wird manchmal als «synthetisches Cannabinoid» bezeichnet – ein bedeutungsloses Etikett. Es ist hochgiftig und hat eine völlig andere Wirkung als Cannabis. Es kann Psychosen auslösen. Es schädigt das Gehirn und zerstört Leben. Baha sagte mir, Mr. Nice Guy sei schon bei achtjährigen Kindern beliebt. Leere Packungen davon lagen überall auf dem Boden herum, als wir über den großen Parkplatz gingen, wo täglich sechstausend Kinder von Bussen abgeholt und durch den Checkpoint zur Schule gefahren werden, denn im Lager gibt es nur eine einzige öffentliche Schule, für Grundschüler. Jeden Nachmittag strömen die Kinder auf dem Rückweg ins Lager an den Dealern und Konsumenten vorbei, die sich in der Nähe des Checkpoints tummeln.

Ich sah die Dealer nicht, bezweifle allerdings auch, dass Baha mich auf sie aufmerksam gemacht hätte. Was mir vor allem auffiel, waren Kinder, die arbeiteten, fleißig waren und produktive Wege suchten, um in einer erbärmlichen Umgebung zu leben und zu überleben. Gegenüber von Bahas Haus betrieb eine Gruppe Jugendlicher eine Autowaschanlage. Wir winkten ihnen von Bahas Dach aus zu. Baha stellte mir ein paar Jungs im Teenageralter vor, die einen eigenen Moped- und Rollerreparaturdienst besaßen. Er ging mit mir zu einem Friseurladen, wo wir ein paar tadellos gekleidete Jugendliche mit Undercut antrafen, die zusammen Musik hörten, während ein ungefähr dreizehnjähriger Junge einem ungefähr Fünfjährigen die Haare schnitt. Ein junger Teenager mit blütenweißem Polohemd und zarter Goldkette um den Hals spannte seine Babykartoffel von einem Bizeps an und verkündete seinen Familiennamen: «Alqam!»

Die Jungs in dem Friseurladen waren alle Alqams. Sie führten das Geschäft. Sie freuten sich wie verrückt, Baha zu sehen. Wir freuten uns alle wie verrückt. Die Sprachbarriere zwischen mir und den Jungs steigerte unsere kollektive Freude nur noch, als mein Dolmetscher Moriel auf einen Friseursessel gezerrt und spielerisch gezwungen wurde, sich auf Kosten des Hauses den Bart stutzen zu lassen. Die Jungs und ich stellten uns nebeneinander, setzten die Sonnenbrillen auf und posierten für ein Selfie. Hier wie später, insbesondere nachdem Moriel sich am Nachmittag verabschiedet hatte und ich übers Wochenende die einzige Besucherin war, spürte ich, dass Männer und Jungs einer fremden Frau körperlich nie so nahe kommen würden, wenn sie Palästinenserin wäre. Aber ich war Amerikanerin und in Bahas Begleitung, und das machte mich zu einer Art Mann ehrenhalber.

Später erzählte ich mir selbst und allen anderen, wie wunderbar es im Lager Shuafat gewesen sei. Wie sicher ich mich dort gefühlt hätte. Was für eine positive Einstellung Baha habe. All das empfinde ich immer noch als wahr. Aber ich betonte auch, mir selbst und allen anderen gegenüber, dass Baha nie von Sorgen um seine eigene Sicherheit gesprochen habe. Wenn ich heute in meine Aufzeichnungen schaue, erkenne ich, dass mein Beharren auf diesem Punkt schieres Wunschdenken war. Eine Fiktion. Es steht alles dort. Er sagte, er sei nervös. Er sagte, er sei bedroht worden.

Auch dies findet sich in meinen Aufzeichnungen:

Zwei Typen, sagt Baha,
1. Diejenigen, die beim Aufbau eines besseren Lebens helfen wollen.
2. Diejenigen, die alles zerstören wollen.
Und in Klammern hatte ich geschrieben: *Waffenhandel. Drogenhandel. Bauprofite. Keine Aufsicht gewünscht.*

«Ich wollte, dass Sie die Jungs kennenlernen, weil sie nett sind», sagte Baha, als wir den Friseurladen verlassen hatten. «Aber sie tragen alle Waffen.» Erst nach meiner Rückkehr in die USA erfuhr ich – auf die banale und feige Art: mithilfe weniger Eingaben in meinen Computer –, dass zwei Alqams, elf und vierzehn Jahre alte Cousins, beschuldigt worden waren, einen Sicherheitsbeamten in einer Ostjerusalemer Straßenbahn mit einem Messer und einer Schere angegriffen zu haben. Ich weiß bis heute nicht, ob sie mit den Jungs in dem Friseurladen verwandt sind. Mehrere junge Angreifer der sogenannten Messer-Intifada kommen aus dem Lager Shuafat, das auch Schauplatz großer gewalttätiger Proteste gewesen ist, in denen Palästinenser von israelischen Streitkräften getötet wurden. 2015 verloren drei Kinder aus dem Flüchtlingslager Shuafat ihr Augenlicht durch Gummigeschosse, abgefeuert von israelischen Soldaten.

Was ich, abgesehen von Bahas Eingeständnis seiner Angst, außerdem noch unterschlug, war sein Wunsch, Polizei ins Lager zu holen. Ich schrieb es nicht auf. Es gehörte nicht in meine Heldenerzählung, weil Polizisten nicht in meine Heldenerzählung gehören. «Und wenn sie sie aus Indien herholen müssen», sagte er mehrmals, «wir brauchen hier Polizei. Wir können die Auseinandersetzungen nicht allein bewältigen. Die Leute nehmen Rache. Sie morden.»

Als ein Nahost-Korrespondent, den ich in der West Bank getroffen hatte, hörte, dass ich das Wochenende im Lager Shuafat verbringen würde, fragte er mich, ob ich auch vorhätte, «den Scheiße-See zu besuchen». Anscheinend war das sein einziges Bild von dem Lager. Ich nahm an, er spräche von einer Abwasserkloake, aber Baha hatte dergleichen nie erwähnt, und nachdem ich erlebt hatte, mit welcher Freude er mir das Gemeinschaftszentrum zeigte, die von seinem Komitee gebauten Straßen, das Einkaufszentrum, das der einzige öffentliche Versammlungsort war, alles Dinge, die ihn mit Hoffnung erfüllten, hütete ich mich, ihn nach dem Scheiße-See zu fragen.

Besagter Korrespondent hatte nie einen Fuß ins Lager Shuafat gesetzt. Ich hatte auch nicht angenommen, dass ich es einmal tun würde, bis ich zu einer ausgedehnten Tour durch die besetzte West Bank, einschließlich Ostjerusalems, eingeladen und gebeten wurde, für eine Anthologie der israelischen Besetzung Palästinas über ein Thema meiner Wahl zu schreiben. Da ich über keinerlei vorherige Erfahrungen in der Region und wenig Kenntnisse verfügte, tendierte ich instinktiv zum Lager Shuafat. Das Bild, das mir aus meiner Zeit dort bleibt, ist schimmernd weiß. Die Jugendlichen, alle weiß gekleidet. Die Gebäude, ein von der Sonne gebackenes, staubiges, rauchfleckiges Weiß. Die Minarette, allesamt weiß. Und dazu der funkelnd weiße, akribisch aufgearbeitete 1972er VW Käfer. Er stand im Verkaufsraum einer Werkstatt, die Bahas Freund Adel gehörte. Selbst Oldtimer-Fan und -Besitzerin, wollte ich mich mit Adel über den Käfer unterhalten. Er zeigte mir seine Werkstatt, seinen Kompressor, seine Hebevorrichtung. Wie der Fahrstuhl im Einkaufszentrum waren das Dinge, die man an einem Ort ohne Dienstleistungen niemals erwarten würde.

Wir setzten uns, und Adel machte Kaffee. Er und Baha erzählten mir von den Problemen mit der Droge Mr. Nice Guy. In jeder Familie gebe es ein Kind, das süchtig sei, sagte er, manchmal auch jemanden unter den Älteren. Ein Drittel der Bewohner des Lagers sei abhängig. Von der Droge würden die Leute verrückt, da waren er und Baha sich einig. Ich fragte, ob es einen Zusammenhang zwischen Mr. Nice Guy und den Jugendlichen gebe, die doch im Grunde entschieden hätten, allem ein Ende zu machen, indem sie mit dem Messer auf einen israelischen Soldaten losgingen. Das bejahten beide. Andererseits, sagte Baha, habe ein Mann aus dem Lager zwei Jahre zuvor mit seinem Wagen absichtlich Leute totgefahren. Daraufhin seien die Israelis gekommen und hätten sein Haus in die Luft gesprengt. Es sei ein älterer Mann gewesen, arbeitslos und bereit, alles aufzugeben. Bei den Jugendlichen sei das anders, da handele es sich eher um einen Akt impulsiven Muts. Dabei helfe die Droge enorm.

Adel erwähnte immer mal wieder seine neunjährige Tochter, die körperlich behindert sei und keine Schule besuchen könne. Ich fragte ihn, ob ich sie kennenlernen dürfe, oder Adel fragte mich, ob ich sie kennenlernen wolle. Jedenfalls gingen wir in Adels große Wohnung, und seine Tochter Mira wurde ins Wohnzimmer geschoben. Mira hat fast am ganzen Körper Verbrennungen, und ihr fehlen ein Arm und ein Bein. Ihr Gesicht und ihre Kopfhaut sind entstellt. Ein Schulbus voller Kinder aus dem Lager Shuafat, auf einem Ausflug nach Ramallah, war auf nasser, regnerischer Straße mit einem Lastwagen zusammengeprallt. Der Bus kippte um und ging in Flammen auf. Sechs Kinder und eine Lehrerin verbrannten. Etliche weitere Kinder wurden verletzt. Rettungswagen verspäteten sich, weil Unklarheit darüber herrschte, in wessen Zuständigkeitsbereich der Unfall fiel. Daraufhin mussten Mira und andere Kinder in den Autos unbeteiligter Beobachter zu den nächsten Krankenhäusern gebracht werden. Der Unfall ereignete sich zwischen den Checkpoints der Adam-Siedlung und Qalandiyas, in der sogenannten Zone C der West Bank, die sich gänzlich unter israelischer Kontrolle befindet. Die Wahrscheinlichkeit, dass so etwas passieren könnte, war wohlbekannt. Später wies ein Bericht von *Ir Amim*, einer regierungsunabhängigen israelischen Menschenrechtsorganisation, nach, dass die Tragödie eine Folge der vielfältigen Schwierigkeiten war, die das Leben jenseits der Sperranlagen mit sich brachte. Die Straßen waren minderwertig. Der Bus entsprach nicht den Sicherheitsstandards, es waren zu viele Kinder darin, die Kinder hatten keinen Zugang zu Bildung in ihren eigenen Gemeinden, und es gab keine Aufsicht.

«Als der Unfall passiert war, wussten wir nicht, wie wir damit fertigwerden sollten», sagte Baha. Jemand stieg auf eine Laderampe im Lager und rief die Namen der Toten aus. Danach weinten Baha und Adel die ganze Zeit. Es kam ihnen vor, als wäre das Leben der Kinder im Lager wegwerfbar. Sie beschlossen, über WhatsApp ein eigenes Notfallteam aus Freiwilligen zu gründen; es hat achtzig Mitglieder, die in Erster Hilfe ausgebildet sind, alle mit besonderen Fähigkeiten, die sie jederzeit einzusetzen bereit sind. Gegenwärtig sparen sie auf einen eigenen Krankenwagen für das Lager, als dessen freiwillige Fahrer medizinische Fachkräfte eingesetzt werden sollen, wie Bahas Frau Hiba zum Beispiel, die Krankenschwester ist.

Mir fiel auf, dass Baha hinsichtlich des Notfallteams und

auch der Zukunft generell optimistischer wirkte als Adel. Einmal wandte sich Adel, der eine gebrochene und verzweifelte, aber liebevolle, warme Energie verströmte, mir zu und sagte: «Wir sind hier alle Waisenkinder.»

Adels Tochter Mira, die inzwischen aus ihrem Rollstuhl auf das Sofa umgesetzt worden war, rutschte unruhig hin und her. Sie verstand kein Englisch, musste aber still sein und so tun, als hörte sie zu. Ich lächelte sie immer wieder an, und sie erwiderte mein Lächeln. Ich wollte ihr unbedingt etwas geben, ihr irgendetwas versprechen. Es ist sehr schwierig, ein Kind zu sehen, das so enorm gelitten hat. Im Grunde ist es unerträglich. Ich sollte ihr meinen Ring geben, dachte ich. Doch dann sah ich, dass er niemals auf ihre Finger passen würde, die trotz ihres jugendlichen Alters stark geschwollen und breit waren; ihre Entwicklung war seit dem Feuer gehemmt, weil ihre Knochen nicht richtig wachsen konnten. Dann gebe ich ihr meine Ohrringe, dachte ich als Nächstes, bis ich sah, dass ihre Ohren bei dem Feuer verbrannt waren. Ich kam mir obszön vor. Ich saß da und lächelte, als könnten meine zu großen Zähne eine schützende Fiktion zu diesem armen Kind hinüberbeamen, uns beide blind für die Wahrheit machen, dass keine oberflächliche Geste oder läppische Großzügigkeit irgendeine anhaltende Veränderung bewirken könnte und dass ihr Leben schwer sein würde.

Das Reisebüro im Einkaufszentrum Shuafats heißt Hope. Es gibt dort auch einen Spielzeugladen namens Happy Child. Die Kinder, die ich traf, waren alle Bahas Kinder, Teil seiner Gruppe, in seinem Team, von seiner Energie zehrend, die so unerschütterlich positiv war.

Ich muss mich an alles, was ich über Baha sagen kann, mit der größtmöglichen Präzision zu erinnern versuchen. Ich sehe ihn in seinem pinkfarbenen Polohemd vor mir, groß und gut aussehend aber mit einem kleinen weichen Bauch, der seine Integrität irgendwie noch unterstreicht, ihn unvollkommen, vollkommen menschlich macht. Ich sehe und höre ihn «Bella Ciao» singen, in gut klingendem Italienisch, das er im Alter von neunzehn gelernt hatte, auf der Reise, die sein Leben veränderte, weil er bei Vento di Terra arbeitete, einer in Italien ansässigen regierungsunabhängigen Entwicklungshilfe- und Menschenrechtsorganisation. Später schickte ich ein Video von Bahas Gesang an diverse italienische Freunde, Linke, die begeistert waren, dass ein Mann in einem palästinensischen Flüchtlingslager den Text von «Bella Ciao» kannte.

Ich sehe, wie Bahas Freunde und Verwandte mich umarmen und auf die Wangen küssen; wie die Frauen Schachteln hervorholen, in denen sie ihre handbestickten Hochzeitskleider aufbewahren, und darauf bestehen, dass ich jedes einzelne anprobiere, Kleider, deren Farben und Formen zeigen, woher sie kommen: ein schwarzes mit weißer Stickerei aus Ramallah. Cremefarben mit Rot aus Jerusalem. Lachend machen wir Fotos von mir in jedem Kleid, mit der Frau, der es gehört, neben mir.

Und wie mich alle beschworen, wiederzukommen und beim nächsten Mal Remy, meinen achtjährigen Sohn, mitzubringen, und ich war mir sicher, dass ich wiederkommen und Remy mitbringen würde, denn ich hatte mich in diese Menschen verliebt.

Und wie im Hintergrund der Umarmungen und Küsse, in fast jedem Haus, wo wir Zeit verbrachten, der islamische Fernsehsender Falasteen al-Youm lief, eine unausgesetzte Montage aus Blut, Rauch, Feuer und Kämpfern mit Kufiya und M16 s.

Die fortwährende Gastfreundschaft. Kaffee, Tee, Minzlimonade, Eiswasser, all die Getränke, die ich höflich annahm. Ich trank sie und ging abgefüllt an verblassten Postern von Dschihad-Märtyrern vorbei.

Spät in der Nacht hatten Baha und seine Frau Hiba die Idee, mir ihr digitales Hochzeitsfotobuch zu zeigen. Es war Mitternacht, und ihre beiden kleinen Töchter schliefen um uns herum auf den Sofas. Hiba stellte das iPad auf ihren Bauch – sie war im fünften Monat schwanger, erwartete ihr drittes Kind, einen Jungen –, und wir sahen uns jedes einzelne Foto an, Hunderte Bilder, von ihr und Baha in extrem gestellten Posen und steifen Hochzeitskleidern, sie mit ihrer Tiara aus unechten Perlen und Glitzersteinen, ihrem schönen, durch dicke Schminke neutralisierten Gesicht, aber die Schminke war Teil des Rituals, das Ritual Teil der Herrlichkeit. Die beiden in einem üppig blühenden Park in Westjerusalem. Dadurch, dass sie mich die Bilder betrachten sahen, erlebten sie die Freude an jedem einzelnen noch einmal neu: Es gab immer mehr, mehr, mehr. Für mich begannen sie nach einer Weile alle zu verschwimmen, es war jetzt ein Uhr morgens, und ich war todmüde, aber ich zwang mich, mir jedes als etwas Einzigartiges anzuschauen, ein wesentliches Ganzes im Strom der Weigerung dieser Menschen, sich reduzieren zu lassen.

Ich schlief in ihrem sogenannten arabischen Zimmer, auf flachen Kissen, über mir ein vergittertes Fenster, durch das eine kühle Brise hereinkam. Ich lauschte dem Krähen der Hähne und den halbautomatischen Waffen, die auf einer Hochzeitsfeier in der Nähe abgefeuert wurden, und fiel irgendwann in einen ruhigen, schweren Schlaf.

Am nächsten Tag musste Baha an einigen Besprechungen teilnehmen, um zu versuchen, das Wasserproblem zu lösen. Ich unterhielt mich mit Hiba über ihre Kinder. Sie fragte mich, in welchem Alter Remy mit Klavierunterricht angefangen habe. «Ich möchte, dass die Mädchen auch Musikunterricht bekommen», sagte sie, «ich glaube, das ist sehr gut für ihre Entwicklung.» Während sie sprach, hörte man auf einem Dach in der

Nähe erneut Maschinengewehre rattern. «Ich möchte, dass sie die Atmosphäre, die Gerüche einer anderen Umgebung kennenlernen. Dass sie sich ein anderes Leben vorstellen können.»

Wenn ich an Hiba Nababta denke, die für ihre Kinder das Gleiche möchte wie ich für meins, an ihren berechtigten Wunsch, dass sie genauso eine Chance erhalten wie unsere Kinder, erscheint mir alles hoffnungslos und sogar noch obszöner als mein Impuls, einem Kind ohne Ohren Ohrringe schenken zu wollen.

An jenem Morgen ging ich mit Hiba zu ihrer Mutter, die zusammen mit Hibas Schwestern gerade ein köstliches Essen aus gefüllten Weinblättern und gefüllten Kürbissen zubereitete; das Gemüse und die Weinblätter hatte die Mutter auf ihrer Terrasse selbst gezogen. Wir waren unter uns, nur Frauen, die entspannt miteinander aßen. Eine Schwägerin kam herunter und gesellte sich zu uns, verschlafen, schön, dünn, mit langen roten Fingernägeln und honigblond gefärbtem Haar, noch in Schlafanzug und Pantoffeln. Sie werde in ein paar Tagen mit ihrem Mann, Hibas Bruder, und ihrem kleinen Baby nach New Jersey fliegen, sagte sie. Verwandte hätten ihre Ausreise arrangiert. Sie werde Englisch lernen und zur Schule gehen.

Als es Zeit wurde, Abschied zu nehmen, wurde eine jüngere Schwester dazu bestimmt, mich zum Checkpoint zu begleiten. Auf halbem Weg versicherte ich ihr, ich könne allein weitergehen. In der Hauptstraße kamen Ladenbesitzer aus ihren Geschäften, winkten und lächelten mir zu. Jeder schien zu wissen, wer ich war: die Amerikanerin, die sich hier mit Baha getroffen hatte.

Am Checkpoint wurde der palästinensische Junge, der vor mir in der Schlange stand, festgehalten. Ich war als Nächste dran, und die Soldaten waren fassungslos, eine Amerikanerin zu sehen, so wie sie es angesichts jeder nicht palästinensischen Person gewesen wären. In der bewehrten Checkpoint-Station herrschte große Verwirrung. Mein Pass wanderte von Hand zu Hand. Schließlich trat der Kommandant ans zerkratzte Fenster. «Sie sind Jüdin, stimmt's?», blaffte er ins Mikrofon. Wegen des Kontexts, in dem er das fragte, des dahinterliegenden Gedankengangs, sagte ich Nein. Ethnisch betrachtet bin ich tatsächlich Halbjüdin, väterlicherseits, aber ich wurde ohne jede religiöse oder auch kulturelle Verbindung zum Judentum erzogen. Die Eltern meines Vaters betrachteten sich als «amerikanische Kommunisten» und schickten jedes Jahr Weihnachtsgeschenke. Meine Mutter ist eine weiße Protestantin aus Tennessee. An Ostern gibt es bei uns einen Schinken. Ich hätte sagen können, «ja, im Grunde bin ich halbjüdisch», aber ich fand die Frage unbeantwortbar, wegen der Vermischung von Zionismus und jüdischer Identität. Mein aus Odessa stammender, Jiddisch sprechender Urgroßvater war Kaufmann, mit einem Kleidungsgeschäft in der Orchard Street auf der Lower East Side. Mein Großvater arbeitete als Junge in seinem Laden. Das ist klassisch jüdisch – so, wie die jüdische Identität durch den Kommunismus zu ersetzen –, aber mein Selbstverständnis, meine Vorstellung davon, was es bedeuten könnte, etwas von dieser Abstammungslinie geerbt zu haben, war nicht die Art väterliches Erbgut, nach dem dieser Soldat mich fragte. Schließlich wurde ich durchgewinkt.

Der Tag, an dem ich das Lager Shuafat verließ, war der 17. April. Fünfzehn Tage später, am 2. Mai, wurde Baha Nababta im Lager ermordet. Eine unbekannte Person näherte sich auf einem Motorrad, als Baha gemeinsam mit ungefähr hundert anderen Bewohnern des Lagers dabei war, eine Straße zu pflastern. Vor den Augen dieser großen Gruppe Menschen, die zusammen arbeiteten, schoss die Person auf dem Motorrad zehnmal auf Baha und flüchtete. Sieben Kugeln trafen ihn.

Inzwischen ist es November. Bahas Frau Hiba hat ihren Sohn zur Welt gebracht. Sein Vater ist tot. Seine Mutter verwitwet. Aber ein Baby – ein Baby kann trotzdem wachsen und gedeihen. Bis man es ihm erzählt, weiß ein Baby noch nicht einmal, dass jemand fehlt.

Erd-Engel

Sehr geehrter Astronautenauswahl-Bevollmächtigter:

Ich bin ein Zivilist, der für die einjährige Astronauten-Schulung in Betracht gezogen werden möchte.
Für die Zusendung von Informationen, Bewerbungsformularen und jedwedem Material, das in dieser Hinsicht hilfreich sein könnte, wäre ich Ihnen äußerst dankbar.

Mit freundlichen Grüßen,
Denis H. Johnson

Der Schriftsteller Denis Johnson versandte das obige Schreiben am 15. April 1991. Eine Kopie davon befindet sich unter seinen Papieren im Harry Ransom Center an der University of Texas in Austin. Vor ein paar Jahren habe ich ein Foto von dem Brief gemacht. Kürzlich habe ich es einem Freund geschickt. Dieser Freund, der Denis Johnson bewundert und öffentlich für ihn eingetreten ist, sagte zu mir: «Ich kann mir nicht vorstellen, was er sich dabei gedacht haben mag.» Aber ich meinte, es mir genau vorstellen zu können: Er wollte von diesem Erdball wegkommen. In den Weltraum reisen. Was bedeutet es, in den Weltraum zu fliegen? Sein Leben hinter sich zu lassen, den Beschränkungen dieser Welt zu entfliehen und hinterher davon erzählen zu können.

Es gibt andere Arten, von diesem Erdball wegzukommen, und ich glaube, Denis H. Johnson hat einige davon ausprobiert. Das H steht übrigens nicht für «Holy», wie in Jesus Holy Christ, sondern für «Hale», was anscheinend sein zweiter Vorname ist. Man kann ihn auch Commodore nennen. Jedenfalls schrieb er mir, dass ich ihn so nennen könne, als ich ihn einmal vor langer Zeit in einem unterwürfigen Brief mit «Mr. Johnson» anredete. Wenn ich auf Förmlichkeit bestünde, dann solle ich ihn Commodore nennen, schrieb er, denn das sei sein Rang. Ich habe nicht genügend biografische Nachforschungen angestellt, um das zu bestätigen, aber ich glaube nicht, dass er je Marine-Offizier oder Präsident eines Yachtclubs war. Ich fasse es als Witz auf und auch wieder nicht. Nennt ihn Commodore. Elvis ist der King, warum also nicht?

Im Frühling 1999, acht Jahre nachdem Denis Johnson an die NASA geschrieben hatte, um ins Weltall zu gelangen, las er zusammen mit dem Dichter Jean Valentine im Dia Center for the Arts in New York City. Der Saal war brechend voll; wahrscheinlich waren um die tausend Leute gekommen. Ich hatte mich etwa drei Stunden früher eingefunden, um einen Sitzplatz zu ergattern (und weil ich *diese* Art Anhängerin war). Ich erinnere mich mit unscharfer Genauigkeit an die Person, die auf dem Stuhl neben mir saß: einen langen, dünnen Mann etwa in meinem Alter mit Hornbrille und Großvater-Klamotten aus der Kleiderkammer, der mit zitternder Hand eine Flasche Pepto-Bismol aus der Innentasche seines Mantels hervorholte und immer wieder daraus trank. Die Notizen, die er sich während der Lesung machte, waren vermutlich so peinlich wie meine. Glücklicherweise sind meine verloren gegangen. Ich brauche sie nicht. Ich erinnere mich an die Gedichte, die

Johnson las, darunter «Traveling» aus seiner Sammlung *The Veil*. Er las «Traveling» dreimal. Beim ersten Mal stimmte der Rhythmus nicht, deshalb wollte er es noch einmal probieren. Beim zweiten Mal schien ihm, als hätte er den Effekt des Gedichts nicht richtig eingefangen, also las er es ein drittes Mal. Nicht für uns, das Publikum, sondern um sich selbst daran zu erinnern, welche Wirkung er sich von diesem Gedicht erhofft hatte, als er es schrieb. Es gibt darin eine Zeile über das Licht, das durch die Fenster eines Herrenfriseurs hereinkommt: «ob der wechselnden Beleuchtung in dem Laden schien es, als reisten wir.» Beim dritten Lesen des Gedichts wurde er an dieser Stelle langsamer. Er war wieder verbunden.

Denis Johnson verstand den Impuls, sich abzumelden. Er verstand vieles, einschließlich der widersprüchlichen Natur der Wahrheit. Er war der Sohn eines im Ausland stationierten Mitarbeiters des US-Außenministeriums, ein amerikanischer Vorstadtjunge aus gut situierter Familie, der aufgrund der «Beatnik-Kategorie», wie er es ausdrückte, vor der Besserungsanstalt «bewahrt» wurde. Er ging aufs College, veröffentlichte mit neunzehn einen Gedichtband (*The Man Among the Seals*), studierte weiter und schloss mit einem MFA ab, war aber zugleich auch ein alkohol- und heroinabhängiger Herumtreiber: mit anderen Worten, ein «wahrer» Schriftsteller (der sich, wie jeder wahrhaft wahre Schriftsteller, nicht auf einen einzelnen schlüssigen Mythos oder abgedroschene Vorstellungen von der Schule des Lebens festnageln lässt). Später wurde er clean und eine Art Christ, veröffentlichte viele Romane und ein Buch mit überragenden Essays, lebte im fernen Norden Idahos, reiste aber in etliche Konfliktgebiete und schrieb darüber – Somalia, Liberia, Sierra Leone, Afghanistan und in *Ein gerader Rauch* bekanntermaßen über Vietnam zu Kriegszeiten.

Vielleicht gab ihm der Umstand, dass er an weit verstreuten Orten im Ausland aufgewachsen war (Deutschland, den Philippinen, Japan), ein besseres Gespür für den verlorenen und hässlichen Amerikaner, den Punkt, an dem sich das Epische und das Erbärmliche treffen, die selbstmörderischen Neigungen des einfachen Mannes, all das, woraus er geschöpft zu haben scheint.

Seine Verbindung zu «Menschen, die ihrer Seele einen Totalschaden zugefügt haben», wie eine Figur in seinem letzten Beitrag zur Literatur, *Die Großzügigkeit der Meerjungfrau*, es ausdrückt, ist ein zentraler Tenor seines Werks. Sicher war es auch seine Leidenschaft für kaputte Menschen, die ihm eine Art Kultstatus verschaffte, insbesondere in den 1990ern, als ich jung war und Johnson seine phosphorige Berühmtheit erlangte. Es war eine Heldenverehrung von Seelen mit Totalschaden durch Seelen mit Totalschaden. Heldenverehrung ist nichts Schlechtes. Niemand dachte sich etwas Böses dabei. Und doch ist es wichtig, diese Phase von Johnsons Ruhm nicht die Leistungen eines Schriftstellers prägen zu lassen, der wesentlich ernsthafter war, als ein Kultphänomen es nahelegen würde. Ich sehe die Unterscheidung jetzt klarer, als es mir vor zwanzig Jahren möglich war, denn damals steckte ich in einer Nische fest, unter Leuten, die nur eine Handvoll Bücher lasen, und zwar Bücher einer bestimmten Art: Nelson Algrens *Der Mann mit dem goldenen Arm*, *In den Straßen von New York* von Jim Carroll, ein bisschen Bukowski, ein bisschen Burroughs, *You Can't Win* von Jack Black und Johnsons Erzählungen *Jesus' Sohn* aus dem Jahr 1992. Wir waren junge Bohemiens, die dachten, so sollte man leben. Und wir lasen nur Autoren, die so lebten. In Iowa City, wo ich Freunde hatte (Iowaner, sollte ich klarstellen, niemand aus der Schreibwerkstatt), redeten in den Kneipen alle über Denis Johnson und *Jesus' Sohn*. «Er erzählte diese Geschichten wieder und wieder, bis sein Vortrag perfekt war, und dann schrieb er sie auf», sagte mir ein Cracksüchtiger, den ich kannte. Später fragte ich Denis Johnson, ob das so stimme: Nein, es stimmte nicht. «Ich habe sie auf ganz normale Art geschrieben», sagte er, «einen Satz nach dem anderen.»

Johnson starb 2017 im Alter von siebenundsechzig, was tragisch früh scheint. Sein Vermächtnis besteht darin, um Lichtjahre über seine kultische Berühmtheit der 1990er hinausgeschossen zu sein. Er hat das alles überdauert und es in gewisser Hinsicht nie gelebt, selbst als er es, biografisch gesprochen, natürlich tat. Ich vermute, Drogenkonsument und Trinker war er nur zufällig, ein ernsthafter Künstler dagegen bewusst und schicksalhaft. Er ist kein Schriftsteller für krakelnde Hipster und lesende Cracksüchtige. Er ist kein Mittel, mit dem irgendwer zu seiner Identität finden kann. Seine Ambitionen waren, auf ihre eigene Weise, so breit gefächert und blühend wie die von Dostojewski. Er ist ein Schriftsteller für alle Zeit.

Außerdem ist er jemand für Frauen, behaupte ich, jedenfalls in seinem Werk, und das ist letztlich das Einzige, was zählt. Jamie, die Protagonistin von *Engel*, seinem ersten und in gewisser Weise vollkommensten Roman, schaut aus dem Fenster eines Busses und stellt sich «eine gewaltige Klinge vor, die meilenweit aus ihrem Fenster ragte und sämtliche Vororte auf zwei Meter Höhe einebnete». Jeder Mann, der das über die Fantasien einer Frau schreiben konnte, hat uns ziemlich gut verstanden. Seine weiblichen Charaktere – wie Jamie oder die toughe und schattenhafte, unbenannte Erzählerin von *The Stars at Noon* – sind so komplex und angepisst wie die Männer. (Das heißt nicht, dass das weibliche Geschlecht oder die weibliche Spezies oder was immer das ist – was immer Ich ist – bei ihm nicht auch Gegenstand der Sehnsucht und Idealisierung sein, nicht auch die Großzügigkeit, sagen wir, einer Meerjungfrau haben kann: Frauen, an deren Schulter man weinen und die man im Arm halten kann. Es ist kein Entweder-oder.)

Schon bevor er *Jesus' Sohn* schrieb, war Johnson ein ausgewiesener Dichter und Romanautor, aber dieses Werk und *Die Großzügigkeit der Meerjungfrau* markieren die Pflöcke seines literarischen Schaffensbogens, zum einen, weil sie seine zwei einzigen Sammlungen von Kurzgeschichten sind, und zum anderen, weil sie sich gegenseitig spiegeln und mit ihren Unterschieden eine klare künstlerische Richtung vorgeben. Die frühen, poetisch dichten Szenen in *Jesus' Sohn* sind subtilerer Arbeit in *Großzügigkeit* gewichen, wo es nicht mehr um sprachliche Virtuosität zu gehen scheint, sondern um etwas Abgemildertes, Demutsvolles und noch Ambitionierteres.

Der wiederkehrende Charakter in *Jesus' Sohn*, mitunter Fuckhead genannt, hatte den rhetorischen Vorteil geheimnisvoller Rückschau. Seine Stimme war eine, die Gefühlsausbrüche und Selbstmitleid und zersetzende Reue ins ewig Zitierbare zu verdichten vermochte:

> «[…] weil wir uns alle für tragische Figuren hielten und weil wir tranken.»

> «Wir […] würden ein übles Ende nehmen und nichts dafür können.»

> «Was würde ich manchmal nicht darum geben, wenn ich uns noch mal dort sitzen sehen könnte: morgens um neun in einer Bar, einander Lügen auftischend, weit weg von Gott.»

> «Wo sind nur meine Frauen geblieben, mit ihren wonnevollen feuchten Worten und Weisen? Wo sind die wundersamen, riesengroßen Hagelkörner, die im Hof hinterm Haus mit einem grünen Schimmer zerbarsten?»

Die Sache mit dem «grünen Schimmer» ist hochfliegend, und doch habe ich keinen Zweifel, dass es die eine Vision war, die es unbedingt zu teilen galt. Jede Empfindung und jede Geste in *Jesus' Sohn* fühlten sich wahr an, und nicht alle Schriftsteller kommen in ihrem Schreiben an irgendetwas Wahres heran, sie haben anders geartete Gaben und Fähigkeiten, eine Bilderwelt zu flechten oder einen Tonfall zu manipulieren, Risiken einzugehen. Literatur, selbst richtig gute Literatur, gleicht einem schönen barocken Teppich manchmal mehr als dem Leben. Denis Johnson zielte in seinem ganzen Werk darauf ab, das verborgene, eigentliche Gesicht der Dinge auszumachen. Aber seine neuen Geschichten kommen ohne jene riesengroßen wundersamen Hagelkörner daher, und ihre Wahrheiten sind tiefer und präziser, ausgewuchtet, wie man ein Rad auswuchten würde. *Jesus' Sohn* wirkt im Vergleich dazu wie von der machtvollen Energie all der aufgesparten Charaktere geschaffen, die ans Licht drängen, damit sie auch von denen gesehen und gekannt werden, die nicht in der Kneipe dabei waren oder draußen auf der Farm am Old Highway. Die nicht mit Georgie herumgefahren sind, high von geklauten Krankenhausmedikamenten. *Die Großzügigkeit der Meerjungfrau* zieht andere Register; das Buch wirkt wie die gemäßigte Vision eines Schriftstellers, der verstanden hat, dass das Leben ziemlich rau und relativ kurz ist, die Welt jedoch in ungleicher Verteilung Gnade bereithält und die Weisheit darin liegt zu erkennen, wo sie – solche Gnade – sich zeigt. Die Geschichten handeln von Tod und Sterblichkeit, von Kunst und ihrer Reichweite, und sie stellen elementare Fragen zur Fiktion, nicht als literarisches Genre, sondern als menschliche Tendenz. Die Charaktere schmieden aus dem, was sie bezeugt haben, eine Erzählung: so der Veteran des Afghanistankriegs, der bei einem Abendessen mit einer Gruppe von Freunden sagt, er werde seine Beinprothese abnehmen, wenn eine bestimmte anwesende Frau bereit sei, den Beinstumpf zu küssen; sie weigert sich, heiratet diesen Veteran aber später. Und der Erzähler sagt zum Leser: «Sie und ich, wir wissen, was da läuft.» Ein anderer Mann, der in der Stille der Nacht im Bademantel herumspaziert, sieht das Ladenschild eines Geschäfts, das «Sky and Celery» zu verkaufen scheint, also Himmel und Sellerie, während es tatsächlich «Ski and Cyclery» heißt, Ski- und Fahrradbedarf. «Was da läuft» ist nie festgelegt und immer subjektiv. Kleinste Narrativierungsstränge in dieser letzten Geschichtensammlung formen Gedanken, die schlau sind, nach oben offen und weise bis ins letzte Detail. Es könnte sein, dass einer seine Fähigkeiten umso weniger anzuwenden braucht, je mehr er weiß. Diese Geschichten fordern uns auf, ins Zimmer zu kommen und genau zuzuhören. Es sind keine protzigen Hymnen, und auf die Rückschau verzichten sie meist ganz.

Mark Cassandra, in «Starlight», ist seit weniger als einer Woche auf Entziehungskur und von der ganzen rohen Fragilität eines Menschen, der sich gerade erst zu erholen beginnt. Anders gesagt, kann er, obwohl er ein Fuckhead-Typ ist, nicht so zu uns sprechen, wie Fuckhead es konnte, weil Fuckhead jene unheimliche Distanz zu seinem eigenen Leben hatte. Über die Gruppentherapie sagt Mark Cassandra: «Unterm Strich ist das hier eine Truppe verängstigter Dummschwätzer, und sie kriechen alle diesem Typen in den Arsch namens Jerry.» Das Geniale an dem Satz ist die lockere, umgangssprachliche Konstruktion «diesem Typen in den Arsch namens Jerry». Die

Dummschwätzerei ist die Fiktion, aber Mark Cassandra ist dazu nicht in der Lage. Er kann noch nicht mal eine Zigarette zu Ende rauchen, ohne «verrücktes Zeug zu denken». «Ich weiß, dass ich nicht weiß, was gut für mich ist», sagt er, ein perfekter Kontrapunkt zu Fuckheads Fähigkeit, zu poetisieren und zu reflektieren. Dass Johnson hier zu einer Entzugsszene zurückkehrt, muss als ein Hinweis betrachtet werden, vielleicht darauf, dass er entschlossen war, etwas, das er zuvor gemacht hatte, zu ergänzen, es richtig hinzubekommen oder aus einer anderen Warte hinzubekommen, ähnlich wie bei seinem wiederholten Vortrag des Gedichts «Traveling» an jenem Abend im Dia, nur diesmal zu dem Zweck, die Erinnerung und die Zurückhaltung, die sich der Reife des späteren Lebens verdankt, dafür zu nutzen, eine rohe Unmittelbarkeit zu erzeugen. Der Charakter Mark Cassandra ist nicht Fuckhead, und er ist auch nicht Denis Johnson. Oder vielleicht doch, aber ohne die weite Sicht. Er ist ein Mensch in einem Moment, beschädigt, verwirrt und voller Angst. Er trägt gebrauchte Laufschuhe und schwört sich, sich «zu ändern oder dabei zu sterben».

In einer anderen Geschichte, «Würger-Bob», treffen wir Dundun wieder, eine Nebenfigur aus *Jesus' Sohn*, aber in jüngeren Jahren und durch die Augen eines Fuckhead-ähnlichen Charakters gesehen, der hier Dink heißt. Dies ist der Vorläufer, die Ursprungsszene, in der ein finsterer Knastgenosse, Würger-Bob genannt, vom Schicksal Dinks, Dunduns und eines Typen namens BD erzählt. Sie würden alle am Ende zu Mördern werden, sagt Würger-Bob voraus, in einer Szene, in der bemerkenswerterweise ein Moment aus Johnsons Roman *Ein gerader Rauch* nachklingt, als ein Admiral das Fenster seines weißen Ford Galaxy herunterkurbelt und Bill Houston und die unappetitliche Gesellschaft, die er während des Landgangs auf Honolulu aufgegabelt hat, warnt: «Auf Arschlöcher wie euch kommen nämlich harte Zeiten zu.»

In der Tat kommen auf Bill Houston harte Zeiten zu. Der Ich-Erzähler von «Würger-Bob» bestätigt außerdem die unheilvolle Vorhersage, dass er töten wird, selbst wenn es unabsichtlich geschieht. Er steckt sich mit irgendeinem tödlichen Zeug an, einer unbenannten Krankheit (wahrscheinlich Hepatitis C), und vermutet, dass er sie über sein Blut, das er verkauft hat, um von dem Geld Wein bezahlen zu können, an zahllose Fremde weitergegeben hat. Die Betonung liegt hier niederschmetternderweise plötzlich nicht auf dem Erzähler, sondern darauf, welche Auswirkung sein Tun auf andere hat und wie das Urteil darüber ausfällt – ein letztes.

Das ist einer der schwereren Momente. Andere Geschichten sind von einer tiefen Komik durchdrungen, einer Lage Humor in Geschichten über Doubles, Doppelgänger, den Tod und die Frage des Lebens nach dem Tod. Die erste Geschichte, titelgebend für das Buch, ist eine Reihe von Lebensbetrachtungen aus der Perspektive eines Werbefachmanns, der sich dem Ende seiner Karriere nähert, aber vor allem handelt sie vom Tod. In einer kleinen, «Casanova» betitelten Szene trifft der Werbefachmann jemanden, den er für einen ehemaligen Kollegen hält, dabei ist es dessen Sohn, der besagtem Kollegen zum Verwechseln ähnlich sieht und dem Erzähler im Folgenden mitteilt, dass sein Vater tot ist. Sie unterhalten sich auf einer Herrentoilette (ausgerechnet im Trump Tower), indem sie einander im Spiegel über den Waschbecken ins Gesicht sehen. Der Werbefachmann vermeidet es, zur Hose und zu den Schuhen des anderen zu schauen, weil er nicht bestätigt finden will, dass der Doppelgänger seines toten Kollegen dieselbe Person ist, die ihm gerade ein Blatt Toilettenpapier mit einem unzüchtigen Angebot unter der Klotür hindurchgeschoben hat. In einer anderen Szene denkt der Werbefachmann über einen exzentrischen, ihm kaum bekannten Künstler nach, der sich umgebracht hat. Er erhält einen Anruf von einer seiner Ex-Frauen, die ihre Beziehung klären und sich von ihm verabschieden will, weil sie sterbenskrank ist, aber er ist sich nicht sicher, welche Ex-Frau es ist, Ginny oder Jenny. Ein Freund erzählt ihm von einer Begegnung mit der Frau eines vom Staat hingerichteten Mannes. Aber diese Szenen riechen nicht nach Tod, auch wenn ich vielleicht diesen Eindruck vermittelt habe. Vielmehr umkreisen sie den Tod mit Sorgfalt und erworbener Leichtigkeit.

Die letzte Geschichte, «Doppelgänger, Poltergeist», birgt mehrere Plots in sich, die sich in faszinierenden konzentrischen Kreisen entrollen. Einer handelt von einem Schriftsteller und seinem ehemaligen Studenten Marcus Ahearn; ein anderer von einem Ehepaar, das sich erotischer Heimsuchungen von Elvis Presleys Geist erfreut. Der ehemalige Student Ahearn ist von Elvis und dessen tot geborenem Bruder besessen, der, vielleicht durch irgendein zwielichtiges Wunder, nicht bei der Geburt gestorben, sondern von einer Hebamme gestohlen worden sei, überlebt habe und später, nach Elvis' Einberufung zum Militär 1958, von dessen Manager «Colonel» Tom Parker an Elvis' Stelle gesetzt wurde. Diese Theorie würde Elvis' dramatische Verwandlung vom jungen Sexgott in eine schwabbelige, selbstzerstörerische Marionette erklären. Die Idee dahinter ist, dass die zwei Phasen, die wir von Elvis kennen, vielleicht deshalb so extrem verschieden waren, weil sie von zwei verschiedenen Menschen gelebt wurden: Brüdern, die sich den Mutterleib teilten. Wir erfahren, dass Ahearns älterer Bruder, ein Elvis-Platten-Sammler, genau wie Elvis der Überlebende eines Zwillingspaars war – eine Tatsache, die es Ahearn in einem Anfall fiebriger Logik anzudeuten erlaubt, dass der Erzähler der Geschichte sein eigener älterer, untoter eineiiger Zwillingsbruder sei. Denis Johnson spielt leichthändig mit alledem, aber es ist ihm ernst. Er wird, so kann man annehmen, gewusst haben, dass er sich dem Ende seines Lebens näherte, als er diese Geschichte schrieb. Wird gewusst haben, dass er bald selbst «das Gebäude verlassen» würde, wollte aber vorher noch über die Möglichkeit nachdenken, dass ein anderer King, eines anderen Genres, es geschafft hatte, hinter einem immerwährenden Geheimnis zu verschwinden. Es ist natürlich, auf eine Zugabe zu hoffen, bis einem von ganz oben gesagt wird, dass der Künstler wirklich und wahrhaftig tot ist. Und selbst dann.

In der Gesellschaft von Fernfahrern

Eines Sommers in den späten 1990ern fuhr ich nach einem Besuch bei ein paar Freunden in Des Moines, Iowa, auf der I-80 quer durchs Land. Ich saß am Steuer eines 1963er Chevrolet Impala, den ich am Stadtrand von Asheville, North Carolina, gekauft hatte. Der Wagen lief gut und war wunderschön – champagnerfarbene Karosserie mit cremefarbenem Dach, keine Dellen, kein Rost, und niemand hatte irgendetwas Blödes damit angestellt. Ich erinnere mich noch lebhaft an die wie dünne, durchscheinende Dichtungsringe aussehenden Plastikscheiben, die zwischen Fensterkurbeln und Türvertäfelung angebracht waren, damit das Polster keine Druckstellen oder Kniffe bekam; so makellos, so unverdorben war dieser Wagen. Ich hatte vor, ihn in Los Angeles zu verkaufen, wo ein '63er Impala in derart jungfräulichem Zustand ein Mehrfaches von dem einbringen würde, was ich dafür bezahlt hatte.

Es war später gewesen, als ich geplant hatte, etwa vier Uhr nachmittags, als ich mich von meinen Freunden in Des Moines verabschiedet hatte und auf die I-80 gefahren war. Ich hatte ein gutes Gefühl, trotz des wolkenschweren Himmels, der am Horizont fast schwarz zu werden schien, während ich westwärts fuhr. Mir fiel ein, was ein Iowaner, ein Mann namens Johnny Coin, der ein bisschen so lebte, als befände er sich in dem Film *Apocalypse Now*, mir einmal über das Wetter in diesem Bundesstaat gesagt hatte: «Es ist wie in Vietnam.» Ich fuhr gerade über die Grenze nach Nebraska, als ich auf eine Regenwand stieß. Ich verlangsamte auf 50 Stundenkilometer, während das Wasser in Strömen auf den Wagen prasselte. Ich hatte schon alte Autos gehabt, die um die Windschutzscheibe herum undicht gewesen waren; dieses war es nicht. Es hatte eine einwandfreie Heizung und Klimaanlage, ein funktionierendes Radio, eine intakte Isolierung, Scheibenwischer – in einem Oldtimer ist das alles Luxus und Zivilisation. Es ist Kammermusik: ein erhebendes Gefühl, bei starkem Regen durch die Gegend zu fahren und trocken zu bleiben. In einem neuen Wagen, wo alles aus Plastik und tendenziell hässlich ist und heute tut, was es tun soll, aber irgendwann kaputtgehen wird, ist das bloße Funktionieren nicht weiter aufregend.

Doch dann funktionierte nichts mehr: Der Wagen ging aus. Glatt. Kein Stottern, keine Entschleunigung, einfach *Klick*. Er war aus und wurde langsamer. Ich fuhr rechts ran, aber schwerfällig, weil es auch die Servolenkung nicht mehr tat. Glücklicherweise war gleich vor mir eine Ausfahrt. Ich beschwor den Wagen, noch genügend Schwung zu behalten, um dorthin zu rollen. Das tat er. Er rollte direkt auf eine Fernfahrerraststätte.

Ich verstehe von Autos, in mechanischer Hinsicht, nur das Rudimentärste. Ich kann die Motorhaube öffnen, Öl checken und einfüllen, Vergaserreiniger ungefähr dorthin schütten, wo er hinsoll, aber das ist es auch schon. Ich öffnete die Motorhaube und stand da. Der Regen hatte nachgelassen, aber es wurde allmählich dunkel. Damals war das Mobiltelefon noch nicht erfunden, und auch Kreditkarten und die AAA-Pannenhilfe gab es, zumindest in meinem Leben, noch nicht. Mehrere

Fernfahrer scharten sich um die offene Motorhaube. Es wurden diverse Theorien geäußert, aber niemand schien wirklich zu wissen, was das Problem war. Dann näherte sich ein kleiner, drahtiger, mürrisch dreinblickender Mann mit einer dieser Igloo-Kühlboxen, die für sechs Bierflaschen gedacht sind, nur ohne Deckel. Darin befand sich ein Wust schmieriger Werkzeuge. Die anderen nickten ihm zu, und irgendwer sagte: «Das ist dein Mann.»

Sie zogen sich einer nach dem anderen zurück, während der drahtige kleine Mann anfing, meinen Wagen systematisch zu inspizieren. Ich gebe zu, dass mich sein schrottig aussehendes Werkzeug enttäuschte, aber die anderen hatten so getan, als wäre ein Messias gekommen. Der Mann nahm keine Notiz von mir. Er ging einfach an die Arbeit. Unterdessen begann es wieder zu regnen, und wir waren bald beide klitschnass.

Er machte sich gerade an meinem Abgaskrümmer zu schaffen, als sich der Fahrer eines Abschleppwagens einschaltete. Der Anlasser war kaputt, und weil der Impala maßgefertigte Fächerkrümmer hatte, mussten sie erst ausgebaut werden, um an ihn heranzukommen. Der Fahrer des Abschleppwagens, ein großer, dicklicher Mann, der sich mir als «Snacker» vorstellte, sagte, er habe die Schlüssel zu einem Ersatzteillager hundert Kilometer westlich von hier, da würde er hinfahren, um den Ersatz-Anlasser zu holen, den ich brauchte, und mir nur die Kosten für das Teil berechnen.

Der drahtige Fernfahrer und ich gingen hinein und tranken sauren Kaffee, während wir auf Snackers Rückkehr warteten. Der Fernfahrer bestand darauf, meinen Kaffee zu bezahlen. Er sah mich nie direkt an. Ich sagte: «Es ist so nett von Ihnen, dass Sie mir helfen, und jetzt lassen Sie mich noch nicht mal Ihren Kaffee bezahlen.» Beinahe ärgerlich sagte er: «Ich habe eine Tochter.»

Aber er war nicht alt genug, um mein Vater zu sein. Jetzt bin ich mit dem Sohn eines Fernfahrers verheiratet, aus einer ganzen Familie von Fernfahrern, allerdings starb mein Schwiegervater im jungen Alter von sechsundvierzig, bevor ich ihn kennenlernen konnte. Einer seiner Brüder, den ich noch kennenlernte, trat in den letzten Stunden seines Lebens auf einer Krankenhaustrage liegend die Kupplung, weil er dachte, er führe seinen Sattelschlepper.

Als Snacker zurückkam, war es spät, vielleicht zweiundzwanzig Uhr. Der Fernfahrer machte sich daran, den neuen Anlasser einzusetzen und den Auspuff wieder zu montieren, was – da der Wagen auf keiner Hebebühne stand, sondern am Boden, im Regen, mitten in der Nacht – keine beneidenswerte Aufgabe war. Als der Abgaskrümmer festgeschraubt war, hatte der Fernfahrer Schmiere in den Augen. Mein Wagen startete immer noch nicht. Nachdem er längliche weitere Untersuchungen angestellt hatte, während ich nass bis auf die Haut danebenstand, sagte er, es gebe ein kaputtes Teil in der elektrischen Zündung (die nicht zur Originalausstattung gehörte, also hatte *doch* jemand etwas Blödes mit diesem Wagen angestellt), das den Originalanlasser habe durchschmoren lassen und ersetzt werden müsse.

Snacker, jetzt Teil unseres One-Night-Teams, erklärte sich engelhaft einverstanden, noch einmal loszufahren, 200 Kilometer hin und zurück, um das benötigte Modul zu holen. Der Fernfahrer sagte: «Ich bereite in der Zwischenzeit alles vor. Sie schlafen in meinem Sattelschlepper.» Ich protestierte. Es schien egoistisch zu schlafen, während er, ein vollkommen Fremder, an meinem Wagen arbeitete. Er bestand darauf. «Sie müssen morgen nach Kalifornien fahren, das ist ein weiter Weg. Gehen Sie schlafen.» Ich hatte das Gefühl, ihn weniger zu belästigen, wenn ich mich fügte, also tat ich das, anstatt darauf hinzuweisen, dass er für einen Tanklastzug voller Chemikalien verantwortlich war, die sicher irgendwohin geliefert werden mussten.

Wenn Sie noch nie im Führerhaus eines Fernfahrers geschlafen haben – da drinnen ist es nobler, als Sie vielleicht vermuten. Sein spezieller Fernfahrerwecker (fast unmöglich auszuschalten) posaunte um fünf Uhr los. Der Mann selbst lag auf dem Boden, unterhalb des schmalen Betts. Er hatte kein Hemd an, und ich meine mich an ein Handtuch zu erinnern, das er wie eine traurige kleine Decke über sich drapiert hatte. Als wir aufstanden, sagten wir kein Wort und sahen uns, genau wie am Abend davor, nicht an.

Es regnete nicht mehr, und die Sonne ging gerade auf, als Snacker mit dem magischen kleinen Teil zurückkam. Der Fernfahrer setzte es ein und montierte alles wieder zusammen. Als ich den Schlüssel im Zündschloss drehte, erwachte der Wagen grummelnd zum Leben. Snacker jubelte.

Der Fernfahrer sagte: «Auf geht's, alles in Ordnung – das war's.» Ich blieb da. Ich konnte nicht wegfahren. Ich sagte: «Ich muss Sie bezahlen. Sie haben die ganze Nacht an meinem Wagen gearbeitet.» Aber ich hatte all mein Geld, abgesehen von dem, was ich zum Tanken brauchte, Snacker für die Ersatzteile gegeben. «Nein», sagte er, «kommt nicht infrage.» Ich flehte ihn an, mir seine Adresse zu geben. Ich weinte. Vielleicht lag es am mangelnden Schlaf, aber es war auch ein Moment, in dem ich verstand, was es heißt, von Freundlichkeit überwältigt zu sein. Er weigerte sich und erwähnte noch einmal seine Tochter, und mir schien, als würde ich mit meinem Insistieren das ganze System, nach dem er lebte, stören. Manchmal tut man einfach etwas für Fremde. Man tut es einfach.

Ich brach auf. Ich erinnere mich an den Einfallswinkel der frühen Morgensonne, als ich von der Raststätte fuhr. An jenem Tag und am nächsten erlebte ich noch so einiges, auch weitere Freundlichkeit von Menschen, die ich nicht kannte, ebenso wie mangelnde Freundlichkeit, und am Nachmittag des übernächsten Tages erreichte ich Kalifornien. Ich war auf jenem Teil der I-80, wo sie sich am Truckee River entlangzuwinden beginnt. Ein paar Jungs standen am Straßenrand, ohne Hemden, mit Handtüchern um den Hals. Als ich vorbeifuhr, hielt einer den Daumen raus. Er tat es zum Scherz, wie ich vermutete, aber ich hielt trotzdem an, fuhr auf dem Seitenstreifen ein Stück zurück und sagte, sie könnten einsteigen. Ich weiß nicht mehr, wie viele es genau waren. Sechs oder sieben. Sie drängten sich allesamt herein, und der Wagen sank in die Knie. Einer von ihnen erklärte mir, wo ich sie absetzen solle, aber kaum waren wir dort angekommen, bei einem Haus, vor dem ein paar Jugendliche Skateboard fuhren, sagten meine Mitfahrer, hier wollten sie eigentlich doch nicht hin, und als wir Gummi gaben, winkten sie ihren Freunden höhnisch zu. Das Gleiche machten sie noch zweimal. Es störte mich nicht. Sie wollten auf einer Dope-Fahrt gesehen werden. Wir fuhren in Truckee herum, und sie ließen die Arme aus den Fenstern hängen, und wenn sie jemanden sahen, den sie kannten, hoben sie lässig die Hand. Ich fügte mich willig, wissend, dass dies nicht meine große Chance war, einem Fremden oder mehreren Fremden zu helfen. Dafür machte es zu viel Spaß.

Schlechte Kapitäne

Mein Ehrgeiz, zur notwendigen literarischen Ausbildung einige Zeit auf See zu verbringen, starb vor Jahren auf einer dramatischen Überfahrt nach Elba bei sintflutartigem Regen. Nicht nur war ich seekrank; ich betrachtete auch die Leute an Bord als feindselige Rivalen um Rettung. Während die Fähre schwankte und rollte, warfen wir einander böse Blicke zu, um abzuschätzen, wessen Kopf wir unter die Wellen drücken würden, um den unseren über Wasser zu halten. Die dünne Membran des Anstands franste mit jedem Ruck und Stoß weiter aus, und «das Gesetz des Meeres», aus der Literatur, die ich am meisten liebte, schien nirgends zu finden zu sein.

Und so war ich, als ich im vergangenen Sommer in ein Schnellboot nach Capri stieg – zu jenem berühmten Felsen, auf dem einst Lenin und Adorno wanderten und wo heutzutage Leute zum Shoppen hinfahren, die sich Preise für russische Oligarchen leisten können –, nicht immun gegen die Vorstellung, dass der gut ausehende Kapitän in seinen engen weißen Hosen uns den Haien zum Fraß vorwerfen würde. Ich war zu dem Schluss gelangt, dass es das Schicksal meiner Generation ist, das noble Gesetz des Meeres nie kennengelernt zu haben und stattdessen in einem Zeitalter zu leben, in dem der Kapitän das Schiff nicht als Letzter, sondern als Erster verlässt.

Nennen wir es den neuen Geist des Kapitalismus, der zusammen mit all den anderen, unsere Gegenwart charakterisierenden Formen von Skrupellosigkeit Einzug gehalten und sich in unsere Seefahrtgeschichte eingeschrieben hat, am lebhaftesten erst unlängst anlässlich der Tragödie der *Costa Concordia* mit ihrem berüchtigten Kapitän Francesco Schettino.

Schettino ist sonnengebräunt und hat glitzernde, eisblaue Augen und schwarz schimmerndes Haar – Haar, in dem sich offenbar Spuren von Kokain fanden. Er hat ein vollblütiges, viriles Temperament und strahlt beträchtliche Eitelkeit aus. Letztere strömt dorthin, wo Intelligenz fehlen oder sich zumindest vorübergehend zurückgezogen haben könnte, um solche Eitelkeit aufzunehmen, die ohnehin Anspruch auf einen festen Wohnsitz in Gehirn und Genitalien erhebt, wo sie reichlich Platz findet.

Ein paar Stunden nachdem die siebzehn Decks hohe *Costa Concordia* in See stach, alles Routine, gab Kapitän Schettino die Anweisung, das Schiff abzubremsen, damit er in Ruhe sein Dessert genießen und die Karaffe Rotwein leeren konnte, die er mit seiner blinden Passagierin, einer fünfundzwanzigjährigen blonden Moldawierin, teilte. Dann meldete er sich bei der Kommandobrücke und gab den Befehl zu seinem angeberischen, außerplanmäßigen Abstecher zur Insel Giglio.

An jenem Abend – Freitag, dem 13. Januar 2012 – sprang oder «fiel» Kapitän Schettino in ein Rettungsboot. Das geschah am Anfang einer langen Nacht grauenhafter Bergungsaktionen. Schettino war verdächtigerweise trocken und an Land, während viele Hundert Passagiere sich noch an Bord befanden; oder an Tauen die gewaltige backbordseitige Schiffsflanke hinunterrutschten; oder zehn Meter tief ins Wasser sprangen und versuchten, an Land zu schwimmen; oder hilflos beteten, weil sie alt oder schwach waren oder Kinder hatten, die zu klein waren, um die Taue hinunterzuklettern; oder auf ölüberfluteten, schwankenden Decks ausrutschten und sich im Bauch des Schiffes wiederfanden, wo das Wasser stetig stieg. Zweiunddreißig Passagiere starben in jener Nacht, durch Ertrinken oder an Unterkühlung.

Die Insel Giglio, Ziel von Schettinos beabsichtigtem, wenn auch inoffiziellem Abstecher, war der Ort, wo die *Costa Concordia* einen Felsen rammte, nachdem Schettino es versäumt oder sich geweigert hatte, vernünftige Lotungen vornehmen zu lassen. Das ist mehr oder weniger das Gleiche, was am Morgen des 2. Juli 1816 passierte, als ein unerfahrener niederer Adliger, der zum Kapitän der französischen Fregatte *Medusa* gemacht worden war, das Schiff nahe der Küste Senegals in flaches Gewässer steuerte.

Wie Crewmitglieder bemerkten, war das Wasser, in das die *Medusa* hineinsegelte, Unheil verheißend warm. Der Kapitän bemerkte es nicht. Das Meer wurde grün, und die Crewmitglieder machten sich Sorgen. Der Kapitän machte sich keine. In den Wellen wirbelte Sand umher. Schwimmende Städte aus Seetang tauchten auf: Gefahr, wie die Crewmitglieder wussten. Das Meer wurde klar: Sie waren verloren. Die *Medusa* lief auf der tückischen Arguin-Sandbank auf Grund. Chaos entstand. Der Kapitän verließ das Schiff und, schlimmer noch, durchschnitt das Tau zu dem behelfsmäßigen Floß mit den 147 Überlebenden, die er mit einem Rettungsboot abzuschleppen versprochen hatte. Auf dem verlassenen Floß kam es zu Mord, Wahn und Kannibalismus. Viele bettelten darum, in die aufgewühlte See geworfen zu werden. Es wurde gemeutert, wie rasend Wein hinuntergestürzt, hastig und verzweifelt am Tauwerk des Floßes gesägt. Die einzigen Vorräte und die meisten Menschen wurden abgeworfen. Als die Überlebenden schließlich gerettet wurden, nach dreizehn Tagen, waren von den 147 Menschen nur noch 17 übrig.

Wie der Kapitän der *Medusa* wurde auch Schettino zu einer Schande für sein Land, weil er sich von seinem Schiff fortgestohlen hatte. Er verursachte unnötige Tode und zerstörte ein 570 Millionen Dollar teures Kreuzfahrtschiff (dessen Abwrackung dann noch mehr als eine Milliarde Dollar kosten sollte). Und er vernichtete – nahezu – einen Teil des Küstenstreifens und die Lebensgrundlage der Einwohner der Insel, vor der die *Concordia* kenterte. Außerdem war er ein Feigling, in Italien ein schwerwiegendes Vergehen.

«*Vada a bordo, cazzo!*», hatte ein Kapitän der Küstenwache Livornos Schettino angebrüllt, ein berühmt gewordener Ausruf, der aufgenommen und wieder und wieder abgespielt wurde: *Vada a bordo, Vada a bordo*. Ich würde nicht wieder an Bord gehen wollen. Wer wollte das schon? Es ist ja keine angenehme Vorstellung, mit dem Schiff untergehen zu müssen. Sie ist kein bisschen verlockend. Aber mit dem Schiff unterzugehen, ist der ethische Imperativ des Berufs, den Schettino gewählt hat. Ganz gleich, was modernes Recht und Küstengerichtsbarkeiten besagen: Hier geht es um uralte Regeln. Schettino missachtete die hehre Vorschrift, sich zu opfern. Anders als Conrads Jim, dessen moralische Verfehlung, die *Patna* verlassen zu haben, später wiedergutgemacht wird, hat Schettino bisher keinen empathischen Marlow für sich gefunden. Er ist nicht «einer von uns». Wir sind verpflichtet, Verachtung für ihn zu empfinden, und das tun wir.

In *Reise ans Ende der Nacht* beschreibt Célines Erzähler Ferdinand Bardamu den Kapitän des Schiffes, auf dem er ist: «ein dicker, verwarzter, gerissener Schleichhändler, der mir zu Anfang der Fahrt gern die Hand geschüttelt hatte». Bardamu geht in Marseille an Bord der *Admiral Bragueton*, die nach Afrika fährt. In der Hitze und übel riechenden Luft der Tropen versinken die anderen Passagiere im Suff. Mit ihren schlaffen Bewegungen sehen sie aus wie Tintenfische. Bardamu indessen entwickelt größenwahnsinnige Vorstellungen, er glaubt, der Alkoholismus und moralische Verfall, die sexuelle Frustration und kosmische Langeweile auf dem Schiff deuteten darauf hin, dass es unter seinen Mitreisenden brodelt und gärt und er, Bardamu, als eine Art Schettino ausgemacht worden ist: als ein Feind und Sündenbock, den die anderen Passagiere stillschweigend in die Enge zu treiben und zu vernichten, zumindest jedoch über Bord zu werfen beschlossen haben.

In dem Jahr bevor die *Costa Concordia* auf die Seite fiel und zweiunddreißig Menschen in den Tod riss, spielte sie die Hauptrolle in einem Film. In Jean-Luc Godards *Film socialisme* kommen Glücksspiele und ein Brunch-Buffet vor, wilder Disco-Tanz, Geschichtsgeplänkel, verschwundenes Gold, Palästina. In HD gedreht, verwandeln die Aufnahmen das riesige Kreuzfahrtschiff in etwas Mythisches – atemberaubend, blitzsauber, gewaltig, prachtvoll. Da sind das leuchtende Blau und satte Gelb seiner breiten, glänzenden Decks und des gigantischen Schornsteins. Das funkelnde Weiß seines Rumpfs und der Schaum seines Kielwassers. Das Schiff ist der Traum, die Passagiere sind seine Träumer.

In einer Szene hält der französische Philosoph Alain Badiou in einem leeren Vorlesungssaal des Schiffs einen Vortrag über Husserl und die Geometrie, als träumte auch Badiou: der Philosoph, der nicht merkt, dass kein Publikum da ist (oder der erkennt, dass er wach ist, während andere schlafen, und nichts tun kann, um sie zu wecken). Godards Film besteht aus drei Teilen. Der erste und dritte spielen auf der *Concordia*, aber im dritten werden zwischen die Szenen in den Häfen, wo die *Concordia* haltmacht, auch historische Wochenschau- und Filmaufnahmen eingefügt. Als das Schiff in Neapel ankommt, zitiert Godard, ohne die Quelle zu nennen, aus Curzio Malapartes Roman *Die Haut*: «In Neapel war am 1. Oktober 1943 die ‹Pest› ausgebrochen.» Die Pest sind die Amerikaner, die an jenem Tag eingetroffen waren, mit ihrer amerikanischen sogenannten Freiheit, deren Präsenz und Versprechen, wie Malaparte höhnt, jede Frau zu einer Prostituierten und jeden Mann zu einem intrigierenden Mistkerl mache. Mit *Die Haut* feiert Malaparte, paradox und gnadenlos, die Verzweiflung der Neapolitaner und ihre zweischneidige Dankbarkeit den amerikanischen «Befreiern» gegenüber. Neapel, erklärt er, «die einzige Stadt auf der Welt, die nicht in dem ungeheuren Schiffbruch der antiken Kultur versunken ist», habe nur überlebt, um ihrem wahren Verderben zu begegnen, als die Amerikaner mit ihrer Gesundheit und guten Laune, ihren sauberen Moralvorstellungen, eng anliegenden Uniformen und ungeheuerlichen Widersprüchen gekommen seien. Doch wie Godard uns mit seinen majestätischen Bildern der *Concordia* als glitzerndem Eisberg, als etwas unirdisch Reinem und Ganzem zeigt, kann die Pest wunderschön sein.

Kreuzfahrtschiffe, sagte Jonathan Franzen dem *Paris Review* 2010, seien «emblematisch für unsere Zeit». Ich bezweifelte das, trotz David Foster Wallaces geistreicher essayistischer Reportage über deren nahezu tödliche Bequemlichkeiten und der hohen Kunst von Franzens langer Kreuzfahrt-Szene in *Die Korrekturen*. Ich betrachtete Luxusliner als Beispiel eines durchschnittsbürgerlichen Surrealismus, bestimmt nicht als emblematisch. Aber sie schieben sich immer wieder ins Bild. Selbst nach der Katastrophe der *Concordia* gleiten sie noch monstergleich den Guidecca-Kanal herauf, dringen in den alten, wässrigen Traumstaat namens Venedig ein und stellen den Campanile des Markusdoms in den Schatten.

In Wahrheit ist das Kreuzfahrtschiff tiefer in meinen Gedanken verwurzelt, als ich zugeben möchte. Als Kind las ich voller Begeisterung die Zeitschrift *Mad*. In meinem ersten Heft (161, September 1973) gab es eine Parodie mit dem Titel «The Poopside-down Adventure» über einen Luxusliner, der untergeht. Ich las das Heft so oft – ein Handbuch und Leitfaden, um den Humor der Erwachsenen zu verstehen, wie mir schien –, dass ich sie beinahe auswendig konnte:

> «Alle mal herhören! Wir sind gekentert! Wenn wir gerettet werden wollen, müssen wir rauf nach UNTEN!!»
>
> «Rauf nach UNTEN?!!»
>
> «Ja ... RAUF nach UNTEN! Alle, die unten am Oberdeck sind, sind TOT!»
>
> «Wir müssen uns zum Schiffsschraubenraum hocharbeiten!»
>
> «Ach ja? Und was erwartet uns da?»
>
> «Der Schacht!!»
>
> «Dann brauchen wir jetzt irgendwas, um raufzuklettern! Ich weiß! Wir nehmen den umgefallenen Weihnachtsbaum! Es wird schwer sein, da raufzuklettern, bei all dem scharfen Metallschmuck, den kurzgeschlossenen Lichtern und der ganzen Wackligkeit! Aber Gott verlangt dieses Opfer von uns!»

Jahrelang hielt ich die *Mad*-Version für die wahre Geschichte und nahm an, der Hollywoodfilm *Die Höllenfahrt der Poseidon* sei nur ein Ableger davon. Ich kannte den Film nicht, hatte keine Möglichkeit, ihn zu sehen, und wollte, dass mein Erlebnis blieb, wie es sich für mich anfühlte: *unmittelbar*. Die ursprüngliche *Höllenfahrt der Poseidon* ist anscheinend ein Gleichnis über den Zusammenbruch des Kapitalismus, aber gesehen habe ich ihn nach wie vor nicht.

Die *Costa Concordia* ist kein Gleichnis. Aber wie in *Die Höllenfahrt der Poseidon* gab es Korruption weiter oben. Das Schiff, das dem amerikanischen Superunternehmen Carnival gehört, hatte offenbar einen billigen, dünnen Stahlrumpf, der viel zu leicht aufgeschlitzt werden konnte.

«Ich schäme mich nicht zu sagen, dass ich Leute geschubst und meine Fäuste benutzt habe, um mir einen Platz zu sichern», sagte ein Passagier später. «Ich habe angefangen, die Leute anzubrüllen», sagte ein Freiwilliger aus der Stadt, der an Bord gegangen war, um Leben zu retten. Er wurde als «attraktives Raubein» beschrieben (neun Zehntel derer, die Überlebenden in solchen Notfällen zu Hilfe kommen, Einheimische, die den dringenden Ruf zum Heldentum als einen natürlichen Instinkt empfinden, werden später als «attraktives Raubein» beschrieben). «‹Seid keine Tiere! Hört auf, euch wie die Tiere zu benehmen!›, habe ich immer wieder gerufen, um die Kinder vorzulassen. Es brachte nichts.» Zwei Jahre später kenterte die Fähre MV *Sewol* vor der Südküste Koreas, während der Kapitän sich in Unterwäsche in seinem Quartier aufhielt und rauchte. Er war einer der Ersten, die gerettet wurden. Dreihundertvier Passagiere, die meisten davon Gymnasiasten, starben.

Die Fernsehserie *Love Boat* aus den 1980ern zeigte jede Woche neue Passagiere und neue Probleme, die aufzudröseln waren. Sie ist eine Kehrseite von Godards *Film socialisme*, der ebenfalls eine banale Kreuzfahrt-Träumerei ist, durch Godards Linse jedoch mit seltsamer Anmut gesehen. Aber Godard filmte auch mit versteckter Kamera, Überwachungskameras und Handys. Der Effekt dieser Ansichten ist ein entpersönlichtes *Love Boat*: ein Schiff ohne die Liebesgeschichten und mit echten Passagieren, die zufällige Statisten sind. «Armes Europa», sagt einer von Godards Charakteren, «durch sein Leid nicht geläutert, sondern verdorben. Durch seine wiedererlangte Freiheit nicht erhöht, sondern gedemütigt.» Eine Auflösung binnen einer Stunde kann es hier nicht geben.

Unterdessen wird das *Love Boat* «bald wieder in See stechen», wie es im Titelsong heißt. Niemand an Bord sorgt sich um historisches Leid. Und nicht nur das, sondern auch die Liebe wird nicht mehr wehtun.

Pestfrei, die Liebe, die hier zu haben ist. Eine Liebe, die nicht mehr wehtun wird. Was für ein Versprechen.

Hatte ich diesen Song im Kopf, als das schnelle Schiff, das ich in Neapel bestiegen hatte, an der Insel Ischia vorbeifuhr, wo Lenù in Elena Ferrantes Romanen von Liebe und Grausamkeit heimgesucht wird, und sich Meta di Sorrento näherte, der Heimatstadt von Kapitän Schettino, bevor es Gischt sprühend in den Hafen von Capri einlief? Nein. Ich hatte nichts anderes im Kopf, als mit dem Menschenschwarm zurechtzukommen, mit dem Geschubse und Gedrängel zu den Luxusgepäckstücken und dann zum Ausgang.

Glücklicherweise setzte sich eine natürliche Ordnung durch, eine einvernehmliche und sogar elegante Hierarchie: Es waren Profi-Basketballspieler an Bord unseres Schiffes, und sie stiegen als Erste aus.

Happy Hour

Wenn man das Image des Künstlers Jeff Koons für bare Münze nimmt und ihn sich als überschwänglich und verführerisch, aber auch als unschuldig vorstellt, ein bisschen wie William Gaddis' fiktives elfjähriges Finanzgenie J R Vansant, liegt es nahe zu erwarten, dass die Stimme dieses Mannes geschmeidig, zuversichtlich und jungenhaft klingt. Schwungvoll und motivierend. Eine Stimme so glatt wie sein spiegelblanker Ballonhund, das einzige Kunstwerk, das jeder kennt – sogar Kinder kennen den Ballonhund, sogar Erwachsene, die moderne Kunst nicht mögen. Denn Jeff Koons ist ein Mann des Volkes – und das, obwohl er bildender Künstler ist, ein Beruf, dem im Allgemeinen Argwohn, wenn nicht gar Hohn entgegengebracht wird. Aber Koons ist anders. Er macht sowohl Show als auch Geschäfte und erhält so den Traum vom amerikanischen Unternehmererfolg am Leben.

Und doch, als ich zum ersten Mal Jeff Koons' eigentliche, echte Stimme hörte (er erklärte einige seiner Kunstwerke: «Diese Zwillinge aus einem Hardcore-Porno sehen genau wie Elvis aus»; «der Schnurrbart bei diesem Hummer bezieht sich auf Duchamp»), stellte ich zu meiner Überraschung fest, dass sie heiser und tief war. Es war so viel Zweifel und Reibung darin, dass ich sie mit dem strahlenden, hellen Schuljungengesicht des berühmtesten Künstlers der Welt nicht zusammenbekam.

1975 interviewte Jeff Koons den Musiker David Byrne. Es gibt ein Video von ihrem Gespräch auf YouTube, in dem aus irgendeinem Grund nur Koons zu sehen ist. Byrne, um den es eigentlich geht, befindet sich außerhalb der Bildfläche. Koons trägt einen Schnurrbart und Koteletten. Sein Gesicht glänzt vor Nervositätsschweiß, vielleicht auch nur vor Sommer-in-New-York-Schweiß. Jedenfalls gibt dieses kurze Stück alten Filmmaterials einen seltenen Eindruck von Koons ohne die kamerafertige Perfektion, die wir gewohnt sind, jene gepflegte Ken-Puppe im weichen Hemd mit Kragen oder im dunklen, teuren Anzug oder im Smoking, strahlend, mit etwas zu weit geöffneten Augen.

In diesem Video von 1975 verengen sich seine Augen häufig vor Belustigung, während er Kaugummi kaut, peinliches Schweigen aushält, schlitzohrig grinst. Er erzählt David Byrne, dass er aus Central Pennsylvania stammt, und spricht die Wörter mit einer Art Central-Pennsylvania-Akzent aus. «Da gibt es Bird-in-Hand, Cherryville, Pleasureville», sagt er. Das sind Städtenamen, zu ironischen Zwecken angeführt. Vielleicht sind er und Byrne beide stoned von schwachem Gras der Siebziger. Wir hören eine Toilettenspülung.

David Byrne: «In anderen Städten läuft auch was, aber heimlicher. Hier kann man dafür bezahlen, solche Sachen zu sehen.»

Koons, verächtlich: «Wo ich herkomme, gibt's bloß Mittelschichtbars.» Später erzählt er Byrne von einer Bar in Baltimore, die er gut fand, ein Striplokal mit nackten Mädchen, wo er Silvester hingegangen sei. Es sei «angenehm» gewesen und «echt». Woraufhin Byrne das Thema wechselt.

Das makellose, adrette Geschäftsmann-Image, das Jeff Koons sich in den letzten dreißig Jahren zugelegt hat, ist von diesem Rocker mit Schnurrbart, der sich nach dem «Angenehmen» und «Echten» einer Tittenbar in Baltimore sehnt, weit entfernt. Der junge Koons wirkt, als wollte er cool sein, und er war auch cool: Er interviewte einen der hipsten Musiker der Stadt. Er stellte noch nicht seinen Kind-im-Mann-Materialismus zur Schau, indem er behauptete, für ihn sei Glück «eine volle Schachtel Frühstücksflocken und ein voller Karton Milch». Aber manches von Koons' eigener Kunst ist seinem Frühstücksflocken-Image auch in die Quere gekommen.

Ich denke da insbesondere an die Serie *Luxury and Degradation*, exakte Reproduktionen von Alkoholwerbung, in Öl auf Leinwand, die 1986 aktuell war, als Koons die Serie schuf. Sie paaren bekannte Slogans – «I could go for something Gordon's» und «I assume you drink Martell» – mit gestellten Bildern, eine Kombination, deren Effekte sowohl merkwürdig bedeutungslos als auch seltsam aufgeladen sind. Als Kunst repliziert und monumentalisiert, sind sie kein Kaugummi-Koons – Blendwerk mit einer darunterliegenden Dunkelheit, ja Garstigkeit, das als Unschuld und Kinderei daherkommt –, sondern flach und ätzend zugleich.

Hochprozentiger Alkohol ist nicht der ästhetische oder spirituelle Herd einer Wohlfühlwelt, der Spiegel, in dem die Menschen sich sehen wollen. Auch wenn Alkohol ein gewisses Maß an Ausgelassenheit verheißt, an Wirklichkeitsflucht, ist Alkoholwerbung eine vermittelte Ebene davon entfernt. Sie ist eine kommerzielle Fiktion, die keine privat bewahrten Erinnerungen aus guten, schlechten oder überhaupt irgendwelchen Zeiten auslöst. Vielmehr löst sie vor allem Erinnerungen daran aus, *wie man die Werbung selbst gesehen hat* – in Zeitschriften, an Plakatwänden oder sonst irgendwo –, sodass ein Déjà-vu-Gefühl entsteht. (Was wird hier mit mir angestellt? Irgendetwas, ich kann es nur nicht benennen.)

Wenn Koons selbst über *Luxury and Degradation* spricht – in einem MoMA-Vortrag, in einer Fernsehdokumentation, die über ihn gemacht wurde –, scheint er gewohnheitsmäßig die Konjunktion wegzulassen, er sagt nur «Luxury Degradation» und suggeriert damit, dass eines das andere modifiziert: Zersetzung des Luxus oder luxuriöse Zersetzung. Bei vielen von Koons' Werken, den riesenhaften, aus Blumen gemachten Welpen, Michael Jackson, der mit seinem Schimpansen Bubbles schmust, oder den Schleifen, Herzen und Ballonhunden seiner Serie *Celebration*, geht es darum, Bilder und Gegenstände anzuschauen, die etwas Schönes und Allgemeingültiges ausstrahlen – so jedenfalls wird Koons' populistische Wirkung erklärt. Jeder liebt Welpen und Herzen und Schleifen. Sie sind universell. Auch Alkohol ist universell. Aber er ist kein Maßstab für sorgenfreie Momente. Und so tragen die Kunstwerke in *Luxury and Degradation* nicht zu Koons' unstrittigem Status als dem beliebtesten Künstler von Kindern bei, einem Bernini für die Massen mit einem Monopol auf erhabenen Kitsch. Kinder, die ungeniert sagen können, der Riesenwelpe aus Blumen ist Kunst, wüssten nicht, dass auch die Alkoholwerbungen Kunst sind. Und weil sie eine so ungebrochene Aneignung darstellen – Kopien der Originale in Öl auf Leinwand –, würde der durchschnittliche Museumsbesucher sie als Werbung einer anderen Generation betrachten, als nostalgisch, wäre aber unsicher, was es mit ihnen auf sich hat, was sie bewirken. Und wenn diese nostalgische Ebene wegfällt – tun wir mal so, als wäre 1986, und die Werbungen wären zeitgenössisch –, was ist der Effekt?

Dieser Teil des Œuvres schließt auch Edelstahl-Nachbildungen von «Sammlerstücken» diverser Alkoholhersteller ein, etwa Jim-Beam-Miniaturen eines Dampfzuges und eines Model-A-Fords, sowie eine Reisebar, wie sie Koons' Vater, ein

Möbelverkäufer und Innenarchitekt, offenbar besaß. Wer hat jemals eine Reisebar benutzt? Niemand. Figuren in Geschichten von Eudora Welty und Flannery O'Connor benutzen Reisebars. Einsame Handelsreisende, die unbegleitet am Straßenrand sterben. Koons' Dampfzug ist eine Reihe von Waggons aus Edelstahlguss, dem Material, das für Gärungsbehälter verwendet wird, mit Whiskey gefüllt und einer Steuermarke versiegelt. Brich das Siegel und trinke den Whiskey, und du erhältst eine perfekte Lektion über die auratischen Eigenschaften der Kunst: Man trinkt den Wert, zerstört die Kunst. Koons' eigener Kommentar zu den von ihm gewählten Materialien lautete, dass Edelstahl fein aussehe, aber proletarisch sei, schließlich würden «Töpfe und Pfannen daraus gemacht». Aber die Kitschgegenstände, die er kopiert, sind von vornherein proletarisch, jetzt zu einer begrenzten Anzahl von Kunstwerken verkleinert (und umgewandelt), die nicht eBay und die Regale von Ramschläden überschwemmen werden, wie die originalen «Sammlerstücke» es tun.

Würden wir eine Sternenkarte von Aneignung, Werbung, Alkohol und Amerika anfertigen, könnten wir die offensichtlichen Punkte einzeichnen: Jasper Johns (der Ballantine-Ale-Dosen in massiver Bronze replizierte); Andy Warhol (der scherzte, dass er noch berühmter hätte werden können, wenn der Sektenführer Jim Jones seine Anhänger doch bloß mit Campbell's-Suppe anstatt mit Flavor Aid vergiftet hätte); Richard Prince (dessen Marlboro-Man-Sucht und frühen Tod als wilden Individualismus, Ikonografie, Mannsein und den amerikanischen Westen beschwört); Cady Noland (die, wie Richard Prince, Ikonografie, Mannsein und den amerikanischen Westen beschwört – aber mittels Maschendrahtzäunen, Budweiser-Dosen, Barrikaden und zerrissenen Fahnen).

Allerdings sind Koons' Alkoholwerbungen kein Kommentar, noch sind sie eine ironische Aneignung. Sie sind eine direkte Aneignung. Während Prince die Macht des Mythos betont und Noland den Mythos bis auf den allerletzten Tropfen auspresst, repliziert Koons den Mythos selbst in seiner scheinbar hohlen Förmlichkeit.

Die Alkoholwerbungen sind mysteriös und ambivalent. Sie sind herkömmliche Werbung und daher flach und herzlos, wie Werbung eben ist. Sie nehmen einen Moment, der in seiner Repräsentation einer Idee, demografischen Gruppe oder Fantasie-Gruppe schein-ewig ist, und verstärken ihn: machen ihn leuchtender und greller – aber er bleibt auf ewig stumm. Seit Vance Packards Buch *The Hidden Persuaders* von 1957 haben wir alle verstanden, dass Werbung in dem einen oder anderen Maß mit Zwischentönen arbeitet, um Verlangen zu erzeugen. Packard hat den Diskurs über die Macht der Suggestion eröffnet. Später kam *Subliminal Seduction* (1974) von Wilson Bryan Key hinzu, der in den Eiswürfeln von Alkoholwerbungen eine satanische Symbolik und auf der Oberfläche von Ritz-Crackern das Wort «Sex» aufgeprägt sah – womit er der Werbeindustrie, die behaupten konnte, Key sei geistesgestört, unbeabsichtigt ein perfektes Strohmann-Argument lieferte. Der Großstadtlegende der Siebzigerjahre nach waren in der Musikberieselung der Supermärkte versteckte Botschaften enthalten, mit denen die Kunden, sotto voce, gebeten wurden, nicht zu stehlen.

Man könnte argumentieren, dass der Kalte Krieg, was die Gedankenkontrolle angeht, alle paranoid machte, aber die Gerissenheit des Marktes, der strukturelle Bedarf an Nachfrage, reicht vollkommen aus, um sich manipuliert zu fühlen. Werber sind raffiniert, zumindest hinsichtlich der Leute, die sie einstellen: Menschen mit wachem Verstand und sicherem Gespür für das Verhältnis von Sprache und Bild. Es ist kein Zufall, dass William Gaddis für Unternehmensbroschüren schrieb und Don DeLillo Werbetexte für Ogilvy & Mather erdachte.

Die Alkoholwerbungen, die Koons zu reproduzieren beschloss, ein Prozess, bei dem er zu den Originalagenturen gehen und sich für jedes Bild die Druckplatten leihen musste, sind allesamt gestellte Szenen mit halb davon losgelösten Legenden. Die Wörter flottieren, bleiben aber innerhalb des Bildrahmens. Jede Werbung ist eine Szene, ein pseudorealistisches Porträt erfundenen Lebens, das als eine Art temporäres Scharnier fungiert, indem es darauf verweist, was gerade geschehen sein könnte und, wichtiger noch, was als Nächstes passieren wird. Die Bildlegende führt uns dabei zu einer Interpretation dessen, was wir sehen und was wir als unmittelbar bevorstehend erahnen können. Es ist eine Choreografie. Und auch wir sind Choreografen: geübt darin, diese Dinge auf eine bestimmte Art und Weise zu deuten. Werbespots nutzen Konstellationen von Männern und Frauen zu Tableaus der «Hyperritualisierung», wie der Soziologe Erving Goffman es nennt. Tief eingeprägt ist uns der Index zu den Zeichen, die wir sehen; ebenfalls tief eingeprägt der Impuls, die Szene zu entschlüsseln. Aber das Entschlüsseln verlangt kleine Sprünge. Den Szenen fehlt die Information. Sie sind indirekt, gekürzt und in manchen Fällen abstrakt.

«I assume you drink Martell», sagt die attraktive Amazone mit strahlend weißen Augen. Ich erinnere mich an diese Werbung. Sie war Mitte der Achtzigerjahre an Plakatwänden überall in Amerika zu sehen. *Ihre Annahme ist richtig, meine Liebe.* Was immer sie annimmt, ist in Ordnung. Es spielt keine Rolle, was sie annimmt. Die Antwort ist ja.

«I could go for something Gordon's.» Der Mann zupft die Frau am Hemdzipfel, während sie, vor einer Staffelei stehend, ihren Pinsel eintaucht. Sie sind am Strand. Sie versucht zu malen. Er versucht, sie abzulenken. *Ich liebe es, wenn du so tust, als hättest du ein Hobby. Du bist schön, wenn du dich konzentrierst. Du bist süß, wenn du ernst bist. Wenn du auf dieser … dieser Pleinair-Malerei bestehst. Ich liebe auch deine tief ausgeschnittene «tabula-rasa»-Weiß-in-Weiß-Kluft, die darauf wartet, bespritzt zu werden mit … Meeresgischt? Ein bisschen Farbe?* Er gibt den sanftmütigen Begleiter, der sie unterstützt und den richtigen Moment abwartet, bis er von der (gespielten) Rolle des Handlangers, der nichts tut, als die Anionen am Strand zu genießen, während sie malt, zu seiner wahren Position als dominanter Ermöglicher zu wechseln, der ihr einen Drink einschenkt. Scheiß auf die Farben und die Staffelei, ich könnte jetzt was Gordon'sches gebrauchen, *I could go for something Gordon's* (wie viele Schritte entfernt ist das Strandhaus, auf diesem Bild nicht zu sehen, aber der Rückzugsort, den das Gordon'sche, das er gebrauchen könnte, einschließt?)

Das Unternehmen hatte in derselben Serie noch einen anderen Werbespot, ein ähnliches Paar, gut aussehende junge Berufstätige, verschiedene Teile einer Zeitung lesend, die sie auf dem Boden irgendeines fabelhaften Domizils, riesengroß und unmöbliert, ausgebreitet haben. Während ich zu entschlüsseln versuche, um was für eine Behausung es sich handelt, fällt mir eine Bemerkung aus *Amazons* ein, einem Roman, den DeLillo unter Pseudonym schrieb, nämlich dass «Wohnungen geräumig» seien, «Häuser [dagegen] weitläufig». Wir sind auf dem Gebiet des Verkaufs. Das Paar lungert in einer geräumigen Wohnung irgendwo an der Ostküste herum (er trägt Halbschuhe ohne Socken). Angesichts des Umfangs der auf dem Boden aufgeblätterten Zeitung ist eindeutig Sonntag. Er berührt mit dem Ende seines Bleistifts ihr Haar. Es ist, wenn auch ein anderes Paar Schauspieler/Models, die gleiche Geste wie das leichte Zupfen am Hemdzipfel. Es heißt: *Hör auf, so zu tun, als machtest du das* Times-*Kreuzworträtsel zu Ende*. Was als Nächstes passiert, spielt sich nicht mehr auf dem Bildschirm ab, nur auf dem Bildschirm unserer Vorstellung. Nichts Ausgesprochenes. Nur Mögliches.

Was macht Gordon's noch, außer Alkohol? Nichts. Die Botschaft ist also: Lass uns trinken. Aber auch: Weiblicher Ehrgeiz muss für glückliche Beziehungen neutralisiert werden. Andererseits könnte auch sie diejenige sein, die sagt: «Ich könnte jetzt *X* gebrauchen.» Was so viel heißt wie, mir ist es hiermit nicht ernst. Lass uns noch fünf oder zehn Minuten so tun, als wäre es mir ernst, dann holen wir uns was Gordon'ssches.

Eine ähnliche Botschaft kommt in der Hennessy-Werbung rüber, die Koons repliziert hat. Der Mann hat bis spätabends an einem besonders schwierigen Mandat gearbeitet. Er ist der Anwalt, der Vermittler, der Richter; sie die Partnerin, Ehefrau, Mitarbeiterin oder Freundin. Aber sie hat keine Lust mehr, dazusitzen und zu warten, während er darauf besteht, seine Ego-Bedürfnisse auszuleben, ehrgeizig und schwer beschäftigt zu sein. Los, Schatz, trink einen Absacker mit mir. Hier kommt die Botschaft: Seine Arbeit ist nicht getan. Er kann immer noch Klage führen, Recht sprechen, urteilen. Der Gerechtigkeit kann Genüge getan werden, nur eben der Frau gegenüber, während er seinen Fall ruhen lässt. «The civilized way to lay down the law.» Die zivilisierte Art, Gerechtigkeit walten zu lassen.

Aus zwei Amtszeiten von Obamas Terrorismusbekämpfungsstrategie haben wir gelernt, dass man Gerechtigkeit auf «zivilisierte» Art mit Drohnenangriffen walten lässt, nicht mit Hennessy. Aber schauen wir uns an, was das in der Werbung, als flottierende, mit ihrem Bild synchrone Botschaft, heißen könnte. Die Sphäre ist die des heimischen Rechts, weder juristisch noch geopolitisch – patriarchal, aber nicht Kindern gegenüber, sondern nur Frauen.

Koons selbst hat diese Arbeiten als «soziologische» Zeugnisse der verschiedenen Einkommensniveaus bezeichnet, die Firmen Marke für Marke und Werbung für Werbung anvisieren. Die Werbekampagnen, so Koons' Kommentar, tendieren auf den höheren Niveaus, den oberen sozialen Schichten, zur «Abstraktion».

«Ich bin hier in New York einfach Subway gefahren. Von einer Gegend, Harlem, zu einer ökonomisch betrachtet völlig anderen, Grand Central Station. Dabei bekommt man es mit dem ganzen Werbespektrum zu tun. Vom niedrigsten ökonomischen Niveau bis zum höchsten. Mir wurde klar, wie sich das Niveau der visuellen Abstraktion verändert. Je mehr Geld ins Spiel kommt, desto abstrakter.»

Koons' Beispiel für solche «Abstraktion» auf höherem Niveau ist eine Frangelico-Werbung, mit flüssigem bernsteinfarbenem Hintergrund und den Worten: «Stay in Tonight». Bleiben Sie heute Abend zu Hause. Keine Menschen. Nur ein dramatisches Tableau. Es ist fast ein Monochrom.

«Es war, als verwendeten sie die Abstraktion, um einen zu erniedrigen, denn sie wollen einen immer erniedrigen.»

Koons' Verknüpfung von Raffinement und Erniedrigung erinnert an Joan Didions Kommentar am Ende ihres Essays über die Getty-Villa – sie diene, sagt sie, «einem greifbaren Vertrag zwischen den sehr Reichen und den Menschen, die ihnen am wenigsten misstrauen». Kitschige und offensichtliche Zeichen von Luxus sind für die Armen, geschmackvolle, subtile Zeichen von Luxus für die Reichen. Aber die Allerreichsten kaufen nicht Frangelico. Sie kaufen Jeff Koons' Bilder von Alkoholwerbung, überzeugt, dass sie den Witz verstehen, und das ist die Art und Weise, auf die jeder greifbare Vertrag – zwischen Händler und Verbraucher, Künstler und Kritiker, Künstler und Sammler – am besten funktioniert.

In einem Mise en Abyme dieser Zweiergruppen zeigt der Katalog des Whitney Museums für die Jeff-Koons-Retrospektive auch ein In-situ-Bild von *I Could Go for Something Gordon's* im Wohnzimmer der noblen Villa eines Sammlers in Greenwich, Connecticut. Die Gordon's-Werbung ist riesig, über einem Marmorkamin im Colonial-Revival-Stil. Ihre säurehaltigen Farbtöne – das rote und gelbe Etikett der Gordon's-Destillerie, eine Limettenscheibe – befinden sich gleich neben einer Wand, die von einem abstrakten, in den gleichen Registern von Feuerrot, Sonnengelb und Limettengrün gehaltenen Gerhard-Richter-Gemälde beherrscht wird. Koons und Richter, niedrig und eine Version von hoch, neutralisieren einander an benachbarten Wänden.

Aber dies sind nicht irgendwelche beliebigen Wände, selbst in der kleinen, exklusiven Welt der anstößig Reichen. Dies ist das Haus von Warren B. Kanders, dem in Ungnade gefallenen ehemaligen Kuratoriumsmitglied des Whitney Museums, der sein Vermögen mit «Verteidigungsausrüstung» – Körperpanzerung und «weniger tödlichen» Waffen wie Stinger-Granaten und Tränengas – gemacht hat. Tränengasgranaten, deren Herkunft sich auf seine Mutterfirma Safariland zurückführen lässt, wurden im Herbst 2018 an der US-amerikanischen Grenze zu Mexiko auf Migranten abgefeuert, darunter Frauen und Kinder.

Auf dem Höhepunkt einer hitzigen Kontroverse, bevor Kanders schließlich vom Whitney-Vorstand zurücktrat – und lange bevor Safariland-Tränengasgranaten in kleinen wie großen Städten überall in diesem Land auf amerikanische Demonstranten abgefeuert wurden, die wegen der Ermordung von George Floyd auf die Straße gingen –, war ich einmal auf einer gesellschaftlichen Veranstaltung, einem Abendessen, bei dem ein anderes Kuratoriumsmitglied des Whitney Museums anwesend war. Die Frau fühlte sich offenbar wohl, weil sie sich unter ihresgleichen wähnte. (Eine der vielen Ironien der Kunstwelt ist der greifbare Vertrag zwischen den Vermögenden, die die Kunst unterstützen, und den Künstlern, die sie schaffen. Die sozial niedrig stehende Schriftstellerin, außerhalb dieses Vertrags, zitiert man dennoch gelegentlich herbei, bezahlt sie mit einem Abendessen und erwartet, dass sie sich benimmt.) Dieses Kuratoriumsmitglied, eine Frau in einer silbernen Steppjacke, versicherte mir: «Tränengas ist nicht nur notwendig, sondern manchmal sogar ziemlich wünschenswert!» Die zivilisierte Art, Gerechtigkeit walten zu lassen. «Ich meine, stellen Sie sich doch mal vor, wir hätten keins!» Sie führte Ferguson und andere «beängstigende» Situationen an. Ich schlich mich davon und schenkte mir einen Drink ein.

Was das Vorstandsmitglied zum Ausdruck bringen wollte, ohne es ausbuchstabieren zu müssen – denn warum sollte diese Frau in ihrer silbernen Steppjacke, eine geachtete Kunstmäzenin, eine Sprache sprechen, die nicht mit Zwischentönen gesegnet war, wo doch Abstraktion die Sprache der Reichen ist? – was sie mir wirklich vermitteln wollte, war, dass die Alternative zu Tränengas das Schießen auf Menschen sei, und zwar mit scharfer Munition, und damit zumindest habe niemand aus dem Kuratorium etwas zu tun!

Unterwegs auf den Seitenstraßen

Mit dem seltsamen kleinen Buch von David Rattray, *How I Became One of the Invisible*, bin ich in erster Linie durch die Leute verbunden, die seine ersten hundert Seiten bevölkern. Es sind Individuen, die auch die ersten hundert Seiten meines eigenen Lebens bevölkert haben, einige als Geister, andere als Menschen aus Fleisch und Blut, und sie spielten eine ebenso große Rolle für mich wie für David Rattray. Es sind hauptsächlich: Johnny Sherrill, den Rattray ein bisschen so vorstellt wie Mezz Mezzrow (also einen Weißen mit der Seele eines Schwarzen) und ein bisschen wie eine den Seiten von Jean Genets *Tagebuch eines Diebs* entsprungene Figur (also einen coolen Typen mit Knastvergangenheit); und Alden Van Buskirk, der aussah wie ein Engel, ein dichterisches Naturtalent war und mit einer seltenen, tödlichen Blutkrankheit geschlagen, die ihn mit dreiundzwanzig dahinraffte. Rattray war der Einzige, der Johnny und Alden – oder Van, wie er manchmal genannt wurde – und die spezifischen Welten, die sie bewohnten, in gedruckter Form verewigt hat. Zwar stand er den beiden nicht besonders nah, doch er begriff, dass sie ganz eigene und seltene Individuen waren, die ihren Platz in der Nachwelt verdienten.

Meine persönliche Verbindung zu diesem Buch beruht fast zur Gänze auf Zufall und dem reinen Glück, dass ich das Kind meiner Eltern war (und haben wir diese glücklich Geborenen nicht alle satt? Na ja, zumindest bin ich nicht reich auf die Welt gekommen). Rattray selbst hätte dem Zufallsgedanken nicht viel abgewinnen können, das Konzept wäre ihm zu nüchtern und positivistisch erschienen. Stattdessen hätte er *Bedeutung* hineingelesen. Und die Wahrheit ist: Das tue ich auch.

Rattray – so habe ich ihn immer nennen hören, nie David oder Dave – war ein Freund meines Vaters aus seiner Zeit am Dartmouth College. Er war ein paar Jahre älter als mein Vater, und ihre Wege kreuzten sich nur kurz im Jahr 1956, als mein Vater und Alden, beide Erstsemester, beide in der Skimannschaft, Rattray begegneten, bevor dieser nach Paris entfloh und der europäischen Boheme nachjagte. Mein Vater und Alden, die beide die Dichtung, den Jazz und das Skifahren liebten, hatten sich vom ersten Tag im College an zusammengetan. Zu dieser Zeit gab es in Dartmouth eine von Richard Eberhart geleitete Lyrik-Vortragsreihe; er lud Leute wie Jack Hirschman, Kenneth Rexroth, Robert Creeley, W. D. Snodgras und I. A. Richards ein, vor einer kleinen Gruppe zu lesen, zu der auch mein Vater und Alden gehörten.

In ihrem ersten Jahr am College reiste Eberhart nach San Francisco, hörte dort Ginsberg eine frühe Fassung von «Howl» lesen und schrieb darüber in der *New York Times* (offenbar hatte er Ginsberg auch geraten, etwas Positives in das Gedicht einfließen zu lassen, um ein Gegengewicht zum Klagegesanghaften daran zu schaffen, was Ginsberg in Form der berühmten Fußnote «holy holy holy» tat). Inzwischen begab sich Rattray zur psychiatrischen St. Elizabeth-Klinik in Washington, D. C., um Ezra Pound zu interviewen, der dort damals in stationärer Behandlung war. Rattray war einundzwanzig, doch schon in diesen jungen Jahren verfügte er über das Geschick und die strategische Klugheit, Pound ganz von allein erzählen zu lassen, zwanglos, natürlich und ohne Einmischung. Pound hüllte Rattray in ein Netz der Fürsorglichkeit und versorgte ihn mit einer langen Liste von Kontakten in Sachen provenzalische Literatur, mit Lästereien über die Gefahren, die einem drohten, wenn man sein Haus an einen Juden verpfändete, und mit Essen aus der Irrenhauscafeteria, mit dem Pound, wie Rattray herausbekam, täglich auch seine Schar Groupies verpflegte, von denen eine, die «Königin der Beats» Sheri Martinelli, eifrig Skizzen von Pound anfertigte, während er Rattray Vorträge hielt. Der Gedankenaustausch wurde aufgezeichnet als ein zum Schreien komischer und verstörender Blick in die Vorstellungswelt und die Aussagen des großen alten Modernisten mit seinen riesigen Waden, die auf Rattray wie die Beine eines alten Seebären wirkten, «noch gischtbespritzt vom Klettern in der Takelage», seinem abwechselnd galanten und schroffen Gebaren und seinem beständigen Champagnerstrom bigotter Ergüsse.

Rattray entstammte einer halbaristokratischen Ostküstensippe, deren Hinterlassenschaft wohl eher aus einer Menge Gepäck bestand als aus einem Haufen Kohle. Er «sprach Prosa», wie mein Vater sich ausdrückte, ein nicht idiomatisches, förmliches Englisch. Sein Großvater war Walfänger vor der Küste von Long Island gewesen. Seine Schwester war eine frühe Bohemienne, die ihre Zeit mit Weltreisen auf einem Ozeandampfer verbrachte und am St. Mark's Place eine Edelboutique führte. Sie lebte in einer Villa in East Hampton. Als mein Vater einmal dort war, begegnete er dem Dichter Delmore Schwartz, der ebenfalls zu Gast war. Damals studierte mein Vater Philosophie. Sie sprachen drei Stunden über J. L. Austin. Bei diesem oder einem anderen Besuch nahm Rattray meinen Vater mit, um ihm das Walfängerboot seines Großvaters zu zeigen, das in einem alten Handelslagerhaus in Sag

Harbor untergebracht war. Es sah wie ein riesiges Kanu aus, lang und schlank mit Rudern – kein Motor. Von diesem kleinen Fahrzeug aus wurde der Wal harpuniert und dann meilenweit hinterhergeschleppt, bis er schließlich erschöpft sein Leben aushauchte.

Der erste Text von Rattray, den ich las, war nicht das legendäre «Weekend With Ezra Pound», sondern ein Essay mit dem Titel «Van», der mit Rattrays Einführung bei Alden Van Bushkirk beginnt. Alden schlug Rattray sofort in seinen Bann. Diese Wirkung hatte er auf viele Leute in seinem kurzen Leben und auch noch danach. Wie Rattray erzählt, brachen er und Alden zusammen nach Mexiko auf, unternahmen «eine Reise an den Rand der Welt» nach Art der von Drogen und Forscherdrang geleiteten Burroughs und Kerouac.

Sie begeben sich an einen Ort namens Puerto Angel, den sie wegen des Namens auswählen. Während sie in Hängematten liegen, stellt Rattray sie sich in einer Radierung aus dem späten 19. Jahrhundert mit dem Titel *Unterwegs auf den Seitenstraßen von Oaxaca* vor. Als ich Rattrays Bericht über sich und Alden in Puerto Angel gelesen hatte, einen Ort, aus dem sie schleunigst flohen, nachdem sie den drogenabhängigen Ortspolizisten ausgenommen hatten, gewann ich eine ganz andere Sicht auf jemanden, von dem ich mein Leben lang gehört hatte. Der Mittelname meines Bruders ist Alden, *in memoriam*. (In «Harvest» sagt Rattray, dass Johnny Sherill seinen Sohn zu seinen Ehren Alden nennen wird, aber da scheint er ihn mit meinem Bruder verwechselt zu haben. Johnnys Sohn heißt Gary William und ist ein lebenslanger Freund der Familie.) Meine Mutter und mein Vater waren unabhängig voneinander mit Alden befreundet, und durch diese Verbindung lernten sie sich kennen, wurden ein Paar und bekamen dann Kinder, weshalb ich ihn mehr oder weniger als Schutzheiligen der wilden Ehe meiner Eltern ebenso wie meiner Existenz und der meines Bruders betrachte.

Bei uns zu Hause gab es keine Religion, keine Traditionen. Es gab eine bunte Mischung von Charakteren, die sich in unserem Leben tummelten, und es gab Bücher, darunter Aldens posthume Gedichtsammlung *Lami*, die der engagierte und einfallsreiche Rattray zusammengestellt und an Allen Ginsberg geschickt hatte, woraufhin der, ausreichend beeindruckt, eine Einführung schrieb und ihr einen Verlag besorgte. Aldens «Witwe» Martha Muhs war eine Freundin und regelmäßige Besucherin, ebenso wie Johnny Sherrill selbst. Ungeachtet seines frühen Todes, blieb Alden ein Referenzpunkt und guter Geist für meine Eltern und ihre Freunde, die Zeugen seiner Schönheit, Tatkraft und Erkenntnisse waren.

1960 war Alden nach St. Louis umgezogen, wo er Johnny Sherrill zum ersten Mal begegnete; in «Van» wird dieser von Rattray als dreißigjähriger Ex-Sträfling beschrieben, der seinen Lebensunterhalt mit «Bescheißen, Klauen, Verkuppeln, Glücksspielen und Im-Knast-Sitzen bestreitet» und der «sich mit allem identifizierte, was Seele besaß». Richtig so, ausgenommen vielleicht die Zuhälterei. «Er ist ein *Möchtegern*-Zuhälter», sagt meine Mutter, wenn ich sie zu Rattrays Bemühungen befrage, Johnny unsterblich zu machen. Wenn Johnny als Zuhälter durch die Gegend stolzierte, war das eher ein Zitat, als dass er ein echter Zuhälter gewesen wäre. Er war ein Trickser, kein Verkäufer.

Johnny Sherrill war ausgebildeter Maschinenschlosser, aber auch ein umherschweifender Zechbruder, Witzbold, Spieler, Schluckspecht, Wortschmied und Frauenheld. Er hatte mit siebzehn einen Zug ausgeraubt und war ins Gefängnis gewandert, wo er den Umgang mit Maschinen lernte. Rattray beschreibt ihn als Sohn migrantischer Obstpflücker und sagt, seine Mutter sei indianischer Abstammung gewesen. Ich erinnere mich an Johnnys Eltern; seine Mutter wird wohl tatsächlich indianischer Abstammung gewesen sein. Ob sie Obst pflückten, kann ich nicht sicher sagen. Sein Vater arbeitete mit Leder und machte aus katholischen Motiven Volkskunst, die er und Johnnys Mutter auf Märkten in den ländlichen Gegenden Nordkaliforniens verkauften. Als ich ein Kind war, besuchten wir sie einmal in Oroville, wo sie wohnten. Ich erinnere mich an die Hände seines Vaters, riesig und fleckig vom Ledertannin, und ich habe auch immer noch das Innere des Hauses vor Augen – meine Mutter sagt, es war ein kleiner Trailer, der mit Lederwerkzeugen angefüllt war.

Johnny, der Sohn dieser Leute, die man als Angehörige einer gewissen schöpferischen Unterschicht aus dem «vogelwilden alten Amerika» betrachten könnte, war selbst höchst talentiert, und Rattray wusste das. Er fühlte sich bei Johnny zu etwas hingezogen, das wesentlich freier war als irgendetwas an ihm selbst. Johnny schreckte vor nichts zurück. Er verspürte eine natürliche Neigung dazu, das Leben in Saus und Braus zu genießen, ob er nun an den Ufern eines Flusses lebte, angelte und geklautes Gartenobst aß oder keiner irgendwie gearteten Nachwelt seine «Aktionsgedichte» widmete, die zum Beispiel darin bestanden, jemandem auf seinen brandneuen Cadillac zu pissen, der auf den Straßen im Zentrum von Saint Louis geparkt war. (Noch ein Aktionsgedicht: Bevor meine Mutter und er einen Wohltätigkeitsladen betraten, legte Johnny seinen halb gerauchten Joint auf die Haube eines Wagens. Beim Hinausgehen nahm er ihn sich wieder und rauchte weiter. In den frühen Sechzigern, wo schon der Drogenbesitz einen für zehn Jahre in den Knast bringen konnte, war das dreist. Und den Knast kannte Johnny ja schon recht gut.)

Alden und Johnny waren seelenverwandte Lebenskünstler. Rattrays Beschreibung zufolge schlendert Alden in ein mexikanisches Bordell, «als gehöre es ihm». Rattrays Bewunderung beruht nicht darauf, dass Alden den Coolen mimen kann, sondern darauf, dass für Alden, wie er zu Rattray sagte, das Himmelreich «auf Erden» war und «sonst nirgends». In einem Bordell, an einer Tankstelle oder an der Softeistheke. Bei einem Ausflug zu einer Monstrositätenschau im Karneval bewundert Rattray Johnnys Fähigkeit, «auf jedes Gequatsche einzusteigen und jeden Standpunkt einzunehmen». Rattray beobachtet Leute, die eine Begabung fürs Leben haben, Leute, die nicht das Unsichtbare suchen, sondern Geschöpfe verkörpern, deren Leben das Gedicht *ist* und nicht davon abgespalten – in Aldens Fall von der Lyrik, die er schreibt.

Rattray war nicht nur formal erzogen und hochintelligent – er beherrschte fließend Französisch, Deutsch, Latein und Altgriechisch –, er scheint auch jemand gewesen zu sein, für den die Welt so voller Geheimnisse war, wie ein Buch voller Geheimnisse ist, als wäre die Welt *selbst ein Buch*, das mit kleinen, geheimen Botschaften angefüllt ist. Und um dieses Buch – die Welt – zu verstehen, musste man es sorgfältig entziffern. In *Wie ich ein Unsichtbarer wurde* deutet Rattray Leute durch Gedichtzeilen: von Swinburne, Keats, Stefan George, Beckett. Als er Pound begegnet, deutet er Pound durch Zeilen von Pound.

In «Van» sagt Alden zu Rattray, dessen «europäische ästhetische Standards» seien nicht auf «die Wirklichkeit Amerikas» anwendbar. Sie streiten, und Rattray verlässt die Bay Area, in die Alden gezogen war, um eine Wunderheilung für seine Krankheit zu finden. Rattray trampt nach St. Louis und zieht bei Johnny Sherrill ein, als hätte sein Scheitern daran, sich mit dem einen Idol oder Ideal zu verbinden, die Verpflichtung hervorgerufen, es mit dem anderen zu tun.

Für Rattray bedeutete das Unsichtbarsein, vom Ich Abschied zu nehmen, um im Leben auf- und unterzugehen und es schließlich zu verstehen. Manche sehnen sich nicht nach dieser Art von Verständnis. Brauchen es nicht. Sie sind im Wasser und weigern sich nicht nur, es zu interpretieren, sondern nennen es noch nicht einmal «Wasser». Insbesondere Johnny entschlüsselte keine Menschen und war selbst nicht zu entschlüsseln; stattdessen nahm er, was er bekommen konnte, ob er es nun stehlen, erschwindeln oder verdienen musste oder ob es ihm einfach in den Schoß fiel. Als er und Rattray vor der Polizei davonlaufen und in der Wohnung eines Betrunkenen landen, dessen Frau ihre Tüte mit gerösteten Schweineschnauzen in eine Servierschüssel leert, sind die Umgebung, diese Frau, ihre Erschöpfung und Resignation, das Plastik der ganzen Wohnungseinrichtung für Rattray notierenswert und werden wunderbar beschrieben, aber sie sind auch *fremd*. Johnny ist Rattrays Abgesandter, der für ihn diverse Ströme amerikanischen Lebens auskundschaftet. Und das erste Mal zeigt sich Rattrays Übergang zu dem, was er Unsichtbarkeit nennt, als er Wache über das wilde Marihuana hält, das er und Johnny entlang eines Flussbettes außerhalb von Kansas City zu ernten versuchen. Als würde die von ihm so genannte Unsichtbarkeit unter Johnnys Patronat angestrebt.

In den Jahren vor meiner Geburt lebten meine Eltern in North St. Louis, in der Nähe von Johnny und seiner Partnerin Freddie. Nachdem sie St. Louis in einem umgebauten Schulbus – zu dessen Kauf Johnny sie überredet hatte – verlassen hatten, um nach Oregon zu ziehen, kehrten wir in den Sommern nach St. Louis zurück, und so lernte ich Freddie und die Welt der Labadie Avenue kennen, die Rattray in diesem Buch porträtiert. Ich erinnere mich daran, dass Johnny und Freddies

Sohn Gary und mein Bruder in Sommernächten Feuerwerke zündeten und niemand in der Nachbarschaft etwas dagegen hatte. Meine Mutter erzählt gern von einem vierten Juli, an dem Johnny aus einer Feierlaune heraus seine Knarre durch die offene Tür abfeuerte, dabei aber das Fliegendrahtgitter zu öffnen vergaß und es durchlöcherte. Freddies Vater Daddy Quinn war ein Prediger mit einer für uns anderen unsichtbaren Gemeinde. Er predigte den Reihen leerer Autorückbänke, die er im Garten neben dem Haus der Familie aufgestellt hatte. Ich erinnere mich, verstanden zu haben, dass Daddy Quinns Marotten in Ordnung waren, als ließen seine Familie und die Leute aus seinem Umfeld ihn der sein, der er war. Niemand sagte etwas. Es wurde unglaublich freundlich damit umgegangen. Rings um die alten Autobänke waren an alle Bäume Kreuze genagelt, um böse Geister fernzuhalten. Daddy Quinn hatte auch Lautsprecher auf die Stoßstangen seines Trucks montiert, und er fuhr die Labadie Avenue hoch und runter und predigte das akustisch verstärkte Wort den auf ihren Veranden versammelten Menschen, der Luft, wem auch immer. Ich erinnere mich, ihn vom immer sehr dunklen Inneren des Hauses aus gehört zu haben – vielleicht wollten die Leute keinen Strom verschwenden, oder er war abgestellt, da bin ich nicht sicher –, während ich mit Freddies Mutter Ma Dear und einer Schar anderer Verwandter im Wohnzimmer saß und White Castle Hamburger aß. Meine Eltern hatten mir gesagt, White Castle sei rassistisch, deshalb äßen wir ihre Burger nicht. Und hier saß ich nun in einem Haus voller Schwarzer, die sie gern aßen.

Das sind Dinge, die man sich merkt. Lehren, die man zieht, selbst wenn man nie herausfindet, was die Lehre war. Freddies Urgroßmutter, die, wie Rattray schreibt, vor dem Ende des Bürgerkriegs geboren worden war, lebte ebenfalls in dem Haus. Sie muss fast hundertzehn gewesen sein, als ich sie kannte.

Rattray setzt die Frauen in dieser Welt mit Prostituierten gleich, aber wie Johnnys Zuhälterei ist auch dies ein Luftballon, den meine Mutter platzen lässt, nur anders, nämlich indem sie mir erklärt, dass es keine Bezeichnung sei, die man für irgendjemanden in North St. Louis verwenden würde, sondern ein Tätigkeitsbereich, in dem viele Frauen aus Notwendigkeit ihr Einkommen aufbesserten. Frauen identifizierten sich nicht als Prostituierte; sie seien pragmatisch und wüssten, wie man überlebte.

Freddie Sherrill starb an einem Herzinfarkt, als sie noch jung und schön war. Das Haus wurde von einem ungeratenen Enkel abgefackelt, der angeklopft und von Ma Dear Geld verlangt hatte, aber nicht hineingelassen worden war. Viele der Hausparzellen in North St. Louis sind wieder zu Prärie geworden, nur noch Gras und Reste von Fundamenten sind von ihnen übrig. Johnny war lange zuvor gen Westen gewandert und arbeitete oben im Staat Washington als Maschinist. Später arbeitete er auf den Werften von San Francisco, wo er uns den Lederflicken-«Zuhältermantel» vorführte, den er sich selbst geschneidert hatte. Wusste Johnny, dass Rattray, den jener seinem Bewährungshelfer einst als Harvarddozent vorgestellt hatte, ihn später in diesem Buch als *echten* Zuhälter unsterblich machen würde? Johnny war eine nicht einzuordnende Figur – letztlich vielleicht unlesbar für jemanden, der einem Bewährungshelfer glaubhaft als Harvarddozent präsentiert werden konnte. (Rattray studierte damals dort. Dennoch sagte der Bewährungshelfer zu Johnny, Rattray sehe «aber ziemlich seltsam» aus.)

Als Johnny an der seichten Stelle im Fluss, wo er und Rattray ihr Gras ernten, einen Fisch fängt, sagt er zu dem Fisch:

«Na, du bist ja ein Leckerbissen mit Tiefgang.» Das ist purer Johnny, ich höre es ihn sagen. Auch die Episoden, die Rattray schildert, sind purer Johnny. Dass er zufällig einen Anhalter auffliest, der gerade seine Familie umgebracht hat und auf der Flucht ist. Dass er Alden in den Harlem Club am anderen Ufer des Mississippi, in East Saint Louis, mitnimmt, wo Alden von einer Transgender-Schönheit verführt wird. Mein Vater erzählt eine Geschichte von einer Nacht mit Johnny draußen im Harlem Club, als das Paar im benachbarten Separee, ein adretter, recht betagter schwarzer Herr und ein frühreifes weißes Mädchen, das offenbar als Edelnutte dort arbeitete, den Clubfotografen fragte, ob er sie nicht gegen ein Honorar ablichten wolle. (Der Harlem Club war dafür bekannt, dass es dort keine Diskriminierung gab.) Kurz bevor das Blitzlicht losging, drehte Johnny sich um und schob seinen Kopf zwischen das Paar. «Photobombing» *avant la lettre*. Das Foto wurde vor Ort entwickelt und den beiden noch im Separee übergeben. Das Mädchen war sehr erfreut und stolz, sogar trotz Johnnys geisterhaftem Gesicht zwischen ihr und ihrem Begleiter.

Der Harlem Club, der genau hinter einem Viehhof und direkt vor den Eisenbahngleisen lag, hatte ein riesiges Neonschild, auf dem ein Kellner mit einem Cocktail in der Hand zu sehen war. 1967 fuhren meine Eltern noch einmal dorthin. Das Gebäude war Anfang des Jahres abgerissen worden. Auf der Erde fand mein Vater ein Stück dieses Neonschilds und hob es auf. Er hat es immer noch irgendwo. Ich hätte Lust, es mir anzusehen, aber würde es mir etwas über den Harlem Club erzählen? Sicher nicht.

Fliegende Autos

Jedes Mal, wenn ich versuche, mit dieser weitschweifigen Reflexion über die fliegenden Muscle Cars des Künstlers Matthew Porter zu beginnen, Autos, die Gegenstände sind, aber auch von hinten beleuchtete Silhouetten von Gegenständen, lande ich wieder online bei *Autotrader* und betrachte Modelle, die ich mir immer gewünscht und bisher nicht besessen habe, und auch ihre Silhouetten.

Wenn ich auf der Stelle hundert Riesen hinlegen könnte, gleich heute Morgen, was nicht der Fall ist, könnte ich mir einen Pontiac GTO Judge Baujahr 1969 kaufen, mintgrün. Aber der ist eigentlich nicht mein Stil. Was ich schon immer haben wollte, ist ein GTO Baujahr '67 mit seiner eleganten Zigarrenkistenform. Der '69er ist Schnickschnack, wie Rollerskates oder ein Lederhemd, und die Farbe Orange würde mich sowieso irgendwann langweilen. Ich hätte liebend gerne einen GTO, aber einen Judge brauche ich nicht, selbst wenn es gewisse Tage gibt – Dienstage? –, an denen ich doch das Gefühl habe, ich bräuchte einen Judge.

Für einen Sonntagsausflug hätte ich gern einen Stutz Blackhawk; es muss auch nicht der sein, der Elvis gehört hat. Ich würde mich mit irgendeinem anderen Stutz bescheiden, aber wenn ich so recherchiere, wer alles Stutze besaß – Dean Martin, Wilson Pickett, George Foreman, Muhammad Ali, Willie

Nelson und Barry White, um aus der längeren Liste der Promibesitzer nur die Rosinen herauszupicken –, ärgere ich mich, dass ich bisher selbst noch keinen Fahrzeugbrief für einen Stutz habe. Selbst wenn ich mir einen Stutz leisten könnte, gibt es nicht sehr viele, und heute ist keiner im Angebot.

Dafür ein Mercury Marauder Baujahr 1965. Die mochte ich schon immer. Dass die Linien etwas eckig sind, wird durch das Fließheck wieder ausgeglichen, aber es ist ein Auto, das Sportfelgen haben muss, sonst vergiss es.

Wieso ist 1965 die Schikane, durch die alles amerikanische Autodesign von kurven- zu kastenförmig wechselte?

1968 war eine weitere Schikane, die zu bauchigen, ja luftschiffähnlichen Kotflügelverkleidungen führte.

Manchmal bin ich drauf und dran zu glauben, dass ich gern einen Rolls-Royce hätte, so ein Modell aus den Achtzigern, das es gelegentlich zu Schnäppchenpreisen gibt. Andy Warhol hatte einen Silver Shadow Baujahr 1974 in Schokoladenbraun. Er bat seinen Freund Jed Johnson, für ihn zu lügen und zu sagen, er hätte den Wagen gegen Kunst getauscht statt ihn beim Händler zu kaufen. Andy fuhr nicht selbst, sondern ließ sich von Johnson chauffieren oder bei Gelegenheit auch von Imelda Marcos. Kürzlich stand der Rolls, der ursprünglich Warhol gehörte, bei eBay zum Verkauf, aber ich kenne das endgültige Gebot nicht. Heute ist auf *Autotrader* ein Rolls-Royce Silver Spur Baujahr 1985 für bloße zehn Riesen zu haben. Ich weiß nichts über Rolls-Modelle, aber wenn eins keine ausziehbaren Teakholz-Esstischchen in den Rücksitzen hat, ist der Deal gestorben. Extras sind mir wichtig. Die Idee eines Parfümzerstäubers von Lanvin Arpège, mit dem General Motors den Cadillac Eldorado Brougham von 1958 serienmäßig ausstattete, spritzt mir etwas Amerikanisches in die Seele, an das ich tatsächlich, einen Moment lang, glauben kann.

Oft wünsche ich mir einen Ford Starliner Baujahr 1961. Der ist etwas Besonderes für mich, was mit einem Exemplar zu tun hat, das ich 1992 im kalifornischen Napa zum Verkauf stehen sah. Es war weiß, Wimbledon White, eine Standardfarbe bei Ford, für die ich eine Schwäche habe. Ich bereue bis heute, dass ich den nicht gekauft habe. Sagen Sie es mal: *Starliner*. Sagen Sie *Wimbledon White*. Es war das Jahr, in dem ich jedes Wochenende damit verbrachte, mir Autos anzuschauen. Schließlich kaufte ich mir einen Ford Galaxy Baujahr 1964, den ich immer noch habe, aber selbst nachdem ich meinen Galaxy gekauft hatte, durchforstete ich *PennySaver*, *Autotrader* und *Hemmings* und rief irgendwo an und träumte von anderen Autos. 1997 kaufte ich mir in Hendersonville, North Carolina, einen 1963er Chevrolet Impala. Gleich am ersten Abend fuhren ein Freund und ich damit zu einem Autokino in Waynesville. Während wir darauf warteten, dass der Film anfing, konnten wir Kühe muhen hören. Ich wünschte, ich hätte dieses Auto noch. Ich musste es verkaufen, um meine Lebenshaltungskosten zu bezahlen, und machte dabei ordentlich Gewinn, weil es ein begehrtes Baujahr eines begehrten Modells ist. Am Abend bevor ich es verkaufte, versuchte jemand, es aus der Einfahrt meiner Eltern in San Francisco zu klauen. Unsere Nachbarin sah mein Auto mitten auf der Straße stehen und klopfte an unsere Tür. Ein Typ hatte es kurzgeschlossen und wollte wegfahren, mit der Kralle der Diebstahlsicherung noch am Lenkrad. Er ließ beim Gasgeben den Motor absaufen, musste mein Auto stehen lassen und sich zu Fuß davonmachen.

Es ist September, während ich dies schreibe, und der Kalender von 2018, den mein Sohn bei der Autoschau in Ponoma bekommen hat, zeigt in diesem Monat einen 1971er Mustang Boss 351. Ich habe jedes Muscle Car hundert Mal gesehen. Das war die Jugend. Dies ist das Jetzt (mittleres Alter). Ich habe meinen *Standard Catalog of American Cars, 1946–1975* meinem Sohn geschenkt, der technische Daten so genau studiert, wie ich es damals getan habe. (Er fand meinen Galaxy cool, bis er herausfand, dass er auch standardmäßig mit einer 427er Big-Block-Maschine hergestellt wurde, und mich fragte, warum ich nur einen 289er hätte. Ich sagte ein bisschen abwehrend, dass meiner sich mit weniger Gewicht auf der Vorderachse besser handhaben lasse, aber er war nicht ganz überzeugt.) Der '71er Mustang auf dem Autoschaukalender parkt vor einer kitschigen italianisierten Villa. Das geparkte Auto ist Objekt statt Subjekt. Die Autos, die Matthew Porter fotografiert und digital manipuliert hat, damit sie aussehen, als flögen sie über Kreuzungen, sind Protagonisten; das ist klar. Ein Auto, das durch die Luft fliegt, kennt die Geschichte und ist selbst die Geschichte, auch wenn die beiläufige Anmut von Kabeln, Lichtmasten und Ampeln ebenfalls ihre Rolle spielt. Zwielicht lässt die Infrastruktur des Stadthimmels deutlich hervortreten: Das Licht macht den halben Zauber dieser magischen Bilder aus. Die Orte, die Porter gewählt hat, finde ich auch schön, aber das mag zum Teil daran liegen, dass sie mir vertraut sind: Manche sind in meinem Viertel oder in der Nähe. Er fotografiert nicht die berühmte steile Baxter Street in Echo Park, aber seine Bilder beschwören sie herauf. Zum höchsten Punkt der Baxter Street fahren, um Luft zu schnappen, das machen LAPD-Motorradpolizisten gern um fünf Uhr morgens, wenn sie denken, dass es niemanden schert. Sie fahren auf die Baxter Street und riskieren eine gebrochene Achse.

Es gibt etliche ikonische Kinostandbilder von fliegenden Muscle Cars, aber die Hauptlinie des Genres geht auf H. B. Halickis Film *Gone in 60 Seconds* von 1974 zurück, in dem ein Mustang Mach 1 über einer Kreuzung in Los Angeles in der Luft steht, nachdem er von Unfallautos abgehoben ist, die er als Sprungschanze benutzt hat.

In der extrem dünnen Handlung des Films geht es um den Diebstahl von achtundvierzig Autos in achtundvierzig Stunden, jedes unter der Chiffre eines Frauennamens. Der Mach 1, Eleanor genannt, ist der unbestrittene Star des Films und wird auch als solcher gewürdigt. Halicki hat diesen Film selbst finanziert und produziert, Regie geführt, das Drehbuch geschrieben, die Hauptrolle gespielt und sämtliche Stuntfahrten übernommen. Er war als «Car Crash King» bekannt, als Unfallkönig, und er war auch der «Junkyard King», der Autofriedhofskönig, Besitzer aller dreiundneunzig Fahrzeuge, die in diesem Film zu Schrott gefahren wurden, einschließlich mehrerer Polizei- und Feuerwehrwagen. Selbst der Müllwagen, der einfach über einen Dodge Charger drüberfährt, stammt aus Halickis privater Sammlung. In meiner Lieblingsszene pflügt Eleanor, der Mach 1, in ein großes Sofa, das auf einer Gasse mitten im Weg steht, und während die Kissen zusammengedrückt und pulverisiert werden, schleift der Wagen mit seinem Untergestell den völlig kaputten Rahmen der Couch noch ein paar Hundert Meter mit.

Es gibt weitere komische Aspekte. Halicki entwischt der Polizei in einem Abschleppwagen mit einem rückwärts drangehängten Dodge Challenger, einem mintfarbenen Auto, das später auf einem Schrottplatz in die Presse geschoben wird. Nach einer rasanten Verfolgungsjagd in seinem Mach 1 in die Enge getrieben, scheint Halicki sich der Polizei zu ergeben, als wäre das Spiel vorbei. Er hebt auf Befehl eines Cops die Hände, während sich von mehreren Seiten Waffen auf ihn richten. Er behält die Hände oben, drückt aber mit dem Fahrerfuß aufs Gaspedal, fügt sich und fügt sich nicht, und hat die Hände immer noch oben, als er den Ocean Boulevard in Long Beach westwärts braust und die Cops aus dem Weg hechten. Das ist in unserem Haus zu einer Metapher geworden: irgendeinem bekloppten Gesetzeshüter gegenüber ein Lippenbekenntnis ablegen, die Hände hochnehmen, aber aufs Gaspedal drücken.

In einer anderen großartigen Szene überfährt Eleanor, der Mach 1, einen Einkaufswagen voller Lebensmittel. Eine nächtliche Szene an der längst verschwundenen Ascot-Park-Rennbahn offenbart die Inspiration für den Filmtitel, eine Warnung an Rennbahnbesucher, ja ihre Fahrzeuge abzuschließen, die seien sonst «in sechzig Sekunden weg». Eine Verfolgungsjagd unterbricht die Einweihung einer neuen Polizeibehörde in der Stadtverwaltung von Carson, eine Szene, die ich sehr mag, weil es in Carson zufällig die beste Gokartbahn in Los Angeles gibt – besser gesagt, die rumpeligste, zweifelhafteste Gokartbahn in Los Angeles. Ein weiteres Highlight ist die Szene, in der Eleanor mitten in ein Cadillac-Autohaus hinein- und durch die Kundendienstabteilung wieder hinausfährt.

Aber das Herzstück des Films ist jene lange, statische Sequenz in einer riesigen Garage, bei der die Kamera langsam über jedes einzelne der achtundvierzig gestohlenen Fahrzeuge schwenkt, Rolls-Royces, Cadillacs und Lincolns, ein Plymouth Barracuda, eine Corvette Stingray, ein Manta Mirage, ein Auto nach dem anderen, manche selten, manche nicht, alle funkelnd und still. Sie sind Teil des ausgedachten, erfundenen Plots, aber die Autos sind real – tatsächlich existierende Fahrzeuge, die einem tatsächlich existierenden Halicki gehören (und die er sich, im echten Leben, auf zwielichtige Weise angeeignet hat). Eine Frau namens Pumpkin sitzt hinter einem Schreibtisch, weit zurückgelehnt, das Superego im Raum. Sie hat volles Haar – ich meine, richtig volles, faszinierendes Haar – und lange Nägel. Die Nieten am Kragen ihres Jeanshemds blinken in die Kamera, ihre Malibu-gebräunten

Hände sind zeltförmig zusammengelegt, als grübelte sie über etwas nach, obwohl sie vielleicht nur an Geld denkt oder an gar nichts. So oder so liebe ich sie. Ihr echter Name ist nicht Pumpkin, sondern Marion Busia, und Google zufolge ist sie inzwischen Maklerin in Rancho Palos Verdes. Ich würde mich mit nichts Geringerem zufriedengeben.

Das Motiv des Zerstörens von Autos geht mit einem Autofetisch einher, aber auch mit anderen Fetischen. Halicki trägt in jeder Szene eine andere Gürtelschnalle, und keine ist unauffällig. Er hat viele Sonnenbrillen, Schlaghosen und Aktentaschen. Mehrere Perücken und einen künstlichen Schnurrbart. Diverse Werkzeuge, um Türschlösser aufzuhebeln. Eine Sammlung von Hüten und Rehleder-Autohandschuhen. Halicki war ein Sammler. Ich habe gehört, dass er sich später einen eigenen Goodyear Blimp angeschafft hat, kann es aber nicht verifizieren.

Halicki starb, während er eine Fortsetzung von *Gone in 60 Seconds* drehte. Ein Telefonmast wurde von einem Draht kupiert, der einen Wasserturm auf einen Parkplatz voller Autos ziehen sollte, und der Telefonmast traf Halicki und tötete ihn.

Die Zeit vergeht. Menschen werden Maklerinnen. Menschen sterben. Autosammlungen werden versteigert. Oldtimer werden wertvoller und seltener, auch vergessen und dadurch für manche weniger wertvoll, und das ist gut und auch traurig.

Das Licht bleibt das gleiche. Oder besser gesagt, es verändert sich ständig.

Bilderbuchpferde

Howdy, Partner. Auf den 1056 Seiten von *Die Border-Trilogie*, wo es um die Strapazen einiger eher existenzialistischer Cowboys geht, sagt das niemand, das verspreche ich Ihnen. Cormac McCarthys Vaqueros sagen generell nicht viel, vor allem aber reden sie nicht in Pferdeklischees. Noch reden sie so, wie Menschen es in Romanen normalerweise tun, womit ich die Sorte von Romanen meine, die im neunzehnten Jahrhundert populär wurde und aus irgendeinem mysteriösen Grund heute noch erfolgreich ist. Während andere Menschen in anderen Büchern psychologisieren und sich offenbaren, sind diese Menschen, in diesen halb verbundenen Büchern, schweigend damit beschäftigt, rudimentären und gänzlich externen Kräften die Stirn zu bieten: dem Terrain, dem Wetter, Feinden. Ihre Bedürfnisse beschränken sich auf Kleidung, Essen, Wasser und ein Dach über dem Kopf, und auf Sicherheit sowohl vor Bosheit als auch vor natürlichen und unpersönlichen Arten der Gefahr. Sie brauchen Stiefel. Sie brauchen Gewehre. Satteldecken und Feldflaschen.

Lange Zeit mochte ich Western als Genre nicht, weil sie ohne Frauen langweilig für mich waren. Ich gähnte bei Sam Peckinpah und wartete darauf, einen Blick auf die Ladys im Saloon oder auf dem Bahnsteig zu erhaschen. Sie tauchen nur selten auf. Nicholas Ray war eine Ausnahme. *Johnny Guitar* war eine Ausnahme. Aber die eiskalte Xanthippe in diesem Film, gespielt von Joan Crawford, war auch die Ausnahme, deshalb hebt sich das alles quasi wieder auf. Merkwürdigerweise nahm ich an dem relativen Mangel an Frauen in *Die Border-Trilogie* nicht so viel Anstoß, nachdem ich die Bücher im Lauf der Neunzigerjahre eins nach dem anderen verschlungen hatte: *All die schönen Pferde* (1992), *Grenzgänger* (1994) und *Land der Freien* (1998). Und ein paar Frauen tauchen da ja auch auf, etwa Dueña Alfonsa, die John Grady gegenüber ihre pessimistische Weltsicht formuliert, das stärkste Statement in *All die schönen Pferde*. Aber allgemein reden die Frauen noch weniger als die Cowboys, und wir befinden uns nie in ihrem Kopf. Als ich die Bücher noch einmal las, wurde mir klar, dass ich ganz selbstverständlich die Perspektive der männlichen Charaktere übernommen hatte, denn dort ist in den Büchern die Subjektivität angesiedelt. Selbst wenn die Männer nicht viel von ihrem Innenleben offenbaren, nehmen wir, während sie ringen, ihren Blickwinkel ein, und das Ringen ist in diesen Büchern der wesentliche Daseinszustand.

John Grady möchte eine Welt ausfindig machen, die er als historisch kontinuierlich erkennen kann. In *Grenzgänger* will Billy Parham einen Wolf, den er gefangen und mit Maulkorb versehen hat, wieder in den Bergen Mexikos aussetzen. Zudem will Billy Parham vielleicht in eine mythologische Zeit eintreten, so etwas wie ewig gültigen Gesetzen näher kommen. Dass diese Wünsche nicht in konventionellen Passagen der Innenperspektive gerechtfertigt werden, ist Teil der einzigartigen künstlerischen Vision Cormac McCarthys. Keine Zielsetzung wird je formuliert.

Wir erfahren nur von Zwangslagen, aber die Zwangslagen sind groß. Die von John Grady und auch die von Billy ähneln denen der Söldner in Xenophons *Anabasis*, die ihren Anführer und in gewissem Sinn ihren Krieg verlieren und daraufhin in einem fremden Land umherirren. Selbst wenn sie nicht mehr wissen, wo sie sind, zweifeln McCarthys Cowboys nicht, sie hoffen nicht, sie argwöhnen nicht, sie stellen sich keine Fragen. Stattdessen werden sie durch Handlungswissen definiert, wie Heidegger es vielleicht ausdrücken würde. Sie drehen sich ihre Zigaretten selbst und reißen Streichhölzer an, wo es gerade geht, meist aber am eigenen Daumennagel. Sie fangen Wildpferde ein und reiten sie zu. Und auch der Leser erwirbt Fähigkeiten, zum Beispiel wunderbar gearbeitete Prosa zu lesen, in der es keine Kommata gibt. Sie kommen ohne Betten aus. Wir kommen ohne Kommata aus und fühlen uns befreit.

Der Leser, wie diese Cowboys, wird sich letztlich an die Landschaft als beherrschende Realität gewöhnen, in der Meditation und Widerstand zwei Komponenten ein- und desselben Reichs sind, nämlich des Schicksals, im nachkriegszeitlichen zwanzigsten Jahrhunderts im Grenzland der Vereinigten Staaten und Mexikos umherzuirren.

Am Anfang von *All die schönen Pferde* ist John Gradys Familie im Begriff, ihre Ranch zu verkaufen und eine viele Generationen alte Tradition zu beenden. Er ist sechzehn, als er und sein Freund Lacey Rawlins sich auf den Weg nach Mexiko machen, auf der Suche nach so etwas wie Authentizität oder wenigstens Abenteuern. Bei ihrem großen Abschied versorgen keine Präriefrauen sie mit hausgemachter Wegzehrung. Die Jungen gehen in einen Laden und kaufen sich ihren Proviant, der in eine Einkaufstasche der Größe vier gepackt wird. Aber die Ironie, die McCarthy hier einflicht, beruht nicht auf groben Dichotomien bezüglich historischer Wandlung. Mit dem Neuland des nachkriegszeitlichen zwanzigsten Jahrhunderts, in dem Cowboys Lebensmittel kaufen, wird kein reiner

Ursprung korrumpiert. Vielmehr wird der Ursprung selbst als korrumpiert begriffen. Ein Ölgemälde im Esszimmer der Familienranch zeigt Pferde, die ein Gehege aus Holzpfählen durchbrechen. Als John Grady seinen Großvater fragt, was für eine Rasse das sei, «hob der Alte den Blick von seinem Teller, erklärte, das seien Pferde aus einem Bilderbuch, und aß weiter».

Bilderbuchpferde in einem Bilderbuchwesten sind Teil der Vorgeschichte, die «bis tief ins dritte Jahrtausend hinein weitergärt», wie Harold Bloom bezüglich der in McCarthys *Die Abendröte im Westen* (1985) geschilderten Ereignisse schrieb. Auch wenn dieser Roman der Trilogie vorausgeht, chronologisch wie nach seinem historischen Inhalt, sind doch alle vier Romane von der gleichen zeitlichen und räumlichen Ausdehnung kolonialer Landnahme und Kriegführung geprägt, mit *Die Abendröte des Westens* als der Urszene extremer Gewalt im Grenzland von Texas und Mexiko im Jahr 1849. Die Tatsachen der Geschichte, nämlich dass paramilitärische Einheiten losgeschickt wurden, um so viele Indianer wie möglich zu ermorden, und die Mystifizierung dieser Geschichte – mit ihren Bilderbuchpferden und ihren John Waynes – sind tief in die danach kommende Trilogie eingewebt. Dem Namen nach Western, sind diese Bücher zu entropisch und zu philosophisch, um in die Grenzen dieses Genres hineinzupassen. Sie beschwören die Geister der Geschichte herauf und spuken in den Leerstellen zwischen Recht und Realität umher.

Als ich mir die Trilogie kürzlich noch einmal vornahm, saß ich in einem häuslichen Arbeitszimmer, das fußläufig vom größten militärischen Basrelief-Monument der Vereinigten Staaten entfernt ist, einem Denkmal für den 1847 errungenen Sieg von Los Angeles im Mexikanisch-Amerikanischen Krieg. Dieses gewaltige Terrakotta-Basrelief eines Bataillons von Soldaten, einer davon zu Pferd, mit der gemeinsam hochgehaltenen wehenden amerikanischen Flagge, liegt dem gewaltigen Strafgerichtsgebäude in der Innenstadt von Los Angeles diagonal gegenüber. Auf dem Weg dorthin, wo unverhältnismäßig viele Latinos angeklagt, verurteilt und in Staatsgefängnisse geschickt werden, strömen mexikanischstämmige Amerikaner an diesem Denkmal vorbei, das Mexikos Niederlage feiert und sie mit seinen sechzehn Metern Höhe zu Zwergen macht.

Will sagen, die Geschichte gärt in der Tat weiter. John Gradys Suche nach einem authentischen Weg, sein Schicksal zu leben, ein Mann im Westen zu sein – indem er sich nach Mexiko aufmacht –, ist selbst ironisch gefärbt. Bis er und Lacey Rawlins die Grenze erreichen, reisen sie in einem Land, das durch Privateigentum begrenzt und definiert ist, von Zaun zu Zaun. Wenn sie, was selten genug passiert, doch einmal Geld brauchen und ausgeben, wirkt ihr Umgang damit primitiv, widerstrebend, auch wenn sie im Diner mit Appetit von schweren Keramiktellern essen, in Szenen, die beinahe aus dem filmischen Stoff von *Der Wildeste unter Tausend* oder *Die letzte Vorstellung* gemacht sein könnten – die beide, wie *Die Border-Trilogie*, in der Abenddämmerung des Ranchlebens im amerikanischen Westen spielen.

Als John Grady den Rio Grande erreicht, durchquert er ihn nackt (damit seine Sachen trocken bleiben), und die Symbolik seiner adamitischen Wiedergeburt in Mexiko ist offensichtlich. McCarthy versteht den Mythos des amerikanischen Adam und des amerikanischen Eden. Adam entspringt nicht dem Nichts. In diesem Fall kommt er aus Texas. Und er wird nach Norden zurückkehren und in Buch drei wiederauftauchen, um die Verwandlung des Westens in einen Schauplatz der nuklearen Vernichtung bezeugen. Er und Billy Parham reisen beide über die panoramische Strecke dreier Bücher verschiedentlich hin und her. Sie sind Siedler des Körpers, nicht des Landes. Doch auch der amerikanische Mythos der Eigenständigkeit und, weiterführend, der Individualität wird von McCarthy, der anscheinend nicht nur den Mythos der neuen Welt und ihres neuen Menschen demontieren will, sondern auch den Mythos der Wahrheit von Romanen, kunstvoll pulverisiert.

Wenn es bisher sowohl die ideologische Seuche als auch die zentrale Mission des Romans als Kunstform war, das Innenleben von Individuen offenzulegen, dann hat McCarthy seine Charaktere davon erlöst. Als John Grady am Ende von *All die schönen Pferde* weiterzieht, verbindet sich sein Schatten sowohl mit der Welt der Lebenden als auch mit der ihn umgebenden Landschaft: «Glitt verblassend dahin ins dunkelnde Land, in die künftige Welt». Und selbst wenn er in Buch drei schließlich wiederkehrt, steht am Ende des ersten Buchs die erhabene Idee von der Selbstabsolution: John Grady geht als Teenager nach Mexiko und kehrt als eine buchstäblich mit der Leere verschmelzende Gestalt nach Norden zurück. Wie er sich fühlt, spielt überhaupt keine Rolle.

Das ist einer meiner Lieblingsmomente in der Literatur. Wenn die Wahl des Wortes «verblassen» durch einen Schriftsteller von so großer Bandbreite und Kontrolle kein Zufall ist, dann müssen wir den Reiter in der Szene als den vierten Reiter der Apokalypse deuten, der das fahle Pferd reitet. Wie ein langsam wirkendes Halluzinogen hat das Buch es geschafft, einen sechzehnjährigen texanischen Jungen, der auf Abenteuer aus ist, in ein geheimnisvolles Bild zu verwandeln, das die Zerstörung der Welt beschwört. Er ist nicht mehr John Grady. Er ist der Tod.

Nicht in der Band

Der legendäre Konzertmanager der Bay Area, Bill Graham, lebte nicht mehr, als ich 1993 für seine Firma zu arbeiten begann, aber es wirkte nicht so. Alle redeten im Präsens über Bill Graham. Bill Graham Presents führte die Geschäfte des Fillmore Theatre am Geary Boulevard und des Warfield in der Market Street, beides herrlich klassische Veranstaltungsorte mit Livemusik, wo ich mit Anfang und Mitte zwanzig kellnerte und Hunderte Musiker auftreten sah. «Ich arbeite für Bill Graham», sagten wir alle, aber Bill Graham war tot, 1991 bei einem Hubschrauberabsturz ums Leben gekommen.

Während meiner Kindheit und Jugend in San Francisco haftete sein Name an allem, was mit Rock 'n' Roll zusammenhing; all die großen Konzerte waren Bill-Graham-Events. Ich hatte Graham nur ein einziges Mal von Nahem gesehen. Da versuchten meine Freunde und ich, uns in ein Clash-Konzert im Civic Auditorium reinzumogeln. Das war 1984. Ich war gerade fünfzehn geworden und mit einem gleichaltrigen Mädchen und ein paar älteren Jungs aus dem Sunset District unterwegs, dem nicht schicken Viertel, wo wir alle wohnten. Ungeschönt gesagt, waren wir verlotterte Missetäter auf der Suche nach Bier, Gras und Gelegenheiten zu Diebstahl und Hausfriedensbruch. Unsere Methode, in Konzerte reinzukommen, mitunter durchaus effektiv, bestand darin, seitliche Notausgänge zu stürmen und schnell in der Menge unterzutauchen, sodass die Sicherheitsleute uns nicht finden und wieder nach draußen zerren konnten. Wir lauerten noch vor dem Civic Auditorium, als The Clash ihr Set mit «London Calling» eröffneten. Einer der älteren Jungs, Ray, versuchte, mit seinen Stahlkappenstiefeln eine Tür einzutreten, aber die Tür war mit einer Kette gesichert. Er trat mehrfach zu, um die Kette zu sprengen, als ich ein Brüllen hörte. Jemand, der wie ein Obdachloser aussah, kam auf Ray zugestürzt und schlug ihn nieder, und Ray und dieses wilde Geschöpf wälzten sich im Kampf am Boden und ins Gebüsch. Was da passierte, schien nichts mehr damit zu tun zu haben, dass wir uns Zutritt zum Clash-Konzert verschaffen wollten. Es war eine Art privater Zwist zwischen unserem Freund und diesem Irren, der, wie sich herausstellte, kein Obdachloser war. Es war Bill Graham.

Ich weiß nicht, ob Graham sich gerne prügelte oder ob er das Gefühl hatte, persönlich für die Sicherheit dieses großen Veranstaltungsorts (inzwischen posthum nach ihm benannt) sorgen zu müssen oder beides, aber später hörte ich, dass er für solche Schlägereien berüchtigt war.

An jenem Abend bekamen wir The Clash nicht zu sehen, aber ich hatte sie schon 1982 gesehen, als sie mit The Who auf Tournee waren. Da war ich vierzehn und hatte die Nacht mit zwei Freundinnen auf einem Bürgersteig vor dem Oakland Coliseum verbracht, um möglichst nah an der Bühne zu sein, wenn die Leute am nächsten Morgen ins Stadion gelassen wurden. Wir hatten Schlafsäcke dabei, schliefen aber nicht; wir feierten mit Fremden, was ich in meiner Jugend ziemlich häufig gemacht habe. Kurz bevor die Stadiontüren öffneten, teilte ein Erwachsener mit mir und meinen Freundinnen einen Joint. Der Joint war mit PCP versetzt, und als die Schlange sich zu bewegen begann, war ich benommen und fantasierte.

Viele der Konzerte meiner Jugend waren ähnlich beängstigend, aber wegen der Gefahr, die sie verhießen, auch aufregend. Zum Beispiel Black Sabbath im Cow Palace in Daly City, als ich ungefähr zwölf war. Ich bewunderte die vagabundierenden Gruppen älterer Mädchen, alle in engen Schlaghosen mit sichtbaren Reißverschlüssen vorne wie hinten – als würden die Hosen, vielleicht auch die Mädchen, ganz und gar von diesem Reißverschluss zusammengehalten, der ihr Becken zweiteilte und gürtete. Die Parkplatzszene des Black-Sabbath-Konzerts, so wie ich sie in Erinnerung habe, sah aus wie Géricaults Bild der halb toten Schiffbruch-Überlebenden auf dem *Floß der Medusa*, nur mit langhaarigen Typen, die nichts als Bootcut-Levi's trugen und pennten oder neben den Bus von irgendwem kotzten.

In dem Jahr geriet ich irgendwie auf ein Sammy-Hagar-Konzert, denken Sie, was Sie wollen. Ein gemaltes Porträt von Sammy Hagar mit seiner berühmten roten Gitarre wurde von ganz hinten im Saal des Cow Palace über die Köpfe hinweg bis zur Bühne gereicht, wo Sammy Hagar es unter donnerndem Applaus in Empfang nahm. Er stellte das Bild auf seinen Gitarrenständer, als wäre er eine Staffelei. Ich sehe das Bild noch vor mir, wenn nicht die Mülltonne, in der es wahrscheinlich irgendwann landete.

Mein allererstes Konzert waren die Rolling Stones auf ihrer *Tattoo You*-Tournee gewesen, im Candlestick Park. Ich ging mit meinem älteren Bruder hin. Wir konnten hingehen, weil unsere Mutter eines Morgens auf dem Weg zur Arbeit beschlossen hatte, sich in die Schlange der Leute vor der Record Factory zu stellen, wo sie erfuhr, dass alle anstanden, um Stones-Tickets zu bekommen. Ich erinnere mich, dass die Stones sich verspäteten. In seinem Memoir erzählt Bill Graham, warum: Der Absatz von Keith Richards Stiefel brach ab, und Keith war abergläubisch, er wollte unbedingt die richtigen Stiefel tragen und weigerte sich zu spielen, wenn der Absatz nicht repariert würde. Bill Graham rannte überall herum, bis er jemanden fand, der genau solche Absätze hatte wie Keiths Stiefel, flehte den Besitzer an, ihm den Schuh für hundert Dollar zu geben, riss den Absatz von der Sohle und nagelte ihn, ununterbrochen brüllend und fluchend, an Keiths alten Stiefel.

Meine erste Platte war Blondies *Parallel Lines*, die ich mir mit neun von meinem als Zeitungsausträgerin verdienten Geld kaufte. Ich betrachtete das Cover von Debbie Harry – in ihrem cremefarbenen Slipdress, mit der von ihr selbst so genannten «militanten» Armbinde und den dazu passenden hochhackigen Candies – mit so intensiver Konzentration, dass ich den Schmerz der Sehnsucht bis heute spüren kann, Sehnsucht nicht nach ihr, sondern danach, sie zu sein. Ich glaubte, meine eigene, noch weit entfernte Adoleszenz würde sich als Ergebnis harter, zielgerichteter Arbeit an der Schönheit manifestieren, als wäre sie ein Fluchtpunkt. Der Soundtrack zu diesem brennenden Erwartungsgefühl war jeder Song auf *Parallel Lines*.

Als ich an der UC Berkeley aufs College ging, arbeitete ich minderjährig mit gefälschtem Ausweis als Cocktailkellnerin in einem Nachtclub namens Til Two Lounge in der Shattuck Avenue, wo Soul- und Blueslegenden der Bay Area live auftraten. Dieses gammlige Lokal, wo es nach leeren Bierfässern und abgestandenem Rauch roch, war eine ganze eigene Welt. Der Besitzer, Nat Bolden, kam manchmal hinter dem Tresen hervor, nahm das Mikro und sang. Er hatte eine wunderschöne Stimme.

Nach dem College zog ich nach San Francisco zurück und jobbte als Kellnerin in einer Kellerbar namens Blue Lamp, Ecke Geary und Jones, ganz im Norden des Tenderloin. Im Blue Lamp gab es abends Livemusik, eine Mischung aus Punk, Schnulzensängern und Rockbands. Sonntagnachmittags fand ein wüster und ziemlich furchtbarer Blues Jam statt, mit einer unterhaltsamen Palette von Persönlichkeiten, darunter ein exzentrischer Bandleader, der einmal, als ich kellnerte, auf die Straße rannte und im strömenden Regen ein Solo auf seiner E-Gitarre spielte, die ihm Bewegungsfreiheit gab, weil sie kabellos war. Er bekam da draußen im Regen einen mörderischen Stromschlag. Unter der Woche, am Nachmittag, war es ruhig im Blue Lamp, abgesehen von ein paar alten Säufern, die am Tresen saßen. Einer von ihnen, ein Stammgast, erklärte mir mehrfach, ich könnte seiner Meinung nach «was Besseres» mit meinem Leben anfangen. Wenn er das sagte, taxierte er mich körperlich, als wäre seine Anerkennung meines Aussehens ein Zeichen dafür, dass ich es schaffen könnte, dem kompletten Verderben zu entgehen. Er war herablassend, während ich mich ihm überlegen wähnte, weil er bloß ein alter Tenderloin-Penner war, der nicht wusste, dass ich einen College-Abschluss hatte und angehende Schriftstellerin war. Aber ich dachte, wenn ich ihm das sagen würde, wäre ich für ihn eine noch viel krassere Loserin, als er es sich vorgestellt hatte: ein gebildeter Mensch, der in einer Spelunke arbeitete!

Ich weiß nicht mehr, wie ich meinen Job im Warfield bekam, aber es fühlte sich wie ein triumphaler Schritt vorwärts an. Das Warfield war ein glamouröses altes Theater mit elegantem Filmpalastinterieur, einschließlich prächtiger Treppen im Vorbürgerkriegsstil und riesiger Kronleuchter. Von Neil

Young über PJ Harvey bis zu Iggy Pop spielten dort alle. Jeder Abend im Warfield war anders, je nachdem, welche Stimmung die Künstler und ihr Publikum schufen und ob das Konzert ausverkauft war oder nicht.

Wenn Bands wie Sonic Youth auftraten, waren wir nicht nur da, um Geld zu verdienen, sondern auch, um eine großartige Show zu sehen. Jerry Garcia war reine Arbeit, eine Einnahmequelle, denn die Jerry Garcia Band spielte jedes Jahr an etlichen Abenden im Warfield, und ihr Publikum kaufte eine Menge Drinks. Wir verdienten gut an ihren Konzerten, waren aber im Krieg mit ihren Fans, den Deadheads, die vor dem Gebäude auf der Market Street kampierten, ihren Müll überall herumliegen ließen und uns weder respektierten noch sich um Vorschriften scherten. Sie verschütteten ständig Bier, kotzten auf die Samtsessel im Theater, verwüsteten die Toiletten. Wenn man sie zurechtwies, sagten sie, man solle «sich entspannen» oder «cool sein».

Sie nervten uns nicht bloß, weil sie Hippies waren, sondern weil viele von ihnen wie reiche Jugendliche wirkten, die noch nie hatten arbeiten müssen. Manchmal rächten wir uns, indem wir ihnen zu wenig rausgaben. Wenn sie hacke waren und für ein gezapftes Bier mit einem Zwanzigdollarschein bezahlten, gaben wir ihnen willkürliches Wechselgeld zurück, ein, zwei Dollarscheine, einige Münzen, und behielten den Rest. Damals kam uns das wie ein fairer Aufschlag vor. Ich hatte nie direkt mit Jerry zu tun, aber seine Backstage-Essenswünsche waren berüchtigt, zum Beispiel in Speck gewickelte Jakobsmuscheln inklusive einsatzbereitem Fonduetopf, in den er sie tunken konnte. Überraschenderweise war diese Ernährung nicht die Ursache seines Todes. Vielmehr war es die von ihm bevorzugte Mischung aus Heroin und Kokain. In der Pause zwischen den Sets dröhnte er sich dermaßen zu, dass mindestens einmal die Sanitäter gerufen werden und Jerry wiederherstellen mussten, bevor die Band auf die Bühne ging, um ihr zweites Set zu spielen.

Die Roadies hatten ihre eigenen Geschichten von Künstlern und Bands zu erzählen. Glenn Danzig zum Beispiel tourte mit einem extra Sattelschlepper für den Transport seiner mobilen Muckibude. Wenn die Allman Brothers eine Reihe von Auftritten hatten, mussten wir uns jeden Abend bereithalten, um herauszufinden, ob das Konzert tatsächlich stattfinden würde, weil es hieß, Dickey Betts würde vielleicht nicht in der Lage sein zu spielen. Er hatte irgendwelche persönlichen Schwierigkeiten – stellen Sie sich darunter vor, was Sie wollen –, und doch hat Dickey, der Berüchtigtste, die anderen überlebt.

Als die Blueslegende Buddy Guy im Warfield auftrat, sprang er mitten im Konzert von der Bühne, ein Echo jener Szene, als der Bandleader der Blue Lamp nach draußen gerannt war, um sein Solo im Regen zu spielen, kam auf die Bar zu, an der ich Dienst hatte, und bat, anstatt weiterzuspielen, um ein Heineken. Ich gab es ihm, er stürzte es herunter und ging wieder auf die Bühne.

Ein Stammgast im Warfield war Carlos Santana, der mit den Managern befreundet war und umsonst reinkam. Wir hatten Anweisung, ihm alle seine Drinks gratis zu geben. Mit seinem Schnurrbart und der schwarzen, schmalkrempigen Fedora, die er sich bis knapp über die Augen zog, sah er aus wie jemand, der sich als Carlos Santana verkleidet hatte. Er bestellte immer Cuervo, straight, und gab nie Trinkgeld – nicht mal einen Dollar!

Wir Angestellten waren alle miteinander befreundet – Barkeeper, Cocktailkellnerinnen, Kellner, Köchinnen, Sicherheitsleute, Bühnenmitarbeiter. Am Ende eines Abends, wenn keine Zuschauer mehr im Saal waren, durften wir zum Abschluss alle noch bleiben und was trinken. Es war wie ein Paarungsritus, denn im Warfield hatte jeder was mit jedem. Irgendwer erzählte mir, dass der kaufmännische Geschäftsführer, während wir alle in der Lobby rumhingen, das Theater durch einen Seitenausgang verlasse, mit einem am Handgelenk festgemachten Metallkoffer, das übliche Verfahren, um die Bargeldeinnahmen des Abends in Sicherheit zu bringen.

Manchmal wurden wir auch außer Haus eingesetzt, bei besonderen Bill-Graham-Events wie dem seltenen Auftritt von Tom Waits im Oakland Paramount, einem Rechtshilfe-Fundraiser für einen Freund von ihm, der auf seine Gerichtsverhandlung wartete. Tom Waits redete mit den Leuten im Publikum, als wären sie alte Freunde, und ich verstand sofort, dass es improvisierte Poesie war. «Arbeitest du noch draußen am Flughafen?», fragte er einen Mann in der ersten Reihe. Und einen anderen: «Wie viele Skorpione musstest du aus den Stiefeln da schütteln, bevor du sie angezogen hast?»

Am anderen Ende des Spektrums war eine seelenlose Veranstaltung, die wir für ein Betriebsfest in einem riesigen Stadion irgendwo in der South Bay ausrichteten. Es war ein Privatkonzert, das Rod Stewart für die Angestellten der Firma gab (was für ein Unternehmen es war, habe ich vergessen). Wir mussten hässliche Polohemden und Kakihosen anziehen und machten uns alle lustig übereinander in diesem trostlosen Outfit. Wir hatten vier Sorten Getränke im Angebot: Bud Light, Bud Dry, normales Budweiser und irgendein anderes Bud-Derivat. Die Teilnehmer des Betriebsfests grübelten über diese Optionen nach, als wären es echte Alternativen. «Hmm. Schwer zu entscheiden. Vielleicht … ein Bud Light?» Rod Stewart kam raus, warf sich in die Brust und haute auf den Putz, als wäre das Ganze nicht bloß ein schauderhafter Geld-Gig für ihn. Die Leute fanden es herrlich. Keine Lust, Gehaltserhöhungen und Vergünstigungen zu gewähren? Einfach einmal im Jahr Rod Stewart engagieren und Bud Light ausschenken.

Als das historische Fillmore Theatre, einem lang gehegten Wunsch des verstorbenen Bill Graham entsprechend, wieder aufmachte, durften wir alle auch dort arbeiten. Das Fillmore war ein elegantes Theater in italienischem Stil, das 1910 als Tanzpalast errichtet worden war. Nachdem es bei dem Erdbeben von 1989 substanzielle Schäden erlitten hatte, wurde es instand gesetzt und 1994 mit einem geheimen Konzert der Smashing Pumpkins wiedereröffnet, das binnen einer knappen Minute ausverkauft war. Nach dem Konzert gab mir ein Bühnenmitarbeiter ein hellblaues Plektrum, das James Iha, in den ich verknallt war, auf einem Verstärker hatte liegen lassen. Das Plektrum habe ich wahrscheinlich noch, obwohl die Smashing Pumpkins nicht lange bestanden und es keine Musik ist, die ich mir je wieder anhören würde.

Das Fillmore ist kleiner als das Warfield; die Atmosphäre dort ist intimer und bei Auftritten richtig berühmter Künstler auch aufgedrehter, weil das Publikum ihnen so nah ist. Ich arbeitete oft an der Bar, die der Bühne gegenüber war, sodass ich einen großartigen Blick aufs Geschehen hatte. Johnny Cash eröffnete sein Fillmore-Set mit «Folsom Prison Blues» und fragte das Publikum später, ob sie was dagegen hätten, wenn er einen besonderen Gast vorstellen würde, June Carter Cash, und alle rasteten aus. Nick Cave und die Bad Seeds verabredeten mit unseren Soundleuten, dass sie einen Barry-White-Song laufen lassen sollten, bevor sie auf die Bühne kamen. Während im Saal «I'm Gonna Love You Just a Little Bit More Baby» erklang, setzte der Schlagzeuger der Bad Seeds sich an sein Drumset und fing an, zu diesem Barry-White-Song sein Hi-Hat-Becken zu schlagen. Einer nach dem anderen kamen die Musiker auf die Bühne und machten mit. In einem Haifischlederanzug und weißen Schuhen nahm Nick Cave das Mikrofon, und die Wandlung von Barry White zu den Bad Seeds war vollzogen.

Sieben oder acht Monate, nachdem Kurt Cobain gestorben war, spielte Courtney Loves Band Hole im Fillmore. Sein Tod war eine noch nicht verheilte Wunde. Love kam auf die Bühne und zeigte auf Leute im Publikum, mit denen sie mal zusammen gewesen war oder schlechten Sex gehabt hatte und beschrieb übers Mikro deren diversen Mängel. Mitten im Set hörte sie auf zu spielen, schaute zur Beleuchtung hoch wie zum Himmel, was eine peinliche Spannung im Publikum erzeugte, das ganz still war. Sie schrie: «KOMM ZURÜCK!» Die Reaktion war Stirnrunzeln und Schulterzucken: Niemand schien von ihrer Theatralik berührt.

In dieser Phase meines Lebens war es ein wesentlicher Ehrgeiz von mir, so glamourös auszusehen wie die Umgebungen, in denen ich arbeitete, das heißt, was ich für glamourös hielt – es waren die Neunzigerjahre –, also Vintagekleidung vorwiegend aus Samt, silbernem Lurexstrick oder Leder. Die Managerin des Warfield Theaters machte mir permanent Stress wegen meiner Outfits, die sie für unpassend hielt. Vor allem Bauchfreiheit war für sie ein rotes Tuch, aber sie fand immer Wege, mich zu beschämen, egal, was ich trug. «Ich brauche dich nie nackt zu sehen», sagte sie einmal zu mir, «weil *diese Hose* mir schon alles zeigt, was es zu wissen gibt.» Wir verspotteten sie und den Barmanager als Unternehmensmarionetten. Der Barmanager war so ein Typ, der sich den Kopf mit heißem Wasser und Rasiermesser kahl schor, weil das eine «ehrlichere» Methode sei. Als Brian Setzer einmal an Silvester auftrat, musterte er mich kurz und lud mich für nach der

Show nach unten (backstage) ein. Der Barmanager bekam es mit und sagte, wenn ich zu Brian Setzer runterginge, würde ich gefeuert. Ich bin immer noch sauer deswegen, selbst wenn Brian Setzer für meinen Geschmack etwas zu alt war. Diese Manager waren Spaßbremsen, aber das ist wohl das Managerlos.

Deshalb war es auch so merkwürdig, dass wir eines Tages alle aufgefordert wurden, auf einer geheimen, privaten Halloween-Party zu arbeiten, wo wir «ausgefallene Kostüme» zu tragen hätten: «Alles ist erlaubt.» Die Managerin rief mich eigens an und sagte zickig: «Bitte, jetzt kannst du dich anziehen wie ein Flittchen.»

In einem Theater mit sehr vielen Mitarbeitern ist es schwer, etwas geheim zu halten, und doch wusste, bis wir eintrafen, keiner von uns, für wen diese Party war. Das Warfield war in eine Art surrealistisches Filmset verwandelt worden, mit lila Gelfolien über allen Lichtern, Brunnen und Wasserwegen voller schwimmender Gardenien sowie silbernen und schwarzen Ballons in der Theaterloge.

Die Party war für die Rolling Stones, die gerade auf Tournee waren. Oder besser gesagt: Die Party wurde *von* den Rolling Stones gegeben, die auf diese Weise ihrer Tourneecrew danken wollten. Anscheinend war es bei ihnen Tradition, dass die Bandmitglieder alle mitarbeiteten und der Crew Drinks servierten. Jeder von uns Barkeepern wurde mit einem Bandmitglied gepaart. Leserinnen und Leser, ich wurde mit Keith Richards gepaart. Er entsprach der Legende: trank den ganzen Abend Jack & Gingers, leerte höchstpersönlich an die zwei Flaschen Jack Daniels. Er und der Geschäftsführer der Band, die von allen Anwesenden am meisten die Sau rausließen, mussten im Morgengrauen von Sicherheitsleuten aus dem Theater geworfen werden. Mick Jagger entsprach auch der Legende, zumindest der jüngsten: Er trug einen Plastron, trank Evian und verließ die Party vor Mitternacht mit einer Salonlöwin aus Mill Valley. Der Rest der Band bediente die Crew und jammte abwechselnd mit einem ganzen Haufen Bay-Area-Musiker, die auf die Bühne gebeten wurden. Ich traf auf dieser Party Leute wieder, die ich jahrelang nicht gesehen hatte, zum Beispiel meinen Kindheitsfreund Arion Salazar, der Bassist in der Band Third Eye Blind war. Stellen Sie sich vor, wie er sich gefühlt haben muss: Er jammte an dem Abend mit den Stones!

Irgendwann nahm ich auch Schichten in einer weiteren Konzerthalle an, der Great American Music Hall in der O'Farrell Street. Sie wurde 1907 als Bordell gebaut, und die Innenausstattung war französisches Rokoko. Alle, die hier arbeiteten, waren überzeugt davon, dass es an diesem Ort spukte. Duke Ellington war regelmäßig dort aufgetreten, und sein Name stand immer noch an einer Garderobentür. Der Vater des Barmanagers hatte für Van Morrison gearbeitet. Besagter Manager erzählte mir, dass Van Morrison einmal nach seinem Auftritt zu einer für ihn gegebenen Party eingeladen wurde. Er kam sehr spät, im strömenden Regen, wurde für einen Penner gehalten und nicht hereingebeten. Das schien mir richtig. Kunst zu schaffen und diejenigen zu enttäuschen, die einen in ihr Rampenlicht stellen wollen.

Im Sommer 1995 machte ich zusammen mit einer Freundin, die mit mir im Warfield und im Fillmore arbeitete, einen Roadtrip. Wir standen in meinem '64er Ford Galaxie an einer Ampel in Jackson, Mississippi, als zwei Typen in einem Pick-up-Truck neben uns hielten und riefen: «Hey, Kalifornien! Jerry Garcia ist heute gestorben!» Anscheinend dachten sie, zwei Tussis in einem Oldtimer mit kalifornischem Nummernschild würde diese Eilmeldung interessieren. Wir brachen in Gelächter aus. Ich schreibe unsere kaltherzige Distanziertheit der ungesunden Dynamik eines Arbeitsplatzes zu: Wir waren Jerrys Fans ausgesetzt, und so waren unsere Gefühle bezüglich des ganzen Phänomens seiner Person und Musik bestenfalls gemischt.

Und doch, zufällig oder auch nicht markierte Jerrys Tod für mich eine Veränderung. Ich hatte in jenem Sommer das Gefühl, als Barkeeperin in der Falle zu sitzen, mit einer Arbeit, bei der man gut verdient und null Komma null anderes lernt, und wollte das kleine, provinzielle San Francisco verlassen, nach New York City ziehen und Schriftstellerin werden. Ich begann, Pläne zu formulieren.

Einen Monat, nachdem Jerry starb, gab PJ Harvey zwei ausverkaufte Konzerte im Warfield, und nach dem zweiten trat sie spontan und geheim noch im Hotel Utah auf, einer Spelunke in South of Market. Der Gig begann um ein Uhr morgens, ein paar Stunden nach ihrem Konzert im Warfield. Wieso ich eingeladen wurde, weiß ich nicht, jedenfalls ging ich hin. Das Hotel Utah war winzig – ein einzelner Raum, in dem vielleicht vierzig Leute Platz hatten, und die Hälfte der Anwesenden in jener Nacht waren Bandmitglieder und andere Musiker, die sich auf der Bühne abwechselten. PJ Harvey spielte die ganze Nacht. Als ich so gegen fünf Uhr morgens ging, spielte sie immer noch. Sie wurde nicht müde und sah auch nicht müde aus. Vielmehr sah sie glücklich aus, wie jemand in der Kirche, und schien, während sie sang, ihre Seele mit Heiligem Geist zu erfüllen. Sie hörte nur auf, um die Gitarre zu wechseln, und die ganze Zeit hatte sie dieses überirdische Leuchten. Ich war Zeugin einer Künstlerin, die die ganze Nacht spielen wollte, weil sie dazu geboren war. Sie hatte Leidenschaft, Talent und unglaubliche technische Fähigkeiten. Stundenlang sang und spielte sie in einem intimen Rahmen, *nachdem* sie am selben Abend ein komplett einstudiertes Stadionkonzert für Tausende gegeben hatte. Das beeindruckte mich. Die Botschaft, die ich mitnahm, war diese: Wahrhaft gut in etwas zu sein, ist die allerhöchste Freude. Und als Schlussfolgerung daraus begriff ich: Größe lediglich zu bezeugen, ist ein entfernter Cousin oder sogar überhaupt nicht mit ihr verwandt.

Kurz darauf kündigte ich meinen Job und änderte mein Leben.

Hochentzündlich

Das erste Bild, das ich an die Wand pinnte, als Ideenzünder für etwas, das am Ende ein Roman werden sollte, war das Foto von einer Frau mit Klebestreifen über dem Mund. Mit ernstem, fast mörderischem Blick, Kriegsbemalung auf den Wangen und blonden, das Gesicht rahmenden Zöpfen, die Zöpfe ein lustiger Gegensatz zu ihrer Intensität, schwebte sie über meinem Schreibtisch. Die Farbe auf ihren Wangen: nicht lustig. Die herabrinnenden Streifen wie kalte weiße Scherben, als wäre ihr Gesicht mit Eiszapfen facettiert. Über die Klebestreifen auf ihrem Mund dachte ich nicht viel nach (in Wirklichkeit sind es Pflaster über dem Foto, nicht über den Lippen selbst). Dieses Bild kam schließlich auf das Cover des Romans *Flammenwerfer*, dessen Ich-Erzählerin eine junge blonde Frau ist. Ein Geschöpf der Sprache, zum Schweigen gebracht.

Das zweite Bild, das ich an die Wand pinnte, zeigte den Ducati-Konstrukteur Fabio Taglioni hinter einer 1971er 750 GT stehend. Die Ducati ist metallic orange, Taglioni trägt einen zweireihigen Brioni-Anzug. Ein Bild von einer Frau auf einem Motorrad hatte ich nicht, obwohl das Buch damit beginnt, dass die Erzählerin beim Landgeschwindigkeitsrennen von Bonneville eines fährt. Sie ist nicht ich. Aber ihre Wahrnehmung der Hitze und des Lichts auf den Salt Flats ist meine.

Das Foto von der jungen Frau mit der Kriegsbemalung stammte aus einem Archivdokument der Siebzigerjahre in Italien, und sie symbolisierte für mich die aufständische Unruhe, die das Land in dem Jahrzehnt erfasste. «Autonomia» war der Begriff für diese Unruhe, die Bewegung der Siebziger, eine lose Gruppe von Menschen aus ganz Italien, die aus verschiedenen Gründen zu verschiedenen Zeiten zusammenkamen, um sich an Illegalität und Spiel zu beteiligen und in einem Land, dessen Proletariat machtlos und dessen Subproletariat die Arbeit leid war, nach Wegen suchten, aktiv zu werden, Formen der Gemeinschaft zu entwickeln, mal freudig, mal voller Wut, bereit zu rebellieren, was sie auch taten. Die Bewegung hatte mehrere Schichten, deren schattenhafteste, klandestinste und gewalttätigste (und paradoxerweise sichtbarste und aufsehenerregendste) die Roten Brigaden waren. Die italienischen Siebzigerjahre waren mir wie ein logischer Gegenstand für einen Roman vorgekommen, weil ich immer wieder über ihre Geschichten gestolpert war. Alles begann damit, dass ich eine rätselhafte Frau von magnetischer Anziehungskraft kennenlernte, die nicht viel sagte und mich auf meine naive Frage, was sie mache, wofür sie sich interessiere, nur anstarrte und sagte: *«Niente.»* Sie war die Freundin eines «Dritte-Welle»-Terroristen der Roten Brigaden gewesen, wie ich dann erfuhr. Ihr *niente* hieß nicht «nichts». Es hieß: Ich beschäftige mich nicht mit dem, was man Arbeit nennen würde. Oder Interessen. Ich sollte vielleicht hinzufügen, dass ich diese Frau in einem Haus am Comer See traf, das von faschistischen Memorabilien der Mutter von irgendwem strotzte, Büsten von Mussolini, in Marmor gemeißelten Sinnsprüchen von D'Annunzio.

Das ist die Verbindung zum dritten Poster, das ich an die Wand pinnte, während ich schrieb, ein Foto von zwei adrett aussehenden Herren in einem motorisierten Gerät aus der Zeit des Ersten Weltkriegs, ein geheimnisvolles Motorrad und ein gewehrkugelförmiger Beiwagen. Von den beiden sieht der Mann im Beiwagen, obwohl er dem am Lenkrad passiv ausgeliefert ist, selbstsicherer aus. Er sieht im Grunde aus wie der Futurist F. T. Marinetti. Ich tat einfach so, als wäre er es, und fragte mich: Warum haben die Futuristen eigentlich nie etwas gebaut? Sie zeichneten Fahrzeuge auf Papier. Sie nannten den Krieg die einzige Hygiene der Welt. Aber sie hatten kein Verhältnis zu Technologie und Fabriken, Maschinen oder Munition – außer dass ein paar von ihnen im Krieg Gliedmaßen oder das Leben verloren. Aber das passierte vielen Nicht-Futuristen auch.

Flammenwerfer hat zwei wesentliche Erzählstränge: Italien 1977, der Höhepunkt der Bewegung, und New York im selben Jahr, eine Zeit, in der ich alt genug war, um sie bewusst mitzuerleben, und die mich lange fasziniert hat; mit dem Geldabfluss, der Verödung des Produktionsstandorts, dem Müll, der sich überall häufte, erinnerte die Stadt an Detroit. Teile der Innenstadt wurden zu befreiten, sich selbst überlassenen Zonen, bevölkert von Künstlern und Kriminellen. Der Stromausfall von 1977 hat einen besonderen Platz in meinem Herzen – der «schlimme» Stromausfall, verglichen mit dem «guten» von 1965, als die Menschen in den Sozialwohnungen sich alle vernünftig benahmen, ein Ereignis, dessen Strukturen DeLillo in *Unterwelt* so eindrücklich dargestellt hat.

Ich wollte New York als Milieu voller Energien, Geräusche und Sinneseindrücke beschwören. Nicht als Kulisse, einen Ort, der sich in Geschichte, Soziologie und Urbanismus auflösen könnte, sondern eher als etwas, das sich nicht reduzieren ließ, weil es zu einem Charakter geworden war, so wie ein komplexer Charakter in der Literatur sich nicht auf Ursachen, Beweggründe, Ereignisse reduzieren lässt. Ich sah mir eine Menge beweiskräftiger Fotos und andere Spuren der Stadt New York und ihrer Kunst der Mitte der Siebzigerjahre an. Vielleicht ist man ja ein verunreinigter Magnet, und nichts geschieht zufällig, aber was ich immer wieder fand, waren nackte Frauen und Knarren. Die Gruppe Up Against the Wall Motherfucker, die im Roman vorkommt, tapezierte die Lower East Side in den späten Sechzigerjahren mit Plakaten, auf denen ein Revolver abgebildet war, dazu der Spruch: «We're looking for people who like to draw» – ein Spiel mit der doppelten Bedeutung von «draw», zeichnen und ziehen. Ich war bei meiner Recherche zu Italien schon auf viele Knarren gestoßen – die militanteren Elemente der Autonomen Bewegung hatten eine offizielle Schusswaffe, die Walther P38, die ungeniert mit ausgestrecktem Daumen und Zeigefinger im rechten Winkel dazu symbolisiert werden konnte. Ich durchsuchte die Bilder von Demos in Rom, einhunderttausend Menschen, ein Zehntel davon bewaffnet, wie mir Leute berichteten, die dabei gewesen waren. Zehntausend Einzelpersonen auf den Straßen Roms mit Knarren in der Tasche.

Unter New Yorker Künstlern hatte ich keine Schusswaffen erwartet, und doch begegnete mir genau das: viele Schusswaffen und, wie gesagt, viele nackte Frauen. Gelegentlich auf ein und demselben Bild: Hannah Wilke in Riemchensandalen mit einer kleinen Taschenpistole in der Hand – wie Honey West, nur nackt. Meistens waren es Männer, die mit der Knarre posierten: William Burroughs, William Eggleston, Sandro Chia, Richard Serra. Warhols Revolverzeichnungen. Chris Burden in Los Angeles, der einen Freund auf sich schießen ließ. Und unbekleidete Frauen: Carolee Schneemann, Hannah Wilke, Francesca Woodman, Ana Mendieta, Marina Abramoviç, sowohl nackt als auch mit auf ihren Kopf gerichteter, geladener Waffe (in der Hand eines Mannes).

Was bedeutet all dies? Sicher vieles, aber zunächst einmal, dass die Leute aus ihren Ateliers herauskamen. In der Kunst ging es jetzt um Akte, die sich nicht verkaufen ließen; es ging um Gesten und Körper. Kunst war Freiheit, ein Reich, in dem ein Mann sein Gewehr abdrücken konnte. Mit seinem Motorrad über ein trockenes Seebett fahren. Irgendetwas auf dem Boden anhäufen – Erde zum Beispiel oder Gerümpel. Mit einem Gabelstapler oder einem echten Rennwagen in ein Museum reinfahren.

Aber das ist Kunstgeschichte. Was bedeutete es für die Zwecke des Romans? Ich war mit dem Vergnügen und Problem konfrontiert, die Pistolen und die nackten Frauen als bestimmende Merkmale eines fiktionalen Reichs irgendwie zusammenzufügen, eines Reichs noch dazu, in dem die Erzählerin, die das letzte Wort und eigentlich alle Wörter hat, dennoch fortwährend überrannt wird, ausgelöscht und zum Schweigen gebracht von der maskulinen Welt des Romans, in dem sie lebt – ein Widerspruch, mit dem ich zurechtkommen musste, genauso wie ich eine Möglichkeit finden musste, naturgemäß statische und ikonische Bilder in einen Lebensstrom einfließen zu lassen, einen Strom echten erzählerischen Lebens.

Während ich schrieb, begannen Ereignisse aus meiner Zeit, meinem Leben, in dem Buch widerzuhallen, als wäre ich mitten in einem Ruf-Antwort-Spiel. Während ich fiktiv über ultralinke Umstürzler schrieb, erschien das Buch *Der kommende Aufstand* in den Vereinigten Staaten, verfasst von einem anonymen französischen Kollektiv, und die Autoren wurden in Frankreich verhaftet. Während ich über Aufstände schrieb, explodierten in Griechenland die Proteste. Während ich über Plünderungen schrieb, fanden in London, nach der Tötung von Mark Duggan durch die Polizei, überall welche statt. Auf den Campussen der University of California wurde die Occupy-Bewegung geboren und dann als weltweites Phänomen wiedergeboren, und als ich so weit war, die Wirkung von Tränengas für einen Roman über die Siebzigerjahre zu beschreiben, brauchte ich nur zum Occupy-Lager in der Innenstadt zu laufen oder mir Liveberichte aus dem kalifornischen Oakland anzuschauen.

1978 töteten die Roten Brigaden Aldo Moro, den Vorsitzenden der Christdemokraten und ehemaligen Premierminister Italiens. Im selben Jahr machte Guy Debord, Gründer der Situationistischen Internationale, seinen letzten Film, *In girum imus nocte et consumimur igni*, ein berühmtes lateinisches Palindrom, das sich so übersetzen lässt: «Nachts drehen wir uns um und werden vom Feuer verschlungen.» In dem Film gibt es viele Standbilder, die ich mir ansah und genauer prüfte. Debords Verhältnis zu Frauen und Mädchen ist so merkwürdig. Er behauptet, sie seien für die banale Konsumkultur benutzt worden – etwa um Seife zu verkaufen –, und doch genießt er es wohl, sie in ihren Bikinis zu sehen, ihr junges Fleisch und süßes Lächeln, wenn er sie in seinen Film montiert.

Während der Arbeit an meinem Roman begegnete mir eine Frau, die mit dem einzigen nicht von Debord aus der Gruppe verbannten Situationisten befreundet war, dem enigmatischen, semiberühmten Gianfranco Sanguinetti. «Was hat er vor?», fragte ich ein bisschen zu eifrig. «Was macht er heute?» Sie zuckte mit den Schultern und sagte kühl, geringschätzig: «Er lebt.» Später erfuhr ich, dass Sanguinetti eine große Erbschaft gemacht hatte und sich hauptsächlich um «seine Weinberge und seine Obstgärten» kümmerte. Darüber hinaus lernte ich, dass diejenigen, die «leben», es sich leisten können.

Ein paar weitere Filme neben Debords, die wichtige Quellen waren: Barbara Lodens *Wanda*, über eine Frau, die keine Angst hat, ihr Leben wegzuwerfen. Chantal Akermans *Briefe von zu Haus*, in dem die Kamera durch die verlassenen Straßen Lower Manhattans schweift. Alberto Grifi und Massimo Sarchiellis *Anna*, die Mutter aller Filme über Italien in den Siebzigern. Auch eine filmische Tatsache: *Taxi Driver* wurde von X zu R umbewertet, nachdem Scorsese die Leuchtdichte der Rottöne im Filmdruck verringert hatte. Michel Auders *The Feature*, den ich in den Anthology Film Archives sah, nur ich und ein alter Mann, der im Kino mit einer Papiertüte raschelte, während Auder Cindy Shermans Geld für Prostituierte ausgab, in einer widerwärtigen, aber brillanten Partie sich selbst spielend. Bevor er Cindy Sherman heiratete, war Auder mit Viva liiert gewesen, dem Warhol-Superstar. Viva war später, als sie im Chelsea Hotel wohnte, mit dem Fotografen William Eggleston zusammen, kurz nachdem dieser *Stranded in Canton* gedreht hatte, jenen Film, in dem seine Freunde aus Memphis mit Knarren herumfuchteln und Quaalude-vernuschelte Reden schwingen.

Ein Appell an Bilder ist ein Bedürfnis nach Liebe. Wir wollen mehr als nur ihren stummen Glanz. Wir wollen, dass sie uns einen Hinweis geben, einen Schlüssel, die Möglichkeit, eine Schneise zu schlagen, zu einer Stimmlage vorzudringen, einen Ton zu finden, ohne den alle, die Romane schreiben, verloren sind.

Mit Bildern begann ich *Flammenwerfer*. Als ich fertig war, hatte ich einen großen Stapel davon.

Jack Goldstein, *The Murder*, 1977, 33 ⅓ RPM.

Diese zwölfminütige Platte ist eine Montage aus Klangeffekten – hauptsächlich splitterndes Glas, strömender Regen und Donner. Der Künstler Jack Goldstein hatte alle richtigen Zutaten für einen Mythos: Er war brillant, cool, geheimnisvoll. Er war enorm einflussreich, lebte am Ende aber in einem Trailer in East L. A. und verkaufte Eis aus einem Truck. Einmal, als er für Methadon Schlange stehen musste, schmolz das Eis vollständig, aber er fror es wieder ein und verkaufte es trotzdem. Er starb 2003, und so ist sein Werk jetzt, leider, eine «beschränkte Menge».

William Eggleston, Standbild aus *Stranded in Canton*, 1974.

In *Stranded in Canton* gibt es eine Szene, in der Jim Dickinson aus Memphis, der ein Album für die Band Big Star produziert hat, mit strassbesetzter Brille auf der Nase anzüglich in die Kamera grinst. Er und eine nicht benannte Frau küssen sich, aber sie sind mit Quaaludes zugedröhnt, und ihre Lippen treffen sich nicht richtig. Er trägt einen hässlichen Smoking, als wäre er auf dem Weg zu einem Schulabschlussball. Ich habe *Stranded in Canton* mehrmals gesehen; der Film bleibt mysteriös. Zwei verschiedene Zahnärzte spielen prominente Rollen, einer mit nacktem Oberkörper, beide betrunken. Diese Zahnärzte sind jetzt tot, so wie viele, wenn nicht die meisten Menschen in dem Video. Dem Abspann zufolge waren kein unwesentlicher Teil von ihnen Mord- oder Suizidopfer. Da ich weder eine tragische noch eine legendäre Gestalt bin, werde ich selbst nie sterben.

Larry Fink, *Black Mask*, 1967.

Black Mask war eine von Dada inspirierte Antikriegsbewegung, die sich in Kultur und Politik einmischte und sich später in Up Against the Wall Motherfucker verwandelte, «eine Streetgang mit einer Analyse». Sie betrieben Suppenküchen und einen Umsonstladen und versuchten, die Entrechteten zu stärken. Ihr Vermächtnis bahnte den Weg für die große Kultur der Hausbesetzungen im East Village durch Künstler, wie etwa der aufgelassenen Tankstelle in der Avenue B.

Danny Lyon, *88 Gold Street*, 1967.

Im selben Jahr, als Larry Fink Black Mask in der Wall Street fotografierte, fing Danny Lyon mit einer Fachkamera systematisch die enorme Zerstörung Lower Manhattans ein, wo für den Bau der Zwillingstürme viele Gebäude abgerissen wurden. Fabriken und Warenhäuser sollten vom Finanzwesen ersetzt werden, was einem signifikanten Wandel der Siebziger buchstäblich Form gibt: dem Tod der amerikanischen Herstellung von Waren.

Andy Warhol, Standbild aus *Screen Test: Virginia Tusi*, 1965

Wer ist sie? Niemand scheint es zu wissen. «Eine junge Frau, nur als Virginia Tusi identifiziert», heißt es im Werkverzeichnis. Sie taucht in Warhols *Thirteen Most Beautiful Women* auf, zusammen mit Susanne De Maria und Julie Judd – den exzeptionell hübschen Ehefrauen von Walter De Maria und Donald Judd. Warhols zwei Lieblingssorten von Menschen waren die Schönen und die amerikanische Oberschicht. Wenn sie in einer Person vereint waren, wie bei Edie Sedgwick: herrlich. Einer der auffallend gut aussehenden Männer, die Warhol 1965 filmte, saß im Publikum, als ich 2011 eine *Screen Test*-Sendung sah. Dieser Mann, jetzt mit langem Kinnbart und dickem, sich aus dem offenen Blazer hervorwölbendem Bauch, erzählte Anekdoten. «Warhol wollte, dass ich meinen Kiefer spielen ließ», sagte er. Und: «Edie war ein richtiges Biest.» Es ist womöglich besser, wenn Virginia Tusi uns auf ihrem *Screen Test* einfach weiterhin glanzvoll anstrahlt, ein Mysterium stummer Einsamkeit.

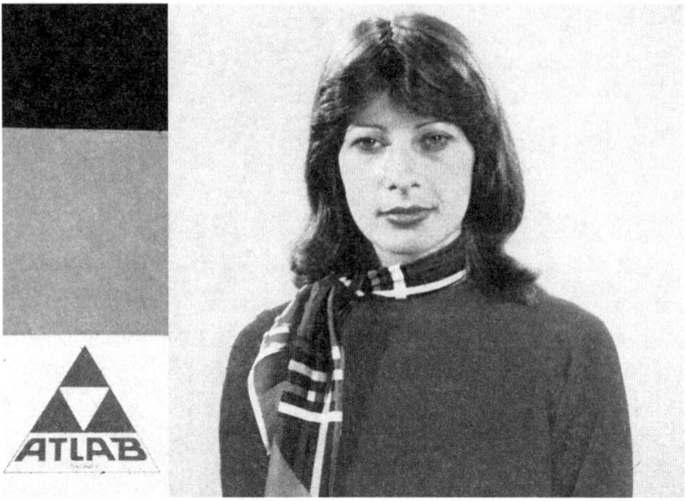

Julie Buck und Karin Segal, *China Girl #56*,
ca. 1970er, 2005 restauriert und übertragen.

China Girls, deren Gesichter verwendet wurden, um bei der Filmentwicklung die Farbdichte anzupassen, waren vorwiegend in den Filmlaboren arbeitende Sekretärinnen – ganz normale Frauen, verwendet für Vorspanne, die in aller Welt verbreitet wurden. Warum sie diese ziemlich rassistische Bezeichnung hatten, ist unklar; manche meinen, die ersten waren Asiatinnen, andere spekulieren, eine bestimmte Sekretärin, die für Filmvorspanne posierte, habe häufig Tee serviert (was die Bezeichnung nur noch problematischer macht). China Girls wurden als Index verwendet, um Hauttöne zu justieren, das heißt *weiße* Hauttöne; der Rassismus ist also im Vorspann selbst präsent, in Gestalt einer lächelnden Sekretärin. In Frankreich hießen sie *«les lilis»*. Wenn der Vorführer den Film richtig einlegte, sah man die China Girls nicht. Und wenn doch, dann flogen sie so schnell vorbei, dass man nur einen verschwommenen Fleck sah. Sie waren allgegenwärtig und doch unsichtbar, eine Randerscheinung, die für jeden Film zentral war, diese namenlosen Frauen, von denen es heißt, sie seien unter Filmtechnikern und Vorführern hin und her getauscht worden wie Baseballkarten.

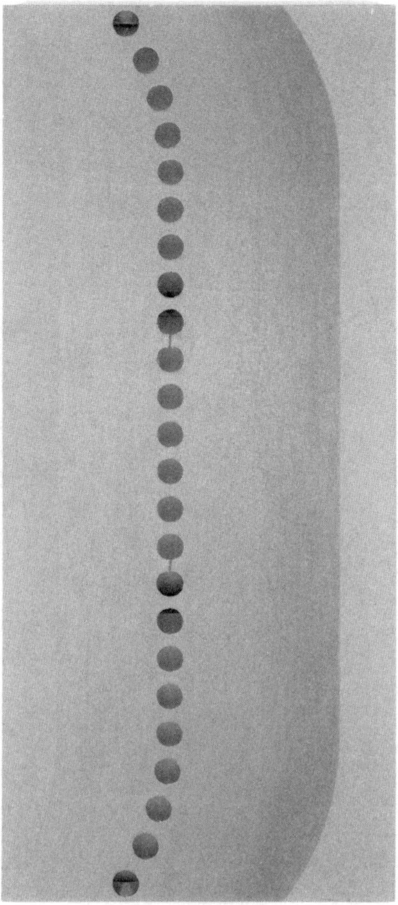

Lee Lozano, *Punch, Peek & Feel*, 1967

Lee Lozano war eine toughe, kompromisslose Frau, von ihren männlichen Zeitgenossen für ihre konzeptionell ehrgeizigen Bilder gefeiert und auch dafür, wie sie die Kunst ins Leben holte. 1970 hatte sie eine Einzelausstellung im Whitney. 1971, für ihr Werk *Decide to Boycott Women*, tat sie genau das: Die nächsten achtundzwanzig Jahre, bis zu ihrem Tod, sprach sie nicht mehr mit Frauen.

Allen Ginsberg, *Sandro Chia*, 1985

«Bei einer ernsthaften Auseinandersetzung würde ich ein Gewehr benutzen, jederzeit. Das ist eine wesentlich respekteinflößendere und effektivere Schusswaffe als die Handfeuerwaffe, wenn es keine Schrotpistole ist. Davon würde ich gern mehr sehen», schrieb William Burroughs. Der Künstler Sandro Chia hatte gerade mit Burroughs in Rhinebeck, New York, auf Zielscheiben geschossen, als dieses Foto von Allen Ginsberg entstand.

Robert Heinicken, *Cliché Vary: Autoeroticism*, 1974

Die süße Unschuld der McLuhan'schen Siebzigerjahre. Als die Achtziger anbrachen und ich ein Teenager war, trug ich ein Exemplar von *Subliminal Seduction: Are You Being Sexually Aroused by This Picture?* (*Unterschwellige Verführung: Werden Sie durch dieses Bild sexuell erregt?*) mit mir herum und hielt mich für sehr ironisch und clever. Die Kultur nutzte da schon die Dekodierfähigkeit, um uns auf noch effektivere Weise an uns selbst zu verkaufen. Sie verkaufte uns Sex. Selbst wenn Sex eins der wenigen Dinge war, ist und immer sein wird, die Menschen einander umsonst geben können.

David Salle, *The Coffee Drinkers*, 1973.

Sie hat einen ruhigen, besinnlichen Moment im Morgenlicht. Sie verkauft Kaffee. Oder der Kaffee verkauft sie, als sie selbst oder als … Lebensstil? Etwas Weibliches, Beruhigendes, Reines? «Bilder, die uns verstehen» war eine von David Salle und James Welling geprägte Wendung. Salle machte diese vorausschauende Serie als einundzwanzigjähriger Student – lange bevor wir Arbeiten von Richard Prince oder Cindy Sherman kennenlernten –, indem er vier Frauen in seinem Leben fotografierte (darunter seine Freundin und seine Mutter) und das Nescafé-Etikett darauf klebte.

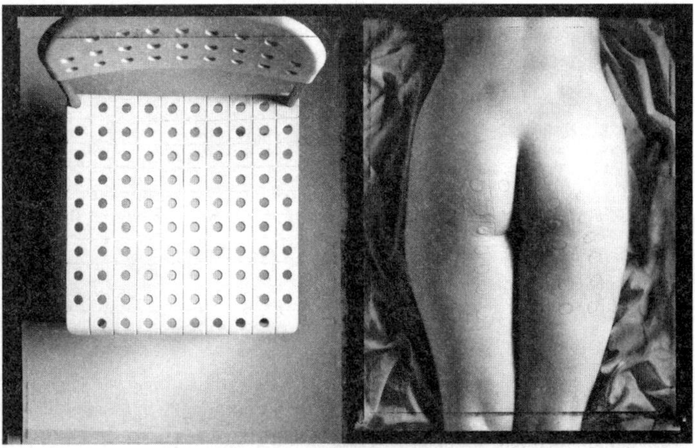

Gabriele Basilico, *Contact*, 1984.

«Stühle und Gesäße zusammenzubringen war sehr vergnüglich für mich», sagte Gabriele Basilico über seine Serie *Contact*. Er nannte die bei diesem Prozess zurückbleibenden Abdrücke «provisorische Relief-Tattoos». Aber Tattoos wovon? Von der Moderne, so schmerzlos, wie die Moderne aussieht, aber nie ist. Die Verbindung zwischen Gewalt und Moderne ist überall, aber zu umfassend, um sie in die Form einer Bildlegende zu pressen. Sie ist eher so etwas wie ein Lebenswerk. Wessen auch immer, wenn nicht meins.

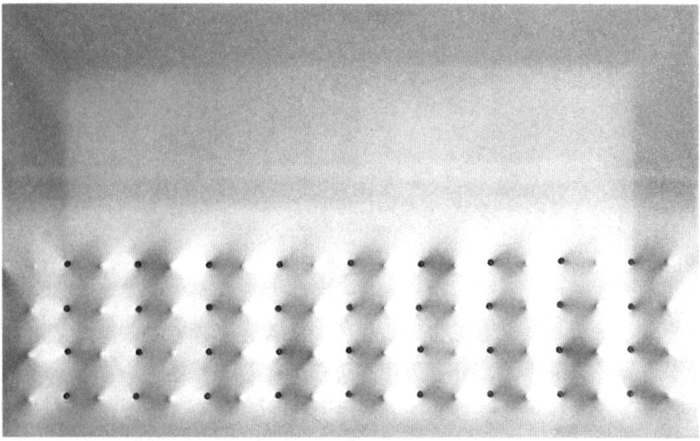

Enrico Castellani, *Superficie*, 2008.

Enrico Castellani, ein jüngerer Zeitgenosse von Lucio Fontana und Alberto Burri, war der Erste in Italien, der in der gewaltigen Verhaftungswelle der Siebzigerjahre ins Visier genommen wurde. Castellani scheint unter Linken verkehrt zu haben. In einem neueren Katalog seiner Werke ist auch ein Essay von Adriano Sofri, dem früheren Anführer der linken Gruppierung Lotta Continua, der für die Anstiftung zum Attentat auf einen Polizeihauptmann zweiundzwanzig Jahre im Gefängnis saß (Sofri beteuert seine Unschuld).

Alberto Grifi und Massimo Sarchielli, Standbild aus *Anna*, 1975.

Später in diesem Buch schreibe ich eine ganze Menge über Anna, ein obdachloses, schwangeres, drogenabhängiges junges Mädchen, das im Rom der Siebzigerjahre von zwei Filmemachern «adoptiert» wurde. *Flammenwerfer* war zum Teil ihr und ihrem Verschwinden als einem Akt der Revolte gewidmet. Eine österreichische Filmemacherin, Constanze Ruhm, eine verwandte Seele in ihrem Interesse an Anna, reiste nach Sardinien, woher Anna stammte, um sie zu finden. Anscheinend ist sie 2004 gestorben. Ich nehme an, Anna war weniger an dem Film über sie interessiert, als ich es war, als Constanze es war. Menschen wie Anna, die ich gekannt habe – und ich habe viele gekannt –, leben in der Gegenwarts-, nicht in der Vergangenheitsform ihres Lebens. Anstelle von Nostalgie in der Echtzeit gefangen, in sie verstrickt und von ihr beherrscht.

Vom Cover von *I Volsci* (März 1980), Heft 10.

Sie sieht nicht italienisch aus, obwohl sie auf dem Cover einer ultralinken römischen Zeitung auftauchte. Manche sagten mir, sie sei Deutsche, andere wiederum, der Fotograf komme aus Deutschland. Um herauszufinden, wer sie war, hatte ich weit auf meine Verbindungen zur älteren Generation in Italien zurückgegriffen. Doch an jemanden aus der nebelhaften Zeit der Jugend, wenn man sich mit Namen und Herkünften nicht weiter aufhält, konnte sich niemand recht erinnern. Meine Verleger meinten, die Frau könnte sich beschweren, wenn sie entdecken würde, dass ihr Foto auf dem Cover meines Buches sei. Warum sollte sie das tun?, fragte ich. Die Antwort: «Sagen wir, sie hat ihr Leben geändert und da drüben in Deutschland einen einflussreichen Banker oder berühmten Politiker geheiratet und ihm von ihrer radikalen Vergangenheit nichts erzählt, und Ihr Buch macht sie nun bekannt.» – «Aber das wäre doch eine gute Geschichte», sagte ich, und sie stimmten zu. Bisher hat sich niemand gemeldet, der dieses Mädchen zu sein behauptet.

Tano D'Amico, *At the Gates of the University*, 1977.

Wenn man nach Italien fährt, sprechen nur wenige von den Siebzigern, in denen ihr Land fast eine Revolution erlebte. Diese explosive Zeit und ihre Freuden, Traumata und Erfahrungen des Scheiterns sind so gut wie ausradiert. Glücklicherweise gibt es ein paar Gedächtnishilfen, zum Beispiel die großartigen Fotos von Tano D'Amico. Hier hat er das Eingangstor der von Studenten besetzten Sapienza-Universität in Rom am 17. Februar 1977 eingefangen, als Luciano Lana, der Führer der größten Gewerkschaft Italiens, ihnen einen Besuch abstattete, niedergebrüllt und hinausgeworfen wurde.

«Mara» ist Mara Cagol, eine ehemalige Anführerin von Italiens links-militanten Brigate Rosse (BR). «Le altre» sind die militanten Frauen Italiens in den Siebzigerjahren, deren Leninismus und Bomben nur eine kleine und umstrittene Facette einer riesigen, komplexen Welle feministischer Aktionen waren, die die Landschaft Italiens veränderten. Ida Faré, Co-Autorin dieses Buches, war eine wichtige Theoretikerin sowohl des Feminismus als auch der Architektur, Professorin, Aktivistin, Schriftstellerin und Mitbegründerin des Kollektivs Libreria delle Donne di Milano. Als ich *Flammenwerfer* schrieb, wurde ich zu dessen monatlichem Treffen und gemeinsamem Essen eingeladen. An jenem Abend moderierte Faré die Diskussionen. Die anderen anwesenden Frauen waren alle ähnlich legendäre und radikale Persönlichkeiten der Siebziger. Sie trugen Schwarz, rauchten Kette, hatten perfekt frisiertes Haar und nannten einander schroff beim Nachnamen. Beim Essen schalten sie mich ob meiner Ahnungslosigkeit und waren zugleich unglaublich großzügig und warmherzig. Ida Faré starb 2018.

Es ist seltsam, dass für das Cover des Buches ein Bild aus Godards Film *La Chinoise* von 1967 ausgewählt wurde. Kein Foto einer echten, am bewaffneten Kampf beteiligten Frau, von denen Italien einige hervorbrachte, sondern ein Standfoto, auf dem eine Schauspielerin (Juliet Berto) hinter einer Maschinengewehr-Schießscharte aus aufeinandergestapelten Exemplaren der Mao-Bibel kauert und eine Terroristin *mimt*. Die echte Terroristin, Mara Cagol, verhalf 1975 ihrem Mann Renato Curcio, ebenfalls Anführer der BR, zum Gefängnisausbruch. Im selben Jahr wurde sie bei einer Schießerei mit Carabinieri niedergeschossen. Giangiacomo Feltrinelli, der Gründer des Verlags, der dieses Buch veröffentlichte, war 1972 tödlich verunglückt, als er Mailands Stromversorgung zu sabotieren versuchte.

Populäre Mechanik

Ciro ist der «gute» Bruder in Luchino Viscontis Film *Rocco und seine Brüder* von 1960, derjenige, der einen Weg gefunden hat, im industriellen Norden Italiens zu leben. Er akzeptiert seine soziale Stellung als ungelernter Arbeiter am Fließband bei Alfa Romeo, heiratet ein nettes, kleinbürgerliches Mädchen aus der Gegend und führt ein anständiges Leben. Am Ende des Films hat Ciro seinen Bruder Simone bei der Polizei angezeigt. Rocco ist weggegangen, um eine Karriere in der brutalen Welt des professionellen Boxens zu verfolgen. Der jüngste Bruder, Luca, träumt davon, in die südliche Region Lucania zurückzukehren, wo die Brüder herkommen. Einstweilen jedoch ist die Familie zerbrochen und verstreut.

Warum haben diese Leute Lucania überhaupt erst verlassen, eine Welt, in der man in der Sonne liegt, an den Strand geht, eine Tomate vom Strauch pflückt, wenn man Hunger hat? 1960 war die Arbeitslosigkeit im Süden chronisch geworden. Die Qualität des Bodens war schlecht. Die Getreidemärkte waren dereguliert, sodass die Preise ungebremst fielen. Für die ländliche Bevölkerung im Mezzogiorno gab es keine ökonomische Zukunft.

Gleichzeitig bedeutete das italienische Wirtschaftswunder der Nachkriegsjahre, dass es in den Fabriken des sich schnell industrialisierenden Nordens Arbeit gab. Zwischen 1951 und 1971 zogen neun Millionen Menschen aus den ländlichen in die industriellen Gebiete Italiens. Oft kamen sie mit nichts in den großen Städten an und mussten in Bahnhofswartesälen oder bei Verwandten auf dem Boden schlafen. Sie leisteten Schichtarbeit auf Baustellen oder in Fabriken, mit langen Arbeitszeiten und unter gefährlichen Bedingungen.

Diesen ganzen Teil der italienischen Geschichte beschwört *Rocco und seine Brüder* geschickt herauf; der Film endet, wenn die aus dem Süden die Fabriksirene heulen hören und vom Mittagessen zur Arbeit an den Fließbändern von Alfa Romeo zurückkehren. Und doch ist die Saga damit nicht vorbei; das Ende des Films öffnet den Blick auf die Vorzeichen einer turbulenten Zukunft. Auf das, was kommen würde und schließlich auch kam.

Schon 1969 begehrten die Arbeiter aus dem Süden an den Fließbändern des Nordens in Wellen wilder Streiks und ungestümer Gewalt auf. Dies war eine neue Bewegung, von Arbeitern, die die Werte klassischer Arbeiterorganisationen ablehnten, insbesondere die der Kommunistischen Partei, die sie als ein Hindernis für echte Veränderung betrachteten, ein Organ des Kompromisses mit Unternehmensbossen. Diese Arbeiter waren bereit, sich gegen die gesamte Struktur des Lebens im Norden und der Arbeit selbst aufzulehnen. Ihre Revolte war ein umfassender Angriff auf ihre eigene Ausbeutung. Sie wollten «alles», wie es ihr berühmter Plakatslogan und Fabrikhallen-Sprechchor ausdrückte. *Vogliamo tutto!*

Wir wollen alles, Nanni Balestrinis 1971 erschienener Roman über diesen flüchtigen historischen Moment, ist ein Werk von großer Energie und Originalität. Es ist auch ein einzigartiges Dokument der Arbeitergeschichte und eines, das noch in den Widersprüchen der postindustriellen Gegenwart Widerhall findet. Seine Raffinesse liegt im Ton: Der Mensch, der in diesem Roman spricht, ist namenlos, aber offenherzig. Er ist unverschämt und direkt. Er verfügt über Persönlichkeit und Humor, und er ist zornig. Er spricht in einer Art mundartlicher Lyrik, die einem in die Seele dringt und dort bleibt. «All das Zeug in der Stadt hatte ein Preisschild dran», sagt er. «Von der Zeitung über das Fleisch bis zu den Schuhen, es kostete alles seinen Preis.»

Der Protagonist ist aus dem Süden Italiens nach Turin gezogen und hat immerhin das Glück, bei seiner Schwester unterzukommen, während viele aus der «Masse», der «Flut» von Süditalienern, die die Stadt überschwemmt, im Wartesaal zweiter Klasse des Bahnhofs Porta Nuova hausen, wo jeder aufgenommen wurde, der einen Fiat-Werksausweis oder einen Brief mit der Bestätigung von Fiat vorzeigen konnte, dass er ein Bewerbungsgespräch in der Fabrik hatte. Die Polizei drehte in dem Bahnhof wachsam ihre Runden, aber es ging ihr nicht um Herumtreiber und Leute, die illegal dort waren. Es ging ihr um Journalisten, die sie von dem Wartesaal zweiter Klasse fernhalten wollte – diesem «Schlafsaal, den die FIAT umsonst auf dem Bahnhof von Turin unterhielt».

Im Fiat-Werk sucht unser Held zusammen mit zwanzigtausend anderen Neuen Arbeit. «Die Monster kamen», sagt er, «die schrecklichen Arbeiter», geduldet aufgrund der hohen Nachfrage nach Arbeitskräften. Die Arbeit ist so unerträglich, dass viele Neue schon nach wenigen Tagen aufgeben. Manche überstehen nur einen halben Tag, bevor sie den Anforderungen des Fließbands die Mittellosigkeit vorziehen. Der Erzähler ist Teil dieser Flut von Monstern, umso mehr gehasst, als die Fabrik sie braucht.

Er hat ein Bewerbungsgespräch, das reine Pantomime ist (alle werden eingestellt), dann eine noch lächerlichere betriebsärztliche Untersuchung. Er lässt Muskelkrafttests auf neumodischen Geräten über sich ergehen, einen Bluttest in einem Raum, in dem große Haufen stinkender, blutgetränkter Wattebäusche herumliegen, und einen Urintest, für den die Männer Gläser gereicht bekommen. «Wir bildeten also einen Kreis und pissten in die Becher. Aus Jux sagten wir, es wäre Bier.» Da er sieht, dass die anschließende Untersuchung durch einen Arzt eine Scharade ist, verkündet der Erzähler, ihm fehle ein Ei. Er wird trotz dieser Lüge eingestellt. «Einen Paralytiker hätten sie vielleicht nicht genommen», vermutet er. Aber die medizinische Untersuchung war keine *komplette* Scharade. Sie scheint vielmehr eine notwendige Etappe in der Ausbeutung dieser Arbeiter zu sein: Sie treten die Rechte der einen Sache, die sie besitzen – ihre Körper –, an die Bosse von Fiat ab, übertragen das Eigentum an sich selbst auf die Fabrik. Wenn der Erzähler dem Betriebsarzt also sagt, er habe nur ein Ei, fügt er *ihnen* eine Kränkung zu, indem er ihnen mitteilt, dass ihr Neuerwerb mangelhaft sei; er ist noch nicht mal ein vollständiger Mann.

Am Fließband fängt der Spaß erst richtig an. Es ist Knochenarbeit. Damals waren die Löhne an Produktivität geknüpft, das heißt, Arbeiter bekamen keinen anständigen Grundlohn; sie konnten nicht genug zum Leben verdienen, wenn sie nicht eine bestimmte Gewinnmarge für die Firma produzierten. Einmal wird der Erzähler an einem Fließband eingesetzt, wo die Arbeit darin besteht, die ganze Zeit nur eine Schulter zu benutzen, um Sachen mit einem schweren Druckluftgewehr zu vernieten, eine wiederholte Bewegung, die ihn deformieren wird, indem sie ihm den Rücken verdreht und seine Muskeln asymmetrisch ausbildet. Unterdessen stehen auch einige am Fließband, die sich der Arbeit und der Kommunistischen Partei verschrieben haben, Männer bäuerlicher Herkunft aus dem Norden, «harte Typen, dumpf bis dort hinaus, ohne Fantasie», «für die war Arbeit das Wichtigste im Leben». Für den Erzähler sind sie wertlos. «Nur ein Idiot», sagt er, könne «jahrelang in diesem Scheiß-Gefängnis hocken und eine Arbeit machen, durch die das ganze Leben seine Bedeutung verliert.»

Der Erzähler wird krankgeschrieben, merkt aber, dass er keine Ahnung hat, was er mit seiner freien Zeit anfangen, wie er sich entspannen oder was er in Turin machen soll. Die Fabrik entwertet nicht nur die Arbeit, sie entwertet auch das Leben abseits der Arbeit. Das ist Entfremdung, die gelebte Erfahrung von Ausbeutung, aber es wird hier ohne theoretische Abstraktion vorgeführt: Es ist ein mündlicher Bericht vom Tag einer Person – das ist alles.

Irgendwann beschließt der Erzähler, sich ganz und gar der Unruhestiftung zu verschreiben. Er setzt damit alles aufs Spiel. «Ich bin nur hier, um mein Geld zu verdienen, und Feierabend», sagt er seinen Bossen bei Fiat. «Aber wenn ihr mir auf dem Nervenkostüm rumtrampelt, hau ich euch die Fresse kurz und klein, allesamt.» Und so beginnt der Kampf. Aber die Drohung des Erzählers, diese Szene, ist kein Moment singulären Heldentums. Literarisch wie historisch betrachtet, erzählt *Wir wollen alles* nicht von einem einzelnen bemerkenswerten Mann (Geschichte tut das nie, auch wenn Romane so oft auf dem Mythos eines Racheengels aufbauen). Man könnte auch sagen, die Stimme in dem Buch repräsentiere all die Namenlosen und Unbekannten, die in den Norden gegangen sind, wie Rocco und seine Brüder und wie die Zwanzigtausend, die 1969 parallel mit dem Erzähler des Romans eingestellt wurden. Sie erzählt von Menschen, die diese grauenhaften Arbeiten ausgeführt haben, gesegnet und belastet mit all ihrem männlichen Stolz, ihrer Wut und Kraft und Gewalt, die sie mit einem Mal gegen die Fabrikbosse zu richten beschlossen.

In diesem Kampf ging es um Männer; die Frauen hatten noch nichts mitzureden. Frauen – doppelt ausgebeutet in Italien, einerseits durch die Akkordarbeit, die sie am Küchentisch für die Fabriken im Norden leisteten, und andererseits von ihren Familien durch die Hausarbeit – würden ihren eigenen Weg abstecken müssen und taten es auch. Tatsächlich hatte der Feminismus unter den Forderungen, die in den italienischen Aufständen der Siebzigerjahre gestellt wurden, die dauerhafteste und erfolgreichste Wirkung. Aber die Forderungen der Frauen waren nicht Teil jenes «alles» der Fabrikrevolten, was daran erinnert, dass das Wort Grenzen hat, einen Kontext. «Wir wollen alles» hieß, wir wollen ein bedeutungsvolles Leben führen, und wir lassen uns nicht zwingen, nur zu arbeiten, um zu überleben. Es war ein «alles» der männlichen Arbeiterklasse; Frauen würden weiter zu Hause schuften, selbst im Fall eines unwahrscheinlichen Siegs.

Die zweite Hälfte von *Wir wollen alles* beginnt mit einem Kapitel über Löhne und kennzeichnet die Wandlung des Erzählers in einen Theoretiker seines eigenen Kampfes. Er begreift, dass er als Arbeiter, dessen Lohn an die Produktivität geknüpft ist, mit den Bossen gegen sich selbst kollaboriert. Der Ton ändert sich kaum merklich. Das «Ich» löst sich teilweise auf, und das Buch wird so etwas wie das Nachrichtenbulletin eines Piratensenders über den Krieg gegen die Fabrik, den Krieg auf den Straßen. Der Kampf weitet sich aus. Der Erzähler, wo immer er jetzt ist, partizipiert an einem neuen kollektiven Anliegen, bei dem es nicht um einen höheren Grundlohn geht, sondern um die Abschaffung des Kapitalismus, darum, die Wirtschaft der Bosse zum Zusammenbruch zu bringen.

Wer Nanni Balestrini war, wusste ich schon, bevor ich viel über die Geschichte der Fabrikkämpfe in Italien gelernt hatte – was auch heißt, dass ich nicht viel darüber wusste, wer Balestrini war. Auf einer Italienreise vor mehr als zehn Jahren beschloss ich, seine Arbeit richtig kennenzulernen. Ich ging in einen Feltrinelli-Laden in Mailand und kaufte mir einen Haufen Bücher. Ich nahm sie mit in meine Unterkunft im Haus eines alten Freundes von mir, Claudio Guenzani, der zur selben Generation wie Nanni gehört. «Was hältst du von diesem Schriftsteller?», fragte ich ihn. Claudio sagte: «Was ich von Nanni halte? Als er verhaftet werden sollte, habe ich ihn mit dem Auto in die Alpen gebracht, damit er aus Italien fliehen konnte. Er fuhr auf Skiern nach Frankreich, und in Chamonix holte ich ihn wieder ab.»

Ich hatte gedacht, wir würden über Nannis Gedichte sprechen, seine Kunst, seine Romane, vielleicht seine Politik – nicht über ein Flüchtlingsleben. Aber Leben, Politik und Kunst sind in Balestrinis Geist und Seele eins. Dass Claudio ihm während der Razzien der späten Siebziger half, sich in Sicherheit zu bringen, hätte mich nicht überraschen sollen.

Als Balestrini herausfand, dass er wegen «aufständischer Aktivitäten» verhaftet werden sollte, stattete Claudio ihn mit Skiausrüstung und Skiern aus und brachte ihn in die italienischen Alpen. Claudio fuhr dann nach Frankreich weiter und wartete, bis Balestrini auf der anderen Seite des Mont Blanc auf Skiern in Chamonix ankam. Ich stellte mir das eine Foto vor, das ich von Balestrini kannte, einen Mann mit einem kompliziert und elegant geschlungenen Schal, eher Bohemien und Städter als Sportler. «Aber fährt Nanni denn *Ski*?» Claudio hob mehrdeutig die Hände und zuckte mit den Schultern. «Ich meine … gut genug?» (Später hörte ich, dass ein Skilehrer – Nannis Schwager – ihn begleitet hatte.)

Nanni Balestrinis Romane haben mir über die Jahre viel bedeutet. Formal und stilistisch bilden sie eine eigene Kategorie. Bis ich sie entdeckte, hatte ich mich oft gefragt, ob Romanciers Verachtung für die Menschheit empfinden müssten, à la Céline, um einen großartigen Stil zu haben. Stil und Zynismus – die Fähigkeit zur satirischen Darstellung, der nichts heilig bleibt – waren mir immer miteinander verbunden erschienen. In meiner Jugend hatte ich einen Mangel an Nihilismus sogar als künstlerische Schwäche betrachtet. Balestrini straft diese Vorstellung Lügen. Seine Romane, die so witzig und düster sind wie *Reise ans Ende der Nacht*, speisen sich nicht aus Verachtung, sondern aus einer Art unerschütterlichem Glauben an die Möglichkeit der Revolution. Das mag etwas damit zu tun haben, wie die Bücher entstanden sind. Balestrini war sein Leben lang ein Umstürzler, Aktivist und Organisator, auf Versammlungen, auf Barrikaden, außerhalb von Fabriktoren, auf den Straßen, an geheimen Orten. Nie Voyeur, immer Mitstreiter, was der Grund gewesen sein muss, warum die Menschen ihm vertrauten, wenn er seinen Kassettenrekorder einschaltete. Er brachte die Kunst – den Roman – in die Bemühungen darum ein, sich gegen die bürgerlichen Machtstrukturen aufzulehnen und sie womöglich abzuschaffen.

Für *Wir wollen alles* und auch für *Die Unsichtbaren* – seinen Roman über Kämpfer, die nach den Aktionen der Autonomen in den Siebzigerjahren in den Untergrund gezwungen wurden – nahm Balestrini die Stimmen realer Menschen auf und gab ihre Geschichten dann bauchrednerisch wieder, in irren, süchtig machenden Bandwurmsätzen eines «Ich», jede Stimme ein Körnchen in der Menge, ein Zeuge. Kein Mensch, der vor der Masse zurückweicht, sondern das anonyme politische Subjekt, vom Messer der Geschichte gekerbt. Das Einzigartige an Balestrinis Beitrag zur Literatur ist nicht nur sein Stil, sondern die Art und Weise, wie er das Phantomattribut «bürgerlich» für den Roman auf den Kopf stellt, eine literarische Form, die sich traditionell auf das Bewusstsein als Distanz, Differenzierung, Beobachtung oder inneres Erlebnis gründet. Für *Wir wollen alles* kam die Stimme von der eines realen Menschen namens Alfonso Natella. Indem er Alfonsos Stimme auf einen fiktionalen Erzähler übertrug, schuf Balestrini praktisch die personifizierte Stimme des Streiks und Aufstands – der schieren Weigerung als so etwas wie einer spontanen Strategie.

Balestrini war 1968 Mitbegründer der außerparlamentarischen linken Gruppe Potere Operaio, deren Fokus auf Fabriken und Fabrikarbeitern lag, darauf, Arbeitern zuzuhören und aus ihren Stimmen und unmittelbaren Erfahrungen eine Bewegung zu formen. Es ist wahrscheinlich, dass Balestrini 1969 vor den Toren des Fiat-Werks war. Diese Methode der Befragung von Arbeitern, von ihren Anwendern in Italien *«inchiesta»* genannt, hat Grundlagen im Marxismus. Das Konzept, die Geschichten von Arbeitern zu sammeln, die Idee, dass ihre Berichte von der Arbeit und von ihrem Leben für jeden revolutionären Prozess wesentlich sein würden, geht auf Marx' Arbeiterfragebogen von 1880 zurück, der unter französischen Fabrikarbeitern verteilt werden sollte. Allein die «Arbeiter in Stadt und Land», so Marx, könnten «mit voller Sachkenntnis die Leiden beschreiben [...], die sie erdulden». Einfach ausgedrückt, gibt es keine Theorie ohne Kampf. Der Kampf ist die Möglichkeitsbedingung für die Theorie. Und der Kampf wird von Arbeitern selbst produziert. Aber so richtig etablierte sich die Praxis der Arbeiterbefragung in Europa erst nach dem Zweiten Weltkrieg, mit den Strategien und Lehren der radikal linken französischen Gruppe Socialisme ou Barbarie, die später auch die Arbeiterwissenschaft – *Operaismo* – in Italien beeinflussen sollte.

In ihrer Verwendung durch Balestrini, der nicht nur Kämpfer und Theoretiker war, sondern Dichter und Künstler, ein Schriftsteller durch und durch, wurde *inchiesta* zu mehr, zu noch etwas anderem: einer einzigartigen künstlerischen Leistung und einer neuen literarischen Form, der Roman-*inchiesta*. Wenn der Roman traditionell ein Werk der Innenschau ist, wird er in Balestrinis Händen zu einem Werk der Brechung: zu einer Möglichkeit, das zu brechen, was «schon Literatur ist», noch bevor es in einem Buch existiert, wie Umberto Eco von der Stimme in *Wir wollen alles* schrieb. Man könnte argumentieren, dass die flüchtigen Gedanken eines Fließbandarbeiters auch schon Literatur sind. Und Balestrini, der auf Skiern, mit wehendem Schal, den Mont Blanc herunterfährt – das ist ebenfalls Literatur.

Indem er aus den Stimmen von Leuten wie Alfonso Natella Romane macht – und Sergio Bianchi, dessen Lebensgeschichte in *Die Unsichtbaren* vorkommt, und dem Erzähler von *Sandokan*, der vom Einfluss der Camorra auf eine kleine Gemeinde in Süditalien spricht –, nimmt Balestrini eine Perspektive, das viel gepriesene individuelle Bewusstsein, und verschmilzt dieses Bewusstsein mit der Klasse, mit sozialen Schichten, die nicht in einzelne Leben teilbar sind. Und doch behalten die Stimmen etwas Spezifisches – Haltungen, Stimmungen, Vorurteile, Hintergrundgeschichten –, nur spricht jede von ihnen auf eine Art, die veranschaulicht, wie das Leben für *jemanden wie sie* war, in einem Moment, als es viele gab wie sie. Balestrinis Romane sind Werke, die Stimmen einfangen und ausleuchten. Sprechende Stimmen, nicht so sehr geschriebene Worte. In dieser Weise weichen seine Werke von der klassischen Subjektivität des Romans, wie wir ihn aus dem neunzehnten Jahrhundert kennen, ab und scheinen einer früheren, ebenfalls oralen, heroischen und historischen Tradition näher: dem Epos.

Als er im Frühjahr 2019 starb, wurde im römischen Teatro Argentina eine stundenlange Feier zu Balestrinis Ehren abgehalten, der Beerdigungen verabscheute. Die Veranstaltung wurde «Der größte Nanni unseres Lebens» genannt. Bis zu dem Tag hatte niemand aus dem weiten Kreis seiner Freunde und Mitstreiter, einer Welt von Menschen, die in die extrem linke Politik der Siebzigerjahre involviert gewesen waren, Alfonso Natella, die Inspiration für die Stimme in *Wir wollen alles*, je kennengelernt. Manche vermuteten sogar, es *gebe* keinen Alfonso – er sei eine Verschmelzung der vielen Menschen, die Nanni im heißen Herbst der Fabrikstreiks in Mailand und Turin 1969 und 1970 kennengelernt und an deren Seite er agitiert hatte. Doch er entpuppte sich als real. Fast fünfzig Jahre nach seinem Auftritt in *Wir wollen alles* erschien Alfonso im Teatro Argentino und gab sich zu erkennen, zeigte endlich sein Gesicht, um seinen verstorbenen Freund zu feiern.

Nachdem mein Roman *Flammenwerfer* erschienen war, in dem eine Figur auf die gleiche Art aus Italien flüchtet, wie Nanni es gemacht hatte, auf Skiern, setzte Nanni selbst sich mit mir in Verbindung, und wir wurden Freunde. Ein paarmal versuchte ich, etwas zu seiner Flucht über die Alpen von ihm zu erfahren, aber Nanni mochte keine Fragen. Eine Frage war für ihn oft der Weg zur Banalität. Bei unserem ersten Treffen hatte ich ihn gespannt mit Fragen gelöchert, über Alfonso Natella, verschiedene andere Leute, die er kannte, seine Vorgehensweise als Künstler, die Politik der Autonomia. Er legte eine Hand auf meinen Arm und sagte: «Komm, lass uns darüber reden, welchen Wein wir bestellen. Dies ist ein Mittagessen. Wir sind in einem Restaurant. Benehmen wir uns wie normale Menschen. Wir werden entscheiden, was wir essen und was wir trinken wollen und vielleicht sogar übers Wetter reden. Das andere kann warten.»

Als wir bei jenem Mittagessen, 2016 in Rom, schließlich doch zur Politik kamen, war er ernst und scharfsinnig, auf das Leben jetzt und das Leben in der Zukunft konzentriert: nicht nostalgisch, obwohl er auch nicht zögerte, über die Vergangenheit zu sprechen. Später, als ich ihn förmlicher interviewte, sagte er mir:

> «Weit über die reine Nostalgie hinaus bin ich froh, eine außergewöhnliche und glückliche Zeit durchlebt zu haben. Aber es wäre sinnlos, in dieser Zeit nach etwas Vorausweisendem zu suchen oder nach etwas, das in einer so radikal anderen Situation wie der, in der wir vierzig Jahre später leben, politisch verwendbar wäre. Alles ist anders, alles hat sich verändert. Wir brauchen neue Ideen – und darauf zu kommen, wird immer schwieriger. Die damalige Zeit hat uns nur einen Impuls vermacht oder, besser noch, einen Imperativ: dass wir die Welt ändern müssen und dass dies möglich, notwendig und dringend ist.»

Nanni war ein Dandy und ein Gentleman; er hatte mich morgens, am Tag unserer Verabredung zum Mittagessen, in einem tadellosen Blazer und Mokassins am Flughafen empfangen und mich per Taxi nach Rom eskortiert. Am Ende unseres gemeinsamen Tages begleitete er mich zu Fuß zum Bahnhof Termini. Wir verabschiedeten uns an der Stelle, die man nur mit Fahrkarte passieren kann. Ich drehte mich immer wieder um, und Nanni blieb dort stehen, wo wir uns getrennt hatten.

Er wartete, bis mein Zug kam und ich eingestiegen war. In diesem langen, sich dehnenden Zeitabschnitt, als ich ihn dort stehen und auf meine Abfahrt warten sah, wusste ich, dass ich ihn nie wiedersehen würde, und so war es auch, obwohl wir relativ regelmäßig korrespondierten.

Nanni hat meine zentrale Frage zu *Wir wollen alles*, bezüglich des Lebens von Alfonso, nie beantwortet. Wenn ich jetzt zurückblicke, bin ich mir nicht ganz sicher, warum mir das so wichtig war. Ich glaube, ich konnte nicht verstehen, wie Nanni eine Stimme konstruiert haben konnte, die mit solcher Besonderheit, Komik, Kraft und Wut singt und uns doch ein Gefühl von Tausenden gibt. In seiner Weigerung, mir irgendetwas über Alfonso zu erzählen, war Nanni starrsinnig. Er sagte: «Du versuchst, mich dazu zu zwingen, Alfonso seine Individualität zurückzugeben. Das ist das Gegenteil von dem, was ich in dem Buch machen wollte, wo er keinen Namen hat. Das kann ich nicht tun.»

Für Nanni war ein künstlerischer Imperativ ein absoluter Imperativ, und zwar einer mit Folgen: Alfonso seine Individualität zurückzugeben, hätte bedeutet, ebendiese Individualität all den namenlosen Menschen, denen sie nun gehörte, wieder wegzunehmen – Menschen, die eine echte gesellschaftliche und politische Macht bildeten und sowohl in der Welt als auch auf den Seiten von Nannis Büchern lebten.

Der Untergang der HMS Bounty

Folgendes geschah: Mein Freund und ich nahmen einen brechend vollen Nachtzug von Florenz in Richtung Norden, über die Alpen nach München. Die Leute schliefen auf den Gepäckablagen und in den Gängen. Mein Freund und ich drängten uns mit mindestens zwanzig anderen im Ein- und Ausstiegsbereich zusammen, Schulter an Schulter mit Fremden. Ich stand direkt an der Tür, auf der metallenen Einstiegsleiste, die hochklappt, wenn die Tür sich öffnet. Falls das passierte, konnte ich nirgends mehr stehen.

Während der ganzen Fahrt arbeitete ich bei jedem Halt mit den anderen Passagieren zusammen. Wir zogen am Griff der Waggontür, um die Leute auf dem Bahnhof daran zu hindern, sie aufzumachen und einzusteigen. In den Bergen lag Schnee, obwohl es Anfang Oktober war. Wir hielten die Tür vor verzweifelten und wütenden Menschen verschlossen, die an die Fenster schlugen und brüllten, Menschen wie wir – nur dass sie außerhalb des Zugs waren, nicht drinnen, und dass kein Platz für sie war.

So fuhren wir durch die Nacht, reichten Fusel herum und schwankten als ein Verbund aus Körpern, ohne Platz zum Sitzen, hin und her. Der Münchner Bahnhof, in den wir im Morgengrauen hineinschaukelten, war kalt und chaotisch. Ein Riese von einem Mann kam mit ungesundem Grinsen auf meinen Freund und mich zu. Ich erinnere mich an seine lederne Fliegerjacke, die knarzte, als wäre sie neu. Er verhandelte mit meinem Freund, der Deutsch sprach, und dann saßen wir zusammengesackt hinten im Mercedes des Mannes. Er fuhr eine lange Strecke mit uns, so kam es uns jedenfalls vor, bis in einen großen Park, durch den diverse Straßen führten, und in dem Park stand ein gigantischer futuristischer Glasbau: das Olympiastadion.

Wir folgten dem Mann in einen Apartmentkomplex unweit des Glasbaus und gelangten über einen Flur in eine Umkleide, zu der der Mann einen Schlüssel hatte. Darin standen aneinandergereihte Pritschen. Wir gaben dem Mann Geld für diese Unterkunft, verstauten unsere Sachen in den Schließfächern und ließen uns dann von ihm zum Oktoberfest fahren, unserem Ziel, wo Bier getrunken, Brathähnchen gegessen, gestritten, gesungen, eine Menge abgenagter Hühnerknochen in die Ecken der Bierhalle geworfen und Schlange gestanden wurde, um sehr lange zu pinkeln.

Als wir mit alldem fertig waren, machten wir uns auf den Weg «nach Hause», in die Umkleide des Münchner Olympiastadions von 1972. Dorthin zu kommen, war nicht einfach. Irgendwann fanden wir den Olympiapark und stolperten und irrten dort herum. Der Park kam uns gigantisch vor. Es gab keine Straßenbeleuchtung, oder sie war nicht eingeschaltet. Je länger wir liefen, desto größer und dunkler wurde der Park, desto länger die Nacht. Wir gingen um ein großes Gewässer herum. Wir dachten, wir würden das Stadion, unsere überteuerten Schlafplätze, nie wiederfinden. Dafür fanden wir einen anderen Apartmentkomplex und versuchten, dort einzubrechen, ohne Erfolg. Mein Freund kletterte eine Mauer hoch, die zu einem Balkon im ersten Stock führte, und versuchte, die Türen und Fenster zu öffnen, aber auch sie waren verschlossen. Hier wird meine Erinnerung undeutlich. Kamen wir in diese Apartments hinein? Oder gaben wir auf und fanden unsere Pritschen in der Umkleide irgendwann doch noch wieder? Ich erinnere mich nur daran, dass ich am nächsten Morgen unter einem nicht richtig heißen Wasserstrahl stand, in einem kühlen, gekachelten Raum mit einer Reihe von Duschen, die für Sportler gemacht waren, aber keine von ihnen zu sein, sondern mich auf einen weiteren Tag des Biertrinkens und Schlangestehens zum Pinkeln vorzubereiten.

Ich war achtzehn, fast neunzehn, als ich zusah, wie mein Freund die Mauer hochkletterte und eine Tür oder ein Fenster dieser Apartments aufzustemmen versuchte. Ich wusste nichts, nicht das Geringste darüber, was 1972 bei der Olympiade in München passiert war, aber dies waren die berüchtigten Wohnungen, in denen israelische Sportler festgehalten worden waren, bevor manche von ihnen gefoltert und alle ermordet wurden. Von meiner eigenen jugendlichen Ignoranz erschrocken, habe ich kürzlich ein wenig recherchiert und bin dabei auf ein Foto von zwei Reihen Pritschen gestoßen, auf dem ich zunächst die Umkleide voller Pritschen wiederzuerkennen meinte, die der Mann mit der knarzenden Lederjacke uns vermietet hatte. Das sind die Pritschen!, dachte ich verblüfft. Ich hatte «Münchner Olympiade 1972» gegoogelt, mit dem Handy. Als ich näher hinsah, begriff ich, dass die Pritschen auf dem Foto, also das, was ich für Pritschen hielt, in Wahrheit Särge waren, jeder mit einem Tuch verhüllt. Auch die hätte der Deutsche mit den Schlüsseln wohl vermietet; er war nicht sentimental, vielleicht mache ich also zu viel daraus.

Als ich 2012 hörte, die HMS *Bounty* sei zerstört, dachte ich, meine Lieblingskneipe in Koreatown sei weg. Sie befindet sich im Erdgeschoss des Gaylord, eines Hotels für Dauergäste mit einem altmodischen Foyer und einem ebenso altmodischen Empfangschef.

«Nein», sagte jemand, «die echte HMS *Bounty*. Das Schiff – es ist gesunken. Die Mannschaft musste von der Küstenwache gerettet werden. Zwei von der Crew sind ertrunken.»

Aber sei die *Bounty* nicht vor ungefähr zweihundert Jahren von Meuterern verbrannt worden?, fragte ich.

Der Nachbau, der für den Film *Meuterei auf der Bounty* aus dem Jahr 1962 gemacht wurde – der sei gesunken, wurde ich aufgeklärt.

Die Kneipe HMS Bounty am Wilshire Boulevard, mit ihren gemütlichen Nischen, den Fish 'n' Chips, der Jukebox: War sie nach dem Modell oder dem Original benannt? Welches ist die echte HMS *Bounty*? Wenn man mich fragen würde, aber mich hat bisher niemand gefragt, wüsste ich die Antwort: die Kneipe natürlich, im Erdgeschoss des Gaylord. Ich bin dort seit zwanzig Jahren Stammgast. Sie ist nicht gesunken, aber vor ein paar Jahren wurde das Omelett von der Karte genommen, ungefähr zur gleichen Zeit, als meine Lieblingskellnerin an Altersschwäche starb.

Der HMS Bounty gegenüber stand einst das Ambassador Hotel, in dem Robert Kennedy ermordet wurde. 2006 wurde es abgerissen. In den Jahren davor (als Hotel war es 1989 geschlossen worden) konnte man sogar hineingehen, sofern man Teil einer Film- oder Fernsehcrew war, die dort drehte. Die Kulisse des Ambassador, das der wegweisende schwarze Architekt Paul Revere Williams 1949 wunderschön renoviert hatte, wurde dazu genutzt, alle möglichen luxuriösen Umgebungen darzustellen, aber nie das Ambassador selbst. Wenn man Teil eines Teams war, das das Hotel als fiktionales Setting tarnte, und bereit war zu zahlen, durfte man dort herumspazieren.

«Salzwasser in der Tennishalle! Ja, das ist ärgerlich.»

«Herzliche Grüße …»

«Wir leben noch, sagte einer von uns.»

Diese Zeilen habe ich dem Buch «Der Untergang der *Titanic*» des berühmten deutschen Dichters Hans Magnus Enzensberger entnommen.

«Manchmal weiß ich es ‹selber› nicht.
Das, was ich male, ist schlecht.
Meine Hand zittert. Es ist nicht der Branntwein.
Es ist nicht der Ruhm. Es ist die Geschichte
Mit ihren endlosen Finten und Künsten.»

«Zwar die Abbildung eines Rettungsboots
rettet keinen, der Unterschied
zwischen einer Schwimmweste und dem Wort
Schwimmweste
ist wie der Unterschied zwischen Leben und Tod.»

«Aber das Dinner geht weiter.»

Hans Magnus Enzensberger ist ein Kette rauchender Dandy, der im Sommer Seersucker trägt. Seine Augen sind blaue Kristalle, die Lichtstrahlen aussenden und ihn zu einem gottgleichen Gegengewicht gegen das Sentimentale und Falsche zu machen scheinen. Ich lernte ihn vor ein paar Jahren in Dänemark kennen. Jeden Moment, den ich in seiner Nähe war, trank und lebte er um einiges heftiger als ich. Damals war er fünfundachtzig. Unsere Gruppe besichtigte das Haus der

Schriftstellerin Karen Blixen, jetzt ein Museum, gleich neben unserem Hotel. Manche kannten sie als Isak Dinesen. Ihre Freunde nannten sie «Tania». Aber nur Carson McCullers beschloss, sie mit «Mac» anzureden, als sie bei Champagner und Austern zusammensaßen.

An einem Abend sagte ich etwas Banales zu Hans Magnus, das ich eigentlich selbst nicht glaubte, über das dänische Design unserer Hotellobby, gnadenlos skandinavisches Design, dem wir in der gesamten Woche in Dänemark nicht hatten entkommen können. Ich behauptete, all diese klotzigen Möbel, die Kleidung der breitschultrigen Frauen, die Schirmständer aus Plexiglas zu mögen. Ich pries das Design nur deshalb, weil seine Allgegenwart mich zu glauben verleitet hatte, diese seltsamen Gegenstände in jedem Raum seien dem normalen Leben überlegen. Während ich mit Hans Magnus sprach, war das einzige Objekt in meinem Blickfeld, das kein schimmernder Plexiglas-, Keramik- oder weißer Lederwürfel war, Hans Magnus' schmuddelige Zigarette. Er sah mich an und sagte: «Aber würdest du damit *leben* wollen?» Sein Zigarettenrauch kringelte sich. Dieser Kringel war die Verheißung der anderen Welt, in der man ohne dänisches Design lebte: ein kahler Raum in Deutschland, in dem Ruß in Flocken zu Boden sank. Er hat recht. Ich brauche den kahlen Raum, den leeren Ausgangsort, um etwas zu sehen.

Der Rauch einer Zigarette wird oft als blau bezeichnet. Wir wissen genau, was die Leute meinen, wenn sie sagen, Rauch sei blau. Es stimmt im Wortsinn – Rauch *ist* bläulich, aber von einem spezifischen Blau, das die Verdichtung der Realität ins Zeichenhafte ist.

Fotografie wird als Mimesis kategorisiert, anders als Malerei oder Skulpturen, die nur Ähnlichkeiten oder Abstraktionen hervorbringen. Die Kunsthistorikerin Rosalind Krauss schrieb den berühmten Satz, die Leistung surrealistischer Fotografie bestehe in dem Paradox, eine wahrheitsgetreue Spur einer Realität einzufangen, die schon als Zeichen konstituiert sei, sodass die Realitätsspur des Fotos ein Reales offenbare, das eigentlich ein Zeichen sei, oder zwischen Symbol und Realem schwanke, so wie in Man Rays berühmtem *Ingres's Violin*, einem Foto vom Rücken einer Frau mit zwei darübergelegten F-Löchern, das die Form ihres Körpers («Realität») mit der Form des Instruments («Zeichen») verknüpft und das Bild verzerrt.

Aber wie verhält es sich mit dem Paradox einer Realität, die als Zeichen – ein Foto – eines als *Realität* konstituierten *Zeichens* konstituiert ist? Das erzeugt die Spannung in den Bildern des deutschen Künstlers Thomas Demand, der fotografierte Szenen mittels Papier nachbaut, zum Beispiel eine Geigenwerkstatt oder die Fassade eines bescheidenen Hauses mit Blick auf blühende Kirschbäume dahinter, und dieses rekonstruierte papierene Simulakrum dann wiederum fotografiert. Die besondere Verbindung zur Realität, «mit der alle Fotografie ausgestattet ist», wie Rosalind Krauss sagt, gilt hier nicht ganz. Sie gilt und gilt nicht. Krauss vergleicht die Fotografie mit Fingerabdrücken. Mit den Ringen, die kalte Gläser auf Tischen hinterlassen. Ein Foto, schreibt sie, sei einer Totenmaske oder den Spuren einer Möwe im Sand näher als einem Gemälde oder einer Skulptur. Was wir da sähen, sei eher der Rückstand von Dingen als eine Rekonstruktion von Dingen. Aber die Fotos, die Thomas Demand von den fotografierten, aus Papier nachgebauten Szenen macht, zeigen keine direkte Spur der Realität, keinen Glasring auf dem Tisch, keine Spur der Möwe im Sand. Vielmehr sind sie eine Spur eines Modells von einer Spur der Realität.

Die Künstlerin Hanne Darboven, ebenfalls aus Deutschland, schrieb die menschliche Zeit – via Musik – der Bildebene ein, indem sie sie auf Papier bannte. «Zeitschwünge» nannte sie diese Markierungen. Sie sind menschlicher Atem, sind das Leben, das sie arbeitend verbrachte. Darboven arbeitete achtzehn Stunden am Tag, schlief wenig, rauchte unablässig. Das ist alles in diesen «Zeitschwüngen» gegenwärtig. Thomas Demand verwendet Papier, um Bilder herzustellen, die die Zeit ausschließen. Er macht die Realität zur Gruft. Sie ist dadurch nicht tot, sie wird unmöglich gemacht. Die Bilder sind Vakuen. Sie ersticken uns nicht, denn wir schauen ja nur. Aber durch die Augen kann man viel spüren. Ich weiß nicht, wie es Ihnen geht, aber ein Hauch von Ersticken ist für mich schon erstickend genug.

Tallulah Bankhead ist die Erste, die es in dem Alfred-Hitchcock-Film *Lifeboat* aus dem Jahr 1944 ins Rettungsboot schafft, nachdem ein deutsches U-Boot ein Schiff der Handelsmarine in die Luft gejagt hat, auf dem sie Passagierin war. In Sicherheit gebracht, repräsentiert sie die Grundbedingungen des Rettungsboots und Films: Frau, Pelzmantel, Brandy, Schreibmaschine, Diamantarmband, Sarkasmus, Witz. Sie ist die Tennishalle voll Salzwasser. Gegenstände schwimmen vorbei: Treibgut. Menschen klettern ins Boot, die anderen paar Überlebenden, und wachsen zu einer Filmbesetzung zusammen. Ein Fremder, der Letzte, der aus dem Wasser gezogen wird, ist die große Anmaßung des Films. «Danke schön», sagt er auf Deutsch zu den anderen. Er entpuppt sich als der Kapitän jenes U-Boots, von dem das Schiff in die Luft gejagt wurde, das all diese Überlebenden an Bord hatte.

Am Canal Grande in Venedig gibt es einen Palazzo, den ich als schmelzendes Schiff, als schmelzende Uhr in Erinnerung habe, eine Seite versinkend, die andere abgestützt und restauriert. Er heißt Palazzo Contarini degli Scrigni. Er gehörte der Familie Contarini. *Scrigno* heißt «Schrein», was ein Behälter für Leichen oder Gold ist. Die Familie Contarini beschäftigte Palladio. Ich schnitt mir in die Hände, als ich, damals auf dem College, meine Palladio-Rotonda aus Hartschaum baute. Ich war eine Studentin, die sich wegen eines charismatischen Lehrers namens Lars Lerup vorübergehend für Architektur interessierte. Meine Rotonda war leer, ihr fehlten Menschen und Ideen. Es war eine Kopie, und eine Kopie kann ein Volumen bilden, das sich mit Ideen füllen lässt, aber meine blieb, wie gesagt, leer.

In Alexander Kluges Film über Hans Magnus Enzensbergers «Der Untergang der Titanic» saust ein Bild vorbei, ein Standfoto, das eine farbige Illustration von Menschen in einem Kinosaal ist. Auf der Leinwand sieht man ein sinkendes Schiff, Gefahr im Verzug. Eine Frau ganz hinten im Saal ist aufgestanden, mit erhobenen Armen aus Angst und Sorge um die Ertrinkenden. Sie sieht einen Film über ein sinkendes Schiff. Das Geschehen ist fiktiv, aber ihre Furcht ist real. Nur dass ihre Furcht gar nicht real sein kann, weil sie gezeichnet ist. Sie ist nur eine Zeichnung.

Ich habe eigentlich keine Angst vor dem Sterben, dem Übergang. Es gibt ein Motel namens Portal Motel, und ich dachte, es sei in Luzern, aber es ist in Lone Pine, in der Stadt Lone Pine, falls es nicht zwei davon gibt. Zwei Portale. Das Portal Motel sieht wie ein guter Ort zum Abtreten aus. Wie gesagt, ich habe keine Angst vor dem Sterben. Was ich fürchte, ist das Totsein. Ich fürchte das Ende. Nicht sein Kommen, sondern seine Gekommensein.

In Thomas Demands Werk ist «Bitte nicht stören» kein Schild, sondern eine Form – ein vertikales Rechteck mit einem

Loch oben für einen Türgriff. Es ist außerdem eine Zuordnung: ein Kennzeichen an Türgriff oder Sicherheitsschloss. Es kann jede Farbe haben und trotzdem wiedererkennbar sein, sogar rot, wie er es macht. In einem Schiffsroman, den ich sehr mag, verschwinden fortwährend legale und illegale Paare klammheimlich in Privatkabinen. Der Erzähler des Romans geht an einer Tür vorbei, die einen Spalt offen steht. Er sieht eine junge Frau, postkoital leuchtend, die die weiße Uniformhose des Funkers bügelt. Der Funker liegt auf dem Bett, nackt. *Bitte nicht stören*.

Thomas Demand bildete die Fassade des Wohnhauses in Cambridge nach, in dem Tamerlan Zarnajew wohnte, die triste Vinylverkleidung und, hinter einem Zaun, blühende Kirschbäume. Es ist eine typische, triste Fassade. Es ist ein Haus ohne Besonderheiten. Man könnte sagen, dieses Haus würde nicht «existieren», sicherlich nicht als fotografierter Ort, wäre da nicht die Tatsache, dass dort jemand wohnte, der einen Anschlag auf den Boston Marathon verübte. Wenn Macht und Geschichte beide ihren Scheinwerfer einschalten, um zu sagen: *In diesem gewöhnlichen und trostlosen Haus wohnte ein Terrorist*, ist eine Quelle geboren, ein Bild, das infolge von Zerstörung entsteht, eine regelrecht hegelianische Geburt. Als gewöhnliches und trostloses Wohnhaus ist es nur eines von Millionen.

Kirschbaumblüten wie die, die man im Hintergrund von Tamerlan Zarnajews Wohnhaus sieht, sind die Manifestation einer ewigen Wiederkehr, aber einer schlichten: des Frühlings. Ich würde lieber zwischen Bäumen leben als in einem Teil des Verstandes, der über die Ewigkeit nachdenkt. Jahreszeiten spielen sich *in* der Zeit ab. Ewig heißt eher «außerhalb der Zeit» als unendlich. Wir wissen nicht, ob Kirschblüten ewig blühen werden. Jedes Mal, wenn sie blühen, schenken sie Freude, die sich wie ein Wunder anfühlt. Mit anderen Worten, wie ein einzigartiges Ereignis.

Schnee, auch so ein zyklisches Wunder, ist der Versuch der Welt, sich selbst zu begraben. Dann schmilzt er.

> Ich mag es überhaupt nicht, wenn ich ein Ohr aufs Kissen drücke und mein Herz schlagen höre, wer kann bei all dem Lärm schlafen.

Das tweetete Dschochar Zarnajew, bevor er hinter seinem älteren Bruder Tamerlan her ins Verderben rannte. Bekam die Todesstrafe. Entschuldigte sich, privat, bei einer katholischen Nonne.

Vor ein paar Jahren war ich auf einem Familientreffen in Eufaula, Alabama, nicht meiner eigenen, sondern meiner angeheirateten Familie. Ich ging dort in einen Gebrauchtwarenladen. Als ich durch die Gänge lief, sah ich ein Puppenhaus mit gelbem Plastikdach. Das Dach kenne ich, sagte ich mir. Das Haus kenne ich. Die blauen Tulpensilhouetten an den Fensterläden. Ich kannte alles. Ich spähte durch die kleinen Fenster in die kleine Küche, das winzige Bad, das Foto von der Holzmaserung, mit dem der «Hobbyraum» tapeziert war. (Hatte je irgendwer einen Hobbyraum, oder gibt es das nur bei fiktiven Leuten in Fernsehsendungen und den implizierten fiktiven Leuten, von denen Puppenhäuser zeugen?) Dieses Puppenhaus war befleckt und schmutzig – es hatte eine Schicht, die es als nicht meins kennzeichnete –, aber seine Zimmer waren Urszenen, auf die ich Anspruch hatte und zu denen ich, in diesem Laden in Eufaula, Alabama, zurückkehrte. Ich hatte dieses Puppenhausmodell selbst einmal gehabt – eine Menagerie, wie ich verstand, als ich durch die Fenster spähte, von allem, was mich im Griff hat und nicht loslassen will.

Da das kleine Haus mich bereits besaß, bestand keine Notwendigkeit, es zu kaufen.

Es ist erstaunlich, was man aus der Vergangenheit in sein Netz zerren kann, nur um festzustellen, dass es nie daraus verschwunden gewesen ist.

In einem Restaurant in Venedig bestand die Kellnerin darauf, dass wir nicht selbst etwas aussuchten, sondern uns «den Tagesfang» kommen ließen. Der Tagesfang waren so kleine Fischchen mit Einbrechervisage, Gründler, die wie Cartoon-Zeichnungen von Bankräubern aussahen, proletarische Gesichter, frittiert. Als Bourgeois fühlte ich mich in meinem Anstand verletzt. Vielleicht war ich auch verletzt, weil diese kleinen Gesetzesbrecher mit einem Schleppnetz gefangen worden waren, und hatte Mitleid mit ihnen. So oder so vergaß die Kellnerin, uns Besteck zu bringen.

Es heißt, der Kapitalismus beruhe auf dem System, eine Sache, die einem nicht gehöre, an jemanden zu verkaufen, der sie nicht haben wolle. Genauso definiert ein Lacan-Anhänger die Liebe. Der Liebende macht aus seiner Banalität ein Geschenk, als wäre sie ein Wunder. Er gibt vor, mehr als seine Banalität anzubieten, ein Stück von der Welt, das seine Liebe widerspiegelt und das er in Wirklichkeit nicht besitzt. In beiden Fällen, dem der Liebe wie dem der Zukunft, zwingt man etwas, das man nicht besitzt, jemandem auf, der es nicht haben will.

Kapital verlangt das Vertrauen darauf, dass man Geschäfte mit der Zeit machen kann. Alain Badiou sagt, die künftige Revolution erscheine nur dann unmöglich, wenn man die Lüge schlucke, dass die Gegenwart tragfähig und schlüssig sei.

Sobald man erkannt habe, wie unmöglich das Leben bereits sei, komme die Chance auf einen realen, wahren, tatsächlichen emanzipatorischen Horizont in den Blick. Verstanden?

Viele möchten Mutmaßungen über die Zukunft anstellen, den Postkapitalismus, aber zunächst müssen wir definieren, was Kapitalismus ist. Wenn wir ihn nicht definieren, können wir seine Eigenschaften nicht kennen, seinen Tod oder Triumph nicht verkünden, ja nicht einmal feststellen, ob er in angeschlagenem oder robustem Zustand ist. Man muss den Kapitalismus vollkommen verstehen, um zu wissen, ob das Universum der freien Märkte wie ein Donut geformt ist – eine Drei-Torus-Topologie – oder vielmehr eine grenzenlose Realität darstellt, wie er uns glauben machen will. Nur um Klartext zu sprechen – ich zähle mich nicht zu denen, die ihn verstehen, noch nicht einmal unvollkommen.

Die Roboterarme an einem Autofließband arbeiten so reibungslos zusammen, dass es fast intim ist. Sie können maximale Nähe erreichen, ein Maschinenteil und das nächste, ohne sich zu berühren. Eine Fabrikhalle voller Roboter braucht keinen Toilettensuff, keine Liebe in der Besenkammer, keine Faustkämpfe mit Bossen. Jedes Mal, wenn die Maschinen in ihren perfekten Bewegungen pausieren, sehen wir ein Stillleben. In ihren kleinen Pausen sind sie starr, leblos. Wir wissen ein wenig über die Leute, die litten, die ihre Jobs verloren, als die Roboter kamen. Die Leute, die ihre Jobs verloren, lungern nicht vor den Fabriktoren herum. Sie sind ins Dienstleistungsgewerbe gewechselt. Das Dienstleistungsgewerbe ist eigentlich kein «Gewerbe». Es ist alles, was nicht Fabrikation oder Landwirtschaft ist. Es ist ein Un-Ding.

Ich bin nicht die Erste, die feststellt, dass die Realität selbst inzwischen falsch ist, eine ideologische Fiktion, ein Roman.

Viele haben inzwischen verstanden, dass die Realität ein Argument für sich selbst ist und kein reales, echtes Ding.

Gott wurde vor die Tür gesetzt, als wir von der geschlossenen Welt ins unendliche Universum reisten. Wir wurden auch vor die Tür gesetzt. Alle waren plötzlich obdachlos, nicht mehr glücklich in jenen Zeiten, als der Sternenhimmel «die Landkarte der gangbaren und zu gehenden Wege» war, wie Georg Lukács halb bedauernd sagt. Die Sterne blieben die gleichen, nur bewegten sie sich und waren nicht fix, nicht mehr Teil unserer Welt, nicht mehr Teil von uns. Marguerite Duras meint, entweder herrsche Gott über einen leeren Raum – ein Universum, in dem wir der einzige Störfall sind – oder Er herrsche nur über uns, was ihn zu einem lediglich «regionalen» Gott mache. Einem von hier. Einem Einheimischen.

Was ist objektiv und gesichert? Oder besser gesagt, was ist der Sound dessen, was objektiv und gesichert ist? Weibliche Schreie und zerspringendes Glas.

Im Dogenpalast in Venedig gibt es einen Saal, der einst der größte Versammlungsraum in ganz Europa war. Er fasste zweitausend Personen. Die Dogen regierten Venedig eintausend Jahre lang. Es gab einhundertzwanzig Dogen. Sie dienten auf Lebenszeit. An den Wänden dieses grandiosen Salons hängen rundherum, ganz oben unter der Decke, gemalte Porträts der ersten sechsundsiebzig Dogen. Das heißt alle außer einem, einem einzelnen venezianischen Dogen, der nicht mit einem Porträt, sondern mit einem schwarzen Banner vertreten ist, und auf dem schwarzen Banner steht auf Latein: Hier ist der Platz, der für Marino Faliero reserviert war, geköpft für Verbrechen.

Marino Faliero war nur ein Jahr lang Doge. Ein Jahr von eintausend. Ein Doge von einhundertzwanzig. Und doch: Jeder, der je in dem grandiosen Rathaussaal von Venedig war, einem der größten Versammlungsräume in ganz Europa, ja überhaupt jeder, der gebeten wird, einen venezianischen Dogen zu nennen, einen einzigen, irgendeinen Dogen aus Venedig, wird Marino Faliero nennen. Und wenn den Leuten auf die Frage, ob sie einen venezianischen Dogen nennen können, der Name nicht einfällt, werden sie antworten: «Der, dessen Andenken man auszulöschen versucht hat. Das ist der, den ich kenne.»

Duras mit s

Wenn die französische Schriftstellerin Marguerite Duras in gewisser Hinsicht eine scharfsinnige Analytikerin war (Jacques Lacan bezeichnete sie als unbewusste Verkörperung seiner Theorien), so war sie außerdem eine Ein-Frau-Schockstrategie, die sich in Katastrophengebiete hineinbegab, nicht um Profit daraus zu ziehen, sondern um aus den für sie typischen Materialien – Leidenschaft, Trauer und Schweigen – Erzählungen zu bauen.

In der Anfangsmontage des Films *Hiroshima, mon amour*, dessen Drehbuch sie schrieb, gleitet die Kamera durch Hiroshimas Friedensmuseum und hält vor verschiedenen Rekonstruktionen des Grauens inne – Berge anonymer Haare, ein verbogenes, von der Hitze zerstörtes Fahrrad, ein Foto der bombardierten Stadt, das an *Guernica* erinnert –, bevor sie zu einem mit Perlen besetzten Modell des Industrie- und Handelskammergebäudes in einem Geschenkartikelladen weiterschwenkt, Symbol der einst florierenden militärisch-industriellen Produktion der Stadt, und dann zu einem Bus mit der Aufschrift «Atomic Tours» an der Seite. Eine attraktive junge Reiseführerin spricht fröhlich durch ein Mikrofon zu den Passagieren, während der Bus durch «New» Hiroshima fährt, das spartanisch, modern, rechtwinklig und sauber ist. Die subtile Botschaft der Montage von Alain Resnais, dem Regisseur, ist kaum subtil: Industrieller Kapitalismus, Stadtkultur und ewiger Krieg hängen nicht nur miteinander zusammen, sondern sind auf einer gewissen Ebene ununterscheidbar.

Schon wahr, aber nicht ganz die Desublimation, um die es Duras ging. Zu Resnais' Montage hören wir die Stimme einer unbenannten Französin, gespielt von Emmanuelle Riva, die behauptet, «alles» von der Katastrophe in Hiroshima gesehen zu haben. Ein unbenannter Japaner, gespielt von Eiji Okada, weist ihre Behauptung zurück («nichts hast du gesehen»). Die Französin und der Japaner haben sich in Hiroshima kennengelernt, der Stätte einer ausradierten Katastrophe, wo sie eine kurze und intensive Liebesaffäre haben.

Im Lauf der Geschichte wird deutlich, dass die Behauptung der Frau, den nuklearen Holocaust bezeugt zu haben, eine Einbildung im Sinne einer Deckerinnerung ist – in streng freudianischer Begrifflichkeit eine falsche oder belanglose Erinnerung, die defensiv eine echte und traumatische tarnt, in diesem Fall die Erschießung ihres deutschen Geliebten bei der Befreiung des besetzten Nevers, eine Episode, über die sie zum ersten Mal dem Japaner gegenüber spricht, einem kulturell anderen, der es ihr ermöglicht, zum ursprünglichen traumatischen Erlebnis zurückzukehren. Wir bewegen uns, indirekt, von besagten Bergen anonymer Haare zum Bild des kahl geschorenen Kopfes der Frau; von dem atomar verschmorten Fahrrad zu ihrer eigenen Radtour nach Paris, als sie aus einem gefühlstoten, irrsinnigen, kahlköpfigen Zustand wieder herauskommt. Es geht ihr endlich gut genug, um sich hinauszuwagen. Ihre Haare sind nachgewachsen. Der Abend ist warm. Der Krieg ist offiziell beendet, eine Lösung, die durch das Abwerfen von Atombomben herbeigeführt wurde. Sie schließt sich der ekstatischen Menge an, die auf die Straßen strömt.

Rätselhafterweise gab Marguerite Duras ihren Anteil an den überraschenden Gewinnen aus *Hiroshima, mon amour* an ihren Freund Georges Bataille weiter. Warum sie das tat, ist unklar. 1957 hatte sie Bataille zum Thema «Souveränität» interviewt, ein Thema, das er 1949 in einem Essay über Hiroshima behandelt hatte, in dem er schrieb, dass der Moment des Nuklearschlags die einzige souveräne Wahrheit sei, die Hiroshima uns zu bieten habe. Im Weiteren hatte er diesen Moment, diesen Schlag, als «verschwindende Pracht» bezeichnet. So abartig wie Bataille dachte Duras nicht, aber die gängige Interpretation ihres Drehbuchs für *Hiroshima, mon amour* als «anti-nuklear», als eine Arbeit über den Frieden, ist nicht ganz korrekt. Richtiger wäre es zu sagen, dass Duras das menschliche Leid zwar verdammte, es dann aber auch als die einzig entscheidende Voraussetzung für die Möglichkeit von Bedeutung hinstellte.

Marguerite Duras ist eine Menge passiert. Sie verlor ein Kind bei der Geburt, verlor durch dieses Erlebnis Gott und erlangte unerwünschtes Wissen über den Tod. Ihr Mann Robert Antelme wurde nach Dachau deportiert, kam zurück, wog aber nur noch vierzig Kilogramm. Duras arbeitete für die Occupation und schloss sich später der Résistance an, dann der Kommunistischen Partei. Wurde aus der Kommunistischen Partei ausgeschlossen, blieb aber Marxistin. Duras führte öffentliche Dialoge mit Präsident François Mitterrand und mit Jean-Luc Godard und moderierte über mehrere Jahre hinweg Folgen der französischen Fernsehsendung *Dim Dam Dom*, in denen sie eine Prostituierte, eine Gefängniswärterin und einen siebenjährigen Jungen interviewte. Einige Aspekte ihres Lebens sind legendär, etwa die bittere Armut ihrer Kindheit in Indochina. In manchen Texten heißt das Leiden ihrer Mutter Wahnsinn. In anderen Menopause. Oder finanzieller Ruin.

Manchmal ist der Wahnsinn ihrer Mutter ihre Stärke. Vielleicht sind das keine Widersprüche.

Duras passierten Dinge, «die sie nie erlebt hat», wie sie es ausdrückte. Die Geschichte ihres Lebens gebe es nicht, sagte sie. Den Roman ihres Lebens – ja. Sie las besessen Proust, Conrad, das Buch Kohelet. Sie betrieb eine poetische Vertiefung ins Heilige und Geheime. Vielleicht hat sie einen Trend begründet, der Autofiktion heißt, aber sie lehnte Trends ab und war, wichtiger noch, felsenfest davon überzeugt, dass das Genre der Autobiografie minderwertig sei, unwürdig. Ebenso das «essayistische» Schreiben. Die Anti-Roman-Rhetorik der Vertreter des Nouveau Roman, die sie als «Geschäftsleute» bezeichnete, lehnte sie ab. Literatur war ihr Interesse, *diese* Art Wahrheit.

Marguerite hieß nicht immer Duras. Sie wurde als Donnadieu geboren, aber mit der Veröffentlichung ihres ersten Romans, *Les impudents (Die Schamlosen)*, 1943 änderte sie ihren Namen von Donnadieu zu Duras und blieb dabei. Sie wählte als Künstlernamen das Dorf der Herkunft ihres Vaters, distanzierte sich damit von ihrer Familie und verband sich mit den Emanationen dieses Ortsnamens, der mit einer regionalen, südfranzösischen Vorliebe für ein scharfes *s* ausgesprochen wird. Das Dorf Duras liegt in Lot-et-Garonne, einer Gegend südlich der Dordogne und gleich nördlich der Gascogne. Die Sprache Gaskognisch, aus der die Praxis des mitgesprochenen *s* kommt, gilt als nicht stilvoll. Gebildete Franzosen, die nicht aus dieser Region stammen, könnten versucht sein, sich bei einem Eigennamen für ein stummes s zu entscheiden. Im Englischen hört man oft Dur*aah* – besonders von Leuten, die sich für frankophil halten. Duras selbst sagte Duraas, und das ist die korrekte, wenn auch unkultivierte Art, es auszusprechen. Mit einem *s*.

Proust, den Duras enorm bewunderte, nahm für den überzeugenden und lächerlichen Baron de Charlus den Gaskogner Robert de Montesquiou zum Vorbild. Manche meinen, wegen Montesquious Herkunft müsse Charlus Charl*uss* ausgesprochen werden. In *Sodom und Gomorrha* macht Proust selbst sich nicht wenig über das Problem verschiedener Aussprachen lustig, darüber, wie sie Klasse und Feingefühl kennzeichnen, und ganz besonders über die Sache mit dem *s*, über die Raterei, ob es stumm bleibt oder ausgesprochen wird. Mme de Cambremer-Legrandin gerät in eine Art Verzückung, als sie zum ersten Mal einen Eigennamen *ohne* stimmloses *s* gesprochen hört – Uz*ai* statt Uz*ès* –, und plötzlich wird die Unterdrückung des *s*, «die sie am Tag zuvor noch bestürzt hatte, während es ihr nun so vulgär erschien, sie nicht zu kennen», zum Beweis und zur Apotheose lebenslanger guter Erziehung und «Gewandtheit».

So vulgär, sie nicht zu kennen, und doch sagt Proust hier eigentlich, dass es genauso vulgär sei, sich elitärer Signifikationen derart bewusst zu sein, obwohl er von ihrer Welt ebenfalls gebannt war. Mme de Cambremer-Legrandin ist schließlich nur eine Bürgerliche, die ihre gesellschaftliche Stellung durch Heirat angehoben hat, und ihr gewolltes, snobistisches stummes *s* wird nichts daran ändern und kann immer nur ein Bemühen sein, das in *Sodom und Gomorrha* berührend komisch dargestellt ist. Mit Duras ist es etwas anderes. Keine Tricks, volles *s*. Vielleicht war ihre im späteren Leben angenommene Gewohnheit, von sich selbst in der dritten Person zu reden, eine Erinnerung an die bescheidene Aussprache ihres Namens, Dur*aas*. Oder sie war nur ein Element dessen, was manche als ihren Narzissmus bezeichnet haben – eine recht oberflächlich erscheinende Art, ein Genie abzuwerten. Sicher, Duras war extrem mit sich beschäftigt, aber beinahe so, als hätte sie unter einem Bann gestanden. Bestimmte Menschen erleben ihr eigenes Leben sehr intensiv. Dennoch, es gibt eine durchgängige Qualität, eine Art erdverbundene Schlichtheit, in all ihren Romanen, Filmen, Drehbüchern und Notizheften, und in dem traumhaft präzisen oralen «Erzählen» von *La Vie matérielle (Das tägliche Leben)*, das ein Hauptindex des Durasianismus, der *S*-heit, ist: Zeilen, die durch Unerschrockenheit und Leichtigkeit funktionieren, das heißt ohne Dünkel.

«Eines nur beherrsche ich: das Meer zu betrachten.»

«Eine trinkende Frau, das ist, wie wenn ein Tier, ein Kind tränke.»

«Der Alkohol ersetzt den Akt der Lust, ohne ihren Platz einzunehmen.»

«Mann und Frau unterscheiden sich immerhin beträchtlich.»

«Ein Leben ist keine Kleinigkeit.»

Ihre Feststellungen haben die schlichte Faktizität von Erde und Steinen, selbst wenn ich ihr nicht immer zustimme, vor allem nicht in ihrer Homophobie, die in dem Abschnitt von *La Vie matérielle* über Männer zum Ausdruck kommt und schlimmer geworden zu sein scheint, als ihr Leben zu einer angespannten und komplizierten, von Herbst bis Frühling währenden Intimität mit Yann Andréa Steiner verschmolz, der schwul war.

La Vie matérielle wurde von Barbara Bay unter dem Titel *Practicalities* ins Englische übersetzt, aber treffender wäre vielleicht «Material Life», «Das materielle Leben», oder

«Everyday Life», «Das tägliche Leben», gewesen. Es begann mit Tonaufnahmen eines Gesprächs, das Duras mit Jérome Beaujour führte, einem Freund ihres Sohnes. Sie wurden transkribiert und dann von Duras noch erheblich überarbeitet, geschnitten, umformuliert. Was die Gattung betrifft, ist das Buch einzigartig, aber in ihrer Breite und Tiefe sind alle Werke von Duras romanhaft, und jedes kann von einem Gefäß in ein anderes umgegossen, kann vom Theaterstück zum Roman zum Film werden, ohne dass dabei das spezifisch Durasische verloren geht. Zum Teil liegt das daran, dass Sprechen und Schreiben bei ihr in gewissem Sinne das Gleiche sind. (Manche ihrer späteren Werke diktierte sie zuerst Yann Andréa, der ihre Sätze in die Schreibmaschine tippte, und was dabei herauskam, waren Romane, wie etwa *Die Krankheit Tod*.) Im Klappentext der englischen Ausgabe heißt es, *La Vie matérielle* handele «davon, eine Alkoholikerin zu sein, davon, eine Frau zu sein, und davon, eine Schriftstellerin zu sein». Von alldem handelt es in der Tat – und zwar mehr oder weniger in dieser Reihenfolge –, das Trinken allerdings durchzieht das ganze Buch. Dessen Erörterungen sind ungeschminkt. Und akkurat, denn sie kommen von jemandem, der sich auskennt. 1987, als Duras dieses Buch machte, hatte sie eine Zirrhose im Spätstadium gehabt, mit dem Trinken aufgehört, wieder angefangen und in einer Entzugsklinik den Verstand verloren, eine Episode, die sie in dem Buch als «Koma» bezeichnet. 1988 versetzte ihr Alkoholkonsum sie in ein echtes Koma, fünf Monate lang. «Man sagt den Leuten immer zu spät, dass sie zu viel trinken. […] Selber weiß man nie, dass man zu viel trinkt. In 100 Prozent aller Fälle fasst man diese Mitteilung als Beleidigung auf.»

Was sie über Frauen und das häusliche Leben sagte, ist charakteristisch für ihre Zeit, auch wenn sie auf ihre Art eine frühe Feministin war, die fand, Schwangerschaften seien der Beweis für die Überlegenheit von Frauen über Männer, woran sie die Männer in ihrer Umgebung unablässig erinnerte, als sie selbst mit ihrem Sohn Jean schwanger war. In einem «Das Haus» betitelten Abschnitt findet sich eine Liste wichtiger Dinge, die sie in Neauphle-le-Château vorrätig hielt, dem Landhaus, wo sie schrieb und wo viele ihrer Filme entstanden. Auf der Liste stehen unter anderem Butter, Kaffeefilter, Stahlwolle, elektrische Sicherungen und Scotch-Brite. Nur leichtlebige Frauen, sagt sie, vernachlässigten Reparaturen. Hinsichtlich der «groben», von Männern ausgeführten Arbeiten ist sie, anders als von häuslichen Tätigkeiten, unbeeindruckt: «Bäumeschneiden ist für jemand, der aus dem Büro kommt, eine Art Sport und keine Arbeit.» Und dann, fügt sie hinzu, denke ein Mann auch noch, er sei ein Held, wenn er losgehe und ein paar Kartoffeln einkaufe. «Doch was soll's», endet sie und verkündet im nächsten Absatz, die Leute sagten ihr, sie übertreibe, dabei könnten Frauen ein wenig Idealisierung gut gebrauchen. Dann spricht sie über das Verbrennen von Manuskripten, wonach das Haus sich jungfräulich und sauber anfühle, und ihr nächstes Thema, nahtlos angeschlossen, ist das Phänomen «von den Restposten und x-fach verbilligten Waren in Ausverkäufen», die eine Frau dazu trieben, sich Kleidung anzuschaffen, die sie gar nicht haben wolle oder brauche. Eine Frau stehe am Ende mit einem Kleidungsüberfluss da, der für ihre Generation neu sei, und doch behalte diese Ur-Frau, mit ihrer vermeintlichen Typizität, dieselbe Rolle bei, zu Hause und in der Welt, die für alle Frauen zu allen Zeiten bestanden habe: im «Theater ihrer tiefen Einsamkeit, das seit Jahrhunderten ihr Leben ausmacht».

Am Ende von *La Vie matérielle* ist sie nach einer Entziehungskur im Krankenhaus wieder zu Hause. Sie sieht Dinge, und diese «Bilder waren klarer als die echten Bilder, gleichsam von innen erleuchtet». Eine Frau in ihrem Badezimmer hält ein totes Kind im Arm. Jede Nacht wurde Duras «von ‹diesen Leuten›, die durch die Wohnung schweiften, bedroht». Sie beschreibt eine Begegnung mit einem «furchterregenden» Mann, eine Halluzination, als wäre dieser Mann vollkommen real, und das ist er auch: Er ist Teil ihres fiktiven Universums, der Urszenen, die sie ihr Leben lang dargestellt und überarbeitet, erzählt und wiedererzählt hat.

Ein Großteil ihrer Publikationskarriere war von Misogynie geprägt: In den Fünfzigerjahren bezeichneten männliche Kritiker ihr Talent als «maskulin», «schonungslos» und «viril» – und meinten diese Attribute als Beleidigungen! (Derart vernebeltes Beharren auf geschlechtsspezifischen literarischen Revieren ist leider noch immer nicht verschwunden.) Die Implikation war die, dass sie als sanftmütige, schwache Frau kein Recht auf ihren abgehobenen Freimut, ihr empörendes Selbstbewusstsein habe. Und es stimmt schon, dass man von seinen eigenen Ideen eine ziemlich hohe Meinung haben muss, um sie mit solcher Strenge und Melodramatik zum Ausdruck zu bringen, aber darin bestehen das große Paradox und die Spannung des gleichermaßen rudimentären wie kühnen Stils Duras'. «Leute, die sagen, sie mögen ihre eigenen Bücher nicht, falls es solche Leute denn gibt, tun das, weil sie nicht gelernt haben, der Anziehungskraft der Erniedrigung zu widerstehen», schrieb sie in einem ihrer Tagebücher. «Ich liebe meine Bücher. Sie interessieren mich.»

Jean-Marie Straub und Danièle Huillet, die eine Kurzgeschichte von Duras für den Film *En rachâchant* adaptierten, sagten von ihrem eigenen Werk, am besten könnten es Höhlenmenschen und Kinder verstehen. Tatsächlich ist ihr Werk für jeden, der sich in Literatur, Philosophie und Kunst nicht gut auskennt, schwer verständlich, auch für jeden, der im Schauen schwieriger Filme nicht geschult ist, aber die Absicht, die sie mit einer solchen Behauptung verbanden, scheint klar genug: Wenn ihr es nicht versteht, beurteilt ihr es durch übernommene Ideologien und Traditionen, die Hindernisse darstellen, und sobald ihr eure schlechte Schulung vergesst, werdet ihr unsere Filme verstehen. Ihr Höhlenmensch ist eine Art Negativ, der umgekehrte Schatten kultureller Voreingenommenheit, ein Unschuldiger. Passenderweise handelt die Erzählung, die sie adaptierten, von einem Jungen, der lernt, ohne unterrichtet zu werden, also vieles ohne Verfälschung durch den Intellekt einfach weiß.

Anders als Straub und Huillet hätte Duras bei Höhlenmenschen und Kindern vielleicht tatsächlich eine reelle Chance gehabt. Ob ihr Werk seine volle Wirkung entfaltet, hat nichts mit Bildung, mit Belesenheit zu tun. Entweder sagt es einem etwas oder nicht. Sie könnte mit jedem sprechen und jede Art Stimme nachahmen (und dabei irgendwie jenen Ton beibehalten, ihr *s*), wie die der beiden schroffen, aber philosophischen Figuren der Concierge und des Straßenfegers in *Madame Dodin*. Die Momente der Wahrheit in ihrem Werk sind elementar und empfunden, nicht synthetisch oder abstrus. Der Schauspielerin Delphine Seyrig sagte sie einmal, dass sie das Schreiben vielleicht aufgeben und eine Lkw-Raststätte aufmachen würde.

Unterdessen wurde sie von vielen Intellektuellen des 20. Jahrhunderts geliebt und bewundert, etwa von Lacan und Maurice Blanchot, die beide über ihr Werk schrieben («Ich habe nie viel von ihm verstanden», sagte sie über Lacan). Samuel Beckett bezeichnete seine Rezeption ihres Hörspiels von *Im Park* als einen Schlüsselmoment in seinem schöpferischen Leben. Sie hatte das, was sowohl Beckett als auch der Filmemacher Alain Resnais als ihren «Ton» bewunderten.

Durasisch. Alles, was sie machte, war davon charakterisiert, und die eigene Qualität dieses Tons war sicher der Grund, der, nachvollziehbar genug, zu dem Vorwurf führte, sie laufe manchmal, wenn auch unwillkürlich, Gefahr, sich selbst zu karikieren. Aber jeder Schriftsteller macht sich Hoffnungen auf irgendeine Marge originärer Macht, eine Strukturierung und Ordnung, die ihm als Geschenk gewährt ist und niemand anderem gegeben wird. Wenn Duras nicht so viel Glück gehabt hätte, wenn sie keine solche natürliche Schriftstellerin gewesen wäre, hätten ihre Kritiker kein Objekt für ihren Neid gehabt, für ihre Ahndung des Exzesses ebenso wenig wie für das Gegenteil – den Argwohn gegenüber Duras' Verhaltenheit, ihrer Sparsamkeit mit Worten.

Ihre frühen Texte, in den *Heften aus Kriegszeiten*, lassen ihr Talent für Literatur erkennen. Nichts davon liest sich wie ein Tagebuch, auch wenn wir wissen, dass die Erlebnisse ihrer Biografie nahe sind. Viel davon ist in der dritten Person geschrieben, als bediene sie bereits die Hebel der Figurendarstellung, und unter den Einträgen sind gestaltete Dialoge, kunstvolle Pausen, Verdichtungen. «Irgendwann», schreibt sie über ihre Kindheit, «taten wir uns am Fleisch eines jungen gepökelten Krokodils gütlich, aber auf die Dauer wurden wir jeder Fleischspeise überdrüssig.» In einem frühen Entwurf von *Heiße Küste* heißt es: «und das Meer kam und verbrannte die Ernten.» In einer unveröffentlichten Erzählung, *Theodora*, ist schon ein Talent für anspielungsreiche auktoriale Eingriffe gegenwärtig, metafiktional, aber nicht distanzierend: «Ihre Augen sind grün und glänzend, ihr Kleid ist rot, das hat sich so getroffen.» Die frühen Entwürfe von *Der Schmerz* in den Heften vermitteln eindrucksvoll die chaotische Erfahrung, auf Nachricht vom Schicksal ihres Mannes im Konzentrationslager zu warten. «Alles, was man wissen kann, wenn man nichts weiß, weiß ich», schreibt sie. Eine Frau, die darauf wartet, von ihrer Tochter zu hören, plappert davon, sie habe ihr neue Beschläge unter die Schuhe machen lassen, platzt dann aber damit heraus, dass ihre Tochter wahrscheinlich vergast worden sei. «Mit ihrem steifen Bein», sagt die Mutter, «werden sie sie vergast haben.»

In einem Abschnitt über den Verlust des eigenen Babys bei der Geburt sagt eine Krankenschwester zu ihr: «Wenn sie klein sind, werden sie verbrannt.» Und zum Schluss heißt es: «endlich sind mir die Gläubigen absolut fremd geworden.» Die Hefte sind voll von diesem Ton, diesem *s*: hoher Einsatz und brutale Erfahrung.

Als sie *Der Liebhaber* schrieb, war Duras siebzig Jahre alt. Das Buch, manche haben es vielleicht vergessen, beginnt damit, dass ein Mann ihr sagt, er finde sie jetzt schöner als in ihrer Jugend. «Ich mochte Ihr junges Gesicht weniger als das von heute, das verwüstete.» Aber Männern zufolge, mit denen ich gesprochen habe und die sie kannten, blieb sie selbst im hohen Alter umwerfend sexy. Als ich mich deswegen erstaunt zeigte, muss einer dieser Männer, der Filmregisseur Barbet Schroeder, lachen. Es deutete auf meine hoffnungslose Ignoranz in Bezug auf die Wirkung der Duras hin. Spielt es eine Rolle, dass sie sexy war? In gewissem Sinne ja, weil es ihr erlaubte, ihr unersättliches Bedürfnis nach erotischer Aufmerksamkeit zu stillen, so berichten ihre Biografen, und sich mit dem Begehren und das heißt: mit dem Schreiben zurechtzufinden.

Der Roman *Der Liebhaber* beginnt mit jener Bemerkung zu ihrem verwüsteten Gesicht und korrigiert die Altersverwüstungen dann, indem er Kindheit und Erfahrung als Ideale darstellt, die durch den Nebel der Geschichte weiterleuchten.

Der Liebhaber ist keine Autobiografie, wurde aber als Enthüllungsbuch rezipiert. Duras wurde zum großen Star. Leser waren begierig darauf, in die dunstige Vision einer kolonialen Jugend hineinzuwaten und anzunehmen, es sei Duras' Leben. Als Roman ist das Buch nicht konventioneller als ihre anderen, aber seine plastische Kompaktheit, die Art, wie es die nahen und fernen Empfindungen und Erinnerungen eines einzelnen Bewusstseins marmoriert und integriert, macht es zu einer Art künstlerischem Zenit.

Das Mädchen in dem Roman, nie namentlich genannt, das «Ich» und das «Sie», ist eine kleine weiße «Kindprostituierte», mit der Fedora eines Mannes auf dem Kopf, goldenen Laméschuhen und dem Diamanten eines Millionärs. Der Millionär ist der gut aussehende chinesische Landbesitzer, der sie in eine Geheimwohnung in Cholon mitnimmt, dem chinesischen Viertel von Saigon. Ihre Liaison ist verboten, weil er nicht weiß ist, und dadurch umso besser; eine verbotene Liebe ist drängender.

Das erste Beispiel eines Liebhabers war in den *Heften aus Kriegszeiten* aufgetaucht. Er heißt Léo, und er ist kein Chinese, sondern Vietnamese. Er ist hässlich, vernarbt und abstoßend für sie, aber aufgrund seines Reichtums und des Drucks ihrer Familie strebt die junge Duras eine Beziehung mit ihm an. Sie beschreibt ihn als «die Lächerlichkeit in Person» und «ziemlich unintelligent» (so wirken wohl alle Freier, deren Gefühle nicht erwidert werden). Irgendwann küsst Léo sie, und sie ist angewidert. Die Szene wird fast wie eine Vergewaltigung beschrieben.

In *Der Liebhaber* hat sich das junge Mädchen in eine Sexpuppe verwandelt. Der Liebhaber wäscht sie, trocknet sie ab, trägt sie zum Bett. Sie wird angebetet und vergöttert und genießt es, als Macht und als sinnlichen Rausch, und der Leser spürt darin auch die Lust der Autorin. Die Kindprostituierte ist glorreich selbstbeherrscht; ihre Erniedrigungen sind nicht ihre eigenen Komplexe, sondern die der Gesellschaft und lassen sie nur heller strahlen, für Autorin und Leser gleichermaßen, die sie in stillschweigendem Einverständnis als Hure benutzen. Es ist die «gute» Hurerei, nicht die schlechte – die stattgefunden haben mag oder nicht, aber so oder so zuerst kam.

Später sagte Duras, dass die Darstellung in *Der Liebhaber* ihre echte Kindheit war, aber diejenigen, die sie am besten kannten, meinen, sie habe angefangen, ihre Literatur mit der Realität zu verwechseln. Die Affäre im Roman ist eine «Struktur», wie Lacan vielleicht sagen würde, ein Dreieck aus Erzählerin, Kind, Liebhaber. Selbst Alain Vircondelet, der glaubwürdigste ihrer drei Biografen, nennt die Geschichte eine von ihr erfundene Legende, die, «nachdem sie im Laufe ihres ganzen Lebens gereift war, schließlich wahr wurde». In *La Vie matérielle* liefert sie ein Korrektiv, das nur eine weitere Beschönigung zu sein scheint: Sie sagt, der Liebhaber habe sie in Wirklichkeit nicht abgetrocknet, nachdem er sie mit Krügen voll Wasser gewaschen habe, sondern sie *noch nass* aufs Bett gelegt.

Regenwasser. Badewasser. Vom Pazifik überschwemmte Reisfelder: Dies sind Reflexionsbecken eines inneren Universums. Später goss Duras den Inhalt von *Der Liebhaber* in ein anderes Gefäß um, *Der Liebhaber aus Nordchina*, eine neue Erzählung. Aber *Der Liebhaber*, ein Hauch von einem Buch, das man an einem Nachmittag lesen kann, ist die Urszene, um die die anderen Mythen und Träumereien kreisen.

Alkoholikerin, Frau, Schriftstellerin – diese Identitätsakte, die eine, die trinkt, die als Frau lebt, die schreibt, scheinen alle drei mit einer grundlegenderen, ursprünglicheren Handlung verbunden zu sein: der Produktion von Literatur, von in Sprache eingewebter Erfahrung. Wenn wir Literatur mit Schreiben assoziieren, tun wir es dann auch mit Frauen? Mit Trinkerinnen?

Die Szene in *La Vie matérielle*, als Duras dem «furchterregenden» Mann begegnet, der in ihrer Wohnung lebt, wie sie sagt, und nicht versteht, warum sie Angst vor ihm hat, war kein bloßer Tagtraum, sondern eine ausgemachte Halluzination, verursacht durch Delirium tremens infolge Alkoholentzugs. Der Mann trägt einen schwarzen Mantel. Sie fragt sich, ob er vielleicht da sei, um sie an «irgendeine uralte Verbindung» zu erinnern, die abgeschnitten worden sei, aber von Geburt an ihre «Raison d'être» gewesen sein müsse. Sie nennt ihn eine «Meistererscheinung». Er ist seit vierzehn Tagen in ihrer Wohnung, sieht sie an, weiß nicht, dass sie ihn nicht verstehen kann, und ist unerschütterlich in seinem Appell, worin auch immer der besteht. Dieser Mann stellt für sie einen echten Albtraum dar, in dem ein ganzes Leben voller Worte schließlich auf taube Ohren trifft.

Irgendwann hörten ihre Halluzinationen auf. Als der Mann verschwand, weinte Duras lange. Drei Jahre später fand sie einen Weg, von ihm zu sprechen, mit Jérôme Beaujour.

Wahrscheinlich beschönigte sie den Bericht sogar ein wenig, wer weiß, aber wie klärt man die Fakten eines Trugbilds?

Brauchen wir Gefängnisse?

Ruth Wilson Gilmore erzählt gern eine Begebenheit von einer Umweltgerechtigkeitskonferenz in Fresno, an der sie 2003 teilnahm. Menschen aus dem ganzen kalifornischen Central Valley hatten sich versammelt, um über die ernsten Umweltgefahren zu sprechen, mit denen ihre Kommunen sich konfrontiert sahen, vor allem infolge jahrzehntelanger industrieller Landwirtschaft, Bedingungen, an denen sich bis heute nichts geändert hat. (Die Luftqualität im Central Valley ist die schlechteste im ganzen Land, und eine Million seiner Einwohner trinken Leitungswasser, das verseuchter ist als das Wasser in Flint, Michigan.) Auf der Konferenz gab es eine «Jugendsparte», in der Kinder über ihre Sorgen sprechen und dann als Gruppe entscheiden sollten, was im Sinne der Umweltgerechtigkeit getan werden müsste. Gilmore, eine renommierte Geografie-Professorin (damals an der University of California in Berkeley; jetzt am CUNY Graduate Center in Manhattan) und einflussreiche Figur in der Gefängnisabolitionsbewegung, war eine der Hauptreferentinnen.

Sie war dabei, ihren Vortrag vorzubereiten, als jemand ihr sagte, dass die Kinder mit ihr sprechen wollten. Sie ging in den Raum, in dem sie versammelt waren. Es waren überwiegend Kinder lateinamerikanischer Herkunft, viele davon die Söhne und Töchter von Landarbeitern oder anderen in der Agrarindustrie Beschäftigten. Sie waren unterschiedlichen Alters, die meisten aber Schüler der mittleren Jahrgangsstufen: alt genug, um dezidierte Meinungen zu haben und Erwachsenen zu misstrauen. Mit hochgezogenen Schultern und verschränkten Armen warfen sie ihr finstere Blicke zu. Sie kannte diese Kinder nicht, begriff aber, dass sie gegen sie waren.

«Was ist los?», fragte sie.

«Wir haben gehört, dass Sie Abolitionistin sind», sagte jemand. «Sie wollen die Gefängnisse schließen?»

Gilmore bestätigte das; ja, sie wolle die Gefängnisse schließen.

Aber warum?, fragten sie. Und bevor sie antworten konnte, sagte jemand: «Und was ist mit denen, die was richtig Schlimmes getan haben?» Andere stimmten ein. «Was ist mit denen, die andere verletzen?» – «Und mit denen, die jemanden umbringen?»

Ob sie nun aus kleinen Bauerndörfern oder Wohnsiedlungen rund um Fresno und Bakersfield stammten, diese Kinder, begriff Gilmore, verstanden intuitiv, wie brutal die Welt war, und würden sich nicht leicht überzeugen lassen.

«Ich weiß, was ihr meint», sagte sie. «Aber wie ist es hiermit: Anstatt zu fragen, ob irgendwer eingesperrt werden oder frei sein sollte, lasst uns doch mal überlegen, warum wir Probleme zu lösen versuchen, indem wir das gleiche Verhalten an den Tag legen, das uns die Probleme überhaupt erst verschafft hat.» Sie bat sie, darüber nachzudenken, warum wir als Gesellschaft Grausamkeit und Rache abbilden wollten.

Während sie sprach, spürte sie, dass die Schüler ihr die kalte Schulter zeigten, als wäre sie eine neue Lehrerin, die gekommen war, um irgendein Scheinargument zu vertreten und ihnen zu sagen, es geschehe nur zu ihrem Besten. Aber Gilmore war entschlossen und ließ nicht locker. In Spanien, erzählte sie ihnen, wo es ziemlich selten vorkomme, dass irgendwer jemanden umbringe, wanderten Mörder durchschnittlich für sieben Jahre ins Gefängnis.

«Was? Sieben Jahre!» Die Ungläubigkeit der Kinder angesichts einer Strafe von nur sieben Jahren für Mord ließ sie ein wenig auftauen. Jetzt konnten sie sich darüber entrüsten statt über Gilmores Ideen.

In dem unwahrscheinlichen Fall, dass jemand in Spanien meine, ein Problem lösen zu können, indem er eine andere Person umbringe, erklärte Gilmore ihnen, werde das damit geahndet, dass er sieben Jahre seines Lebens verliere, um darüber nachzudenken, was er getan habe und wie er leben wolle, wenn er wieder frei sei. «Was dieses Konzept mir sagt», fuhr sie fort, «ist Folgendes: Wo das Leben kostbar ist, da *ist* das Leben kostbar.» Die Menschen in Spanien hätten also beschlossen, dem Leben so viel Wert beizumessen, dass sie auch denen, die anderen etwas angetan hätten, nicht mit strafenden, gewaltsamen und lebenszerstörenden Methoden begegneten. «Womit sie wiederum demonstrieren, dass gewaltsames und lebenszerstörendes Verhalten zum Zweck der Lösung alltäglicher Probleme eben keine Lösung ist.»

Die Kinder zeigten keine Regung außer skeptischen Seitenblicken, in denen ihre Zweifel zum Ausdruck kamen. Gilmore redete weiter. Sie glaubte an ihre eigenen Argumente, die sie in vielen Jahren als Aktivistin und Universitätsdozentin entwickelt hatte, aber die Kinder waren schwer käuflich. Sie sagten, sie würden über alles nachdenken, was sie von ihr gehört hätten, und schickten sie weg. Als sie den Raum verließ, fühlte sie sich vollkommen geschlagen.

Am Ende des Tages hielten die Kinder vor der ganzen Konferenz eine Präsentation, in der sie zu Gilmores Überraschung verkündeten, sie seien in ihrem Workshop zu dem Schluss gekommen, dass es drei Umweltrisiken gebe, die ihr Leben als Heranwachsende im Central Valley am stärksten beträfen. Diese Risiken seien Pestizide, die Polizei und Gefängnisse.

«Als ich dasaß und den Kindern zuhörte, blieb mir das Herz stehen», sagte Gilmore zu mir. «Warum? Die Abolition ist bewusst allumfassend; es geht dabei um die Gesamtheit der Verhältnisse zwischen den Menschen und ihrer Umwelt. Als ich den Kindern also ein Beispiel von einem anderen Ort gab, befürchtete ich, sie würden glauben, dass ein paar Menschen anderswo auf der Welt einfach besser oder gutherziger seien als die Menschen im südlichen San Joaquin Valley – und zu dem Schluss gelangen, dass es keine Bedeutung für ihr Leben habe, was irgendwo anders passiert. Aber ihrer Präsentation nach zu urteilen, hatten sie den umfassenderen Gesichtspunkt aufgenommen, den ich ihnen zu vermitteln versucht hatte: Wo das Leben kostbar ist, ist es kostbar. Sie fragten sich: ‹Warum haben wir jeden Tag das Gefühl, dass das Leben hier *nicht* kostbar ist?› Und bei der Suche nach einer Antwort erkannten sie, was sie verwundbar macht.»

Gefängnisabolition, als Bewegung, klingt provokativ und absolut, aber was es in der Praxis bedeutet, bedarf eines subtileren Verständnisses. Für Gilmore, die sich seit mehr als dreißig Jahren in der Bewegung engagiert, ist es sowohl ein langfristiges Ziel als auch ein praktisches Strategieprogramm, das staatliche Investitionen in Arbeit, Bildung, Wohnraum und Gesundheitsversorgung fordert – alles Elemente, die für ein produktives und gewaltfreies Leben notwendig sind. Abolition bedeutet nicht nur die Schließung von Gefängnissen, sondern, an ihrer Stelle, die Präsenz vitaler Unterstützungssysteme, an denen es vielen Kommunen mangelt. Anstatt zu fragen, wie wir in einer Zukunft ohne Gefängnisse mit sogenannten Gewalttätern verfahren wollen, fragen Abolitionisten, wie wir Ungerechtigkeiten auflösen und Menschen die Ressourcen verschaffen können, die sie schon lange vor jenem hypothetischen Moment brauchen, in dem sie, wie Gilmore es ausdrückt, «Mist bauen».

«Jede Zeit hat ihre Hoffnungen gehabt», schrieb William Morris 1885, «Hoffnungen auf etwas, das jenseits des Lebens in dieser Zeit selbst liegt, Hoffnungen, die in die Zukunft vorstoßen.» Morris war ein Proto-Abolitionist: In seinem utopischen Roman *Kunde von Nirgendwo* gibt es keine Gefängnisse, und das wird als offensichtliche, notwendige Bedingung für eine glückliche Gesellschaft dargestellt.

Zu Morris' Zeit war das Gefängnis als gängigste Form der Strafe relativ neu. Im England von einst wurden Menschen nur für kurze Zeit eingekerkert, bevor man sie auf die Straße zerrte und auspeitschte. Wäre man für einfachen Verrat nach frühem englischem Common Law noch bei lebendigem Leib verbrannt worden, wie Angela Davis in ihrem 2003 erschienen Buch *Are Prisons Obsolete* berichtet, wurde diese Strafe 1790 durch den Tod durch Erhängen reformiert. In der Folge der Aufklärung rückten europäische Reformer allmählich generell von körperlichen Strafen ab; die Menschen kamen ins Gefängnis, damit sie für bestimmte Zeit dort eingesperrt blieben, und nicht, weil sie dort auf ihre Züchtigung zu warten hatten. Die Gefängnisbewegung in England wie den Vereinigten Staaten im frühen neunzehnten Jahrhundert war zum Teil durch die Forderung nach humanitäreren Strafen motiviert. Gefängnisse *waren* die Reform.

Wenn das Gefängnis, in seinem philosophischen Ursprung, als humane Alternative zu Prügeln, Folter oder Tod gedacht war, ist es inzwischen zu einem festen Bestandteil des modernen Lebens geworden, der selbst bei seinen Unterstützern und

Verwaltern nicht für seine Menschlichkeit bekannt ist. In den Vereinigten Staaten haben wir gegenwärtig mehr als zwei Millionen Inhaftierte, ein Großteil von ihnen schwarz oder braun, so gut wie alle aus armen Gemeinden. Gefängnisse haben nicht nur Menschenrechte verletzt und bei der Rehabilitation versagt; es ist noch nicht einmal klar, dass sie zur Abschreckung taugen oder die öffentliche Sicherheit erhöhen.

Nach einem Inhaftierungsboom, der um 1980 herum überall in den Vereinigten Staaten einsetzte und sich erst in jüngster Zeit abzuschwächen beginnt, ist die Reform politisch populär geworden. Doch Abolitionisten behaupten, dass mit vielen Reformen kaum etwas anderes erreicht worden sei, als das System zu stärken. So wurde etwa die Todesstrafe in jedem Staat, in dem man sie abschaffte, durch eine lebenslängliche Haftstrafe ohne Bewährung ersetzt – für viele Menschen eine Todesstrafe mit anderen, sich länger hinziehenden Mitteln. Ein anderes Resultat guter Absichten: Kampagnen zur Reform der unbestimmten Strafdauer führten zu «Three strikes»-Programmen (automatischen lebenslangen Haftstrafen nach drei Verstößen) und obligatorischen Mindeststrafen, mit denen bloß eine Grausamkeit gegen die andere eingetauscht wird. Insgesamt haben die Reformen die Inhaftierungszahlen nicht wesentlich reduziert, und keine Reformgesetzgebung jüngerer Zeit hat es auch nur angestrebt.

So wird beispielsweise die erste bundesstaatliche Gefängnisreform seit fast zehn Jahren, der parteiübergreifende First Step Act, den Präsident Trump Ende 2018 unterzeichnet hat, bei Inkrafttreten zur Freilassung von nur etwa siebentausend von den derzeit 2,3 Millionen Inhaftierten führen. Die Bundesgesetzgebung gilt nur für Bundesgefängnisse, wo weniger als zehn Prozent aller Inhaftierten einsitzen, und von diesen trifft First Step lediglich auf eine kleine Teilgruppe zu. Wie Gilmore mir sagte, als sie die übergroße öffentliche Begeisterung nach der Verabschiedung des Gesetzes durch den Senat wahrnahm: «Es gibt Leute, die so tun, als wären Ursprung und Lösung des Problems Bundesangelegenheit. So viele wissen gar nicht, wie das Land rechtlich organisiert ist und dass es in den USA mindestens zweiundfünfzig Strafgerichtsbarkeiten gibt.»

Was nicht bedeutet, dass Gilmore und andere Abolitionisten gegen alle Reformen wären. «Es ist offensichtlich, dass das System nicht über Nacht verschwinden wird», sagte Gilmore mir. «Kein Abolitionist glaubt, dass das der Fall sein wird.» Aber sie findet First Step, wie viele der staatlichen Reformen, die es nachahmt, nicht nur unwesentlich, sondern aussgrenzend, weil es Formulierungen enthalte, die für manche Insassen Erleichterungen in noch weitere Ferne rücken würden. (Die für die meisten schwereren Straftaten Verurteilten sind zum Beispiel nicht zu den sogenannten Zeitgutschriften berechtigt, eine unter First Step geschaffene neue Kategorie.) «Sehr viele von den vorgeschlagenen Maßnahmen führen nicht zum Rückbau des Systems. Es wird angenommen, dass man es verbessern könnte, indem man ein paar Elemente wegnimmt und ersetzt.» Wenn man darüber diskutiere, *wen* man aus dem Gefängnis entlassen solle, akzeptiere man Gefängnisse als eine gegebene Tatsache, meint Gilmore. Das ist für sie nicht nur ein moralischer, sondern auch ein praktischer Irrtum, falls das Ziel darin besteht, die Masseninhaftierung zu beenden. Anstatt zu versuchen, das System zu reparieren, konzentriert sie sich auf politische Arbeit, um dessen Umfang und Fußabdruck zu verringern, indem keine neuen Gefängnisse gebaut und die bestehenden nach und nach geschlossen werden, mit mühevoller Organisation an der Basis und Forderungen, dass staatliche Mittel vulnerablen Gruppen zugutekommen sollten, anstatt sie zu bestrafen.

«Was ich an der Abolition so großartig finde», sagte mir der Rechtsgelehrte und Autor James Forman Jr., «und jetzt in meinem eigenen Denken verwende – und wenn ich mich als Abolitionist bezeichne, dann deshalb –, ist die Idee, dass man eine Welt ohne Gefängnisse imaginiert und sich dann daranmacht, diese Welt zu erschaffen.» Forman sagte, er sei erst spät zum abolitionistischen Denken gekommen. In seinem Buch *Locking Up Our Own*, für das er den Pulitzer-Preis gewann, dokumentiert er die Geschichte der Masseninhaftierung sowie die unbeabsichtigten Rollen, die schwarze politische Anführer dabei spielten; auf einer Lesereise 2017 habe eine Frau ihn gefragt, warum er das Wort «Abolition» in seiner Argumentation nicht verwende, die in ihren Ohren doch so abolitionistisch klinge. Die Frage brachte Forman dazu, sich ernsthaft mit dem Konzept zu befassen. «Ich denke, dass eine Bewegung, die die Masseninhaftierung beenden und sie durch ein System ersetzen will, das Gemeinden tatsächlich wiederherstellt und schützt, ohne die Abolitionisten keinen Erfolg haben wird. Menschen werden Kompromisse machen und Opfer bringen und dabei die Vision aus den Augen verlieren. Sie werden winzige Dinge für gigantische Siege halten. Deshalb ist die Abolition für mich essenziell.»

Die «Smart Justice»-Kampagne der American Civil Liberties Union (ACLU), die größte in der Geschichte der Bürgerrechtsorganisation, wurde mit dem Ziel gestartet, die Gefangenenrate durch regionale, staatliche und bundesstaatliche Initiativen zur Reform des Kautionswesens, der Strafverfolgung, des Strafmaßes, der Bewährung und der Resozialisierung um fünfzig Prozent zu verringern. «Inhaftierung bringt nichts», sagte der ACLU-Kampagnenleiter Udi Ofer. Die ACLU, erzählte er mir, wolle «dem Gefängnissystem die Finanzierung entziehen und das Geld in die Gemeinden investieren». Während unseres Gesprächs fragte ich mich, ob Ofer und die ACLU von den Abolitionisten und Gilmore beeinflusst waren. Ofer schien sogar Gilmores Mantra zu zitieren, dass «Gefängnisse Auffangbecken für gesellschaftliche Probleme» seien. Als ich ihn danach fragte, sagte er: «Keine Frage. Gilmore hat enorme Beiträge geleistet, allein schon indem sie geholfen hat, ein Gespräch darüber in Gang zu bringen, was diese Arbeit wirklich bedeutet, und auch über das ständige Bemühen, ein repressives System nicht durch ein anderes zu ersetzen.»

Was die Ziele der ACLU angeht, ist Gilmore zugleich hoffnungsvoll und vorsichtig. «Ich bin gespannt darauf zu sehen, wie sie ihren Ansatz gegenüber dem ausgrenzenden First Step Act abändern», sagte sie mir, «und wozu ihre Bestrebungen in den vielen Gerichtsbarkeiten führen werden.» In den letzten zehn Jahren ist die Gefangenenrate landesweit nur um sieben Prozent gesunken, und dem Vera Institute of Justice zufolge sind vierzig Prozent davon Kalifornien zuzuschreiben, das 2011 vom Supreme Court verpflichtet wurde, das Problem der Überbelegung der Gefängnisse zu lösen. Ofer räumte ein, die größte Herausforderung bestehe darin, die Entscheidung, wer Erleichterungen bekomme, nicht mehr danach zu treffen, ob jemand ein Gewaltverbrechen oder eine gewaltfreie Tat begangen habe. «Um die Masseninhaftierung in Amerika wirklich zu beenden, müssen wir die Reaktionen des Justizsystems auf *alle* Vergehen transformieren», sagte Ofer. «In politischer Hinsicht ist das ein schwieriges Thema. Aber in moralischer Hinsicht ist es klar, wohin die Reise gehen muss: zum Abbau des Systems.»

Kritiker stellen bereits seit der Entstehung des Strafvollzugssystems die Frage, ob Gefängnisse selbst die beste Lösung für gesellschaftliche Probleme seien. 1902 sagte der berühmte

Strafverteidiger Clarence Darrow zu Männern, die in Chicagos Cook County Jail einsaßen: «Es sollte keine Gefängnisse geben. Sie bringen nicht das, was sie zu bringen behaupten.» Gegen Ende der Sechziger-, Anfang der Siebzigerjahre hatte in den Vereinigten Staaten bei einer ganzen Bandbreite von Leuten, darunter Wissenschaftler, Entscheidungsträger (selbst gemäßigte), Gesetzgeber und Religionsführer, eine Abolitionsbewegung an Zugkraft gewonnen. In Skandinavien führte eine vergleichbare Bewegung zwar nicht zur Abschaffung von Gefängnissen, aber zur Umstellung auf «offene Gefängnisse», die das Gewicht auf die Wiedereingliederung von Menschen in die Gesellschaft legen, mit bislang sehr geringen Rückfallquoten. Nach dem Gefängnisaufstand von 1971 in der Attica Correctional Facility bei Buffalo, New York, bei dem 43 Menschen starben, wuchs in den Vereinigten Staaten die Überzeugung, dass drastische Veränderungen nötig seien. 1976 veröffentlichte die Gefängnispfarrerin Fay Honey Knopp, eine Quäkerin, zusammen mit einer Gruppe von Aktivisten den Leitfaden *Instead of Prisons: A Handbook for Abolitionists*, in dem drei Hauptziele skizziert wurden: die Einführung eines Moratoriums für den Bau jeglicher neuen Gefängnisse, die Entlassung aller aktuell Inhaftierten und die «Exhaftierung» – also ein Abrücken von der Kriminalisierung und dem Inhaftierungsusus generell. Was Abolitionisten forderten, um diese Ziele zu erreichen, erinnerte auffallend an die ursprünglichen (wenn auch letztlich gescheiterten) Vorhaben der Great Society und des «Kriegs gegen Kriminalität», die Lyndon B. Johnson Mitte der Sechzigerjahre verkündet hatte: Millionen neuer Arbeitsplätze zu schaffen, die Diskriminierung bei der Einstellung zu bekämpfen, die Rassentrennung in Schulen aufzuheben, das soziale Netz auszuweiten und neue Wohnungen zu bauen. Doch die verheerenden Auswirkungen der Deindustrialisierung auf städtische Kommunen hatte schon begonnen und wurde nicht mit umfassenden Sozialprogrammen angegangen, sondern mit neuen, harschen Formen der Kriminalisierung.

Ende der Neunzigerjahre, als die Zahl der Gefängnisse und Gefängnisinsassen in die Höhe geschnellt war, wurden neue Forderungen laut, Bundesstaaten am Bau weiterer Gefängnisse zu hindern, eine u. a. von Gilmore und Angela Davis angeführte Initiative mit Schwerpunkt in Kalifornien, in deren Zuge sich Gruppen wie das California Prison Moratorium Project bildeten, das Gilmore mitbegründete. 1998 riefen Davis und Gilmore zusammen mit anderen in der Bay Area Ansässigen die nationale Anti-Gefängnisorganisation Critical Resistance ins Leben, die die Abolition zu ihrem Leitziel machte, von vielen als utopisch und naiv abgetan. Fünf Jahre später wurde CURB gegründet, Californians United for a Responsible Budget, mit Gilmore als Vorstandsmitglied, um den Bau von Gefängnissen aller Art zu bekämpfen. Wegen seiner erfolgreichen Kampagnen, die nach letztem Stand mehr als 140 000 neue Gefängnisbetten verhindert haben (in einem Staat, wo derzeit insgesamt 200 000 Menschen inhaftiert sind), erlangte CURB schnell Berühmtheit. Erst kürzlich ist es CURB gemeinsam mit mehreren lokalen Initiativen gelungen, den Bau eines gigantischen neuen Frauengefängnisses im Los Angeles County zu stoppen.

Jede der vielen Kampagnen, an denen Gilmore über die Jahre gearbeitet hat, entstand aus unterschiedlichen Koalitionen von Menschen, die in irgendeiner Weise negativ von einem neuen Gefängnis betroffen sein könnten. Ihre Strategie bestand nicht einfach darin, Gefängnisse direkt zu bekämpfen und zu hoffen, dass andere sich daran beteiligen würden, sondern Gruppen ausfindig zu machen, die auf die eine oder andere Art bereits mobilisiert waren. Ob Umweltschützer, denen man vermitteln konnte, dass ein neues Gefängnis der Biodiversität schaden würde, oder Ortsansässige, die sich wegen der Auswirkungen eines Gefängnisses auf den Grundwasserspiegel oder unerfüllbarer Versprechen lokaler Arbeitsmöglichkeiten sorgten, «alles, was schon an Leuten da ist, die sich organisiert haben, muss genutzt werden», sagte Gilmore mir. «Man muss mit den Menschen sprechen und hören, was sie möchten.» 2004 zum Beispiel stand im Los Angeles County eine Maßnahme zur Abstimmung, mit der fünftausend neue Polizisten und Deputy Sheriffs eingestellt und das Gefängnis der Stadt erweitert werden sollte. Gilmore beteiligte sich an der Organisation einer Kampagne in South Central und East Los Angeles, traf sich mit Leuten und brachte sie dazu, Fragen zu stellen und ihre Bedürfnisse zu äußern. Stimmten die Bedürfnisse der Anwohner mit denen der Sheriff- und Polizeibehörden von Los Angeles überein? Wünschten sie sich mehr Polizei in ihren Kommunen? Die Antwort war nein. Die Maßnahme scheiterte. «Es war schleppende Arbeit – organisieren, organisieren, organisieren. Aber wir haben gewonnen. Wir haben sie zurückgeschlagen.»

Als der Staat neue Gefängnisse bauen wollte, die als «gender responsive», also etwa «gendersensibel», bezeichnet wurden, schlossen sich Abolitionisten mit Menschen in kalifornischen Frauengefängnissen zusammen. Die Initiative Justice Now verbreitete eine Petition, die 3300 Inhaftierte unterzeichneten, um gegen die neuen Haftanstalten, in denen sie untergebracht werden sollten, zu protestieren. Die Liste der inhaftierten Unterzeichnenden – eine acht Meter lange Papierrolle – wurde im State Capitol vorgelegt, und die Leute vom Haushaltsunterausschuss des Senats für Gefängnisse schnappten hörbar nach Luft. Der Vorschlag der staatlichen Gender Responsive

Strategy Commission wurde abgelehnt. «Es ist nicht so, dass alle, die bei diesen Kampagnen mitmachten, selbst Abolitionisten waren», sagte mir Gilmore, «vielmehr praktizierten Abolitionisten eine bestimmte Art der Kampagnenarbeit, bei der alle möglichen Menschen in allen möglichen Situationen selbst entscheiden konnten, ob es eine gute Idee war, ein weiteres Gefängnis zu haben.»

Als Gilmore 1994 im Alter von dreiundvierzig Jahren an der Rutgers University zu studieren begann, war sie eine erfahrene Aktivistin, die eine weitreichende informelle Ausbildung bei Wissenschaftlerinnen und Wissenschaftlern wie Cedric Robinson, Barbara Smith sowie Mike Davis genossen hatte, dem Autor von *City of Quartz*, der den Begriff «industrieller Gefängniskomplex» prägte. Gilmore strebte zunächst eine Promotion in Stadtplanung an, dem Fach, das ihrem Vorhaben am nächsten zu sein schien: gesellschaftliche Probleme im Verhältnis zu der Welt zu analysieren, die wir gebaut haben. Dann stieß sie auf das Werk des einflussreichen marxistischen Geografen Neil Smith und beschloss schnell, ihre Bewerbung stattdessen an die geografische Fakultät zu richten. Wie sie feststellte, erlaubte es ihr das Geografiestudium, Stadt-Land-Verbindungen zu erforschen und auf breiter Basis über die Aufgliederung unseres Lebens in konkurrierende und kooperierende Systeme nachzudenken.

Gilmore promovierte vier Jahre später und wurde im Jahr darauf als Assistenzprofessorin in Berkeley eingestellt. Ihr erstes Seminar wollte sie unter dem Titel «Gefängnisgeografie» anbieten. Der Fachbereichsleiter war nicht einverstanden. «Können Sie es nicht ‹Rasse und Kriminalität› nennen?», fragte er. Sie entgegnete, es gehe in ihrem Seminar nicht um Rasse und Kriminalität. Sie setzte sich durch und hat das Konzept der Gefängnisgeografie seitdem immer weiterentwickelt, eine mehr oder weniger eigenhändig von ihr erfundene wissenschaftliche Kategorie, die die komplexen Wechselbeziehungen zwischen Landschaft, natürlichen Ressourcen, politischer Ökonomie und Infrastruktur und der Überwachung, Inhaftierung, Käfighaltung und Kontrolle von Bevölkerungsteilen untersucht. In den seither vergangenen Jahren hat Gilmore das Denken vieler Geografen ebenso geprägt wie Generationen von Studierenden und Aktivisten.

Ich erlebte ihre Fähigkeit, das Gefängnisproblem in einen wesentlich größeren politischen und ökonomischen Zusammenhang zu stellen, als Davis und Gilmore in einer großen Kirche der Stadt miteinander diskutierten, moderiert von Beth Richie, einer Rechts- und Afroamerikanistikprofessorin an der University of Illinois in Chicago, alle drei – schwarze, radikale, feministische Intellektuelle – auf riesigen, reich verzierten Bischofsstühlen sitzend. Bei der von Critical Resistance organisierten Veranstaltung wimmelte es von South-Side-Aktivistinnen und -Aktivisten, von denen die jüngsten eingeladen wurden, auf die Bühne zu kommen, um Davis, der berühmtesten Person im Raum, ihren Tribut zu zollen. Es war die reinste Wohlfühlatmosphäre, bis Davis sich Gilmore zuwandte und das Thema privater Gefängnisse zur Sprache brachte. Der Ton im Raum wurde angespannt.

Inzwischen ist es fast schon zur gängigen Auffassung geworden, dass private Gefängnisse das «eigentliche» Problem der Masseninhaftierung darstellten. Doch wer sich ernsthaft mit dem Thema auseinandersetzt, weiß, dass dies nicht zutrifft. Schon ein flüchtiger Blick auf die Zahlen beweist es: 92 Prozent der in den amerikanischen «prisons» (Gefängnissen für Straftäter, die schwerere Taten verübt haben und längere Strafen verbüßen) und 99 Prozent aller in den «jails»

(Anstalten für Leute, die wegen leichterer Vergehen und für kürzere Zeit einsitzen) Inhaftierten sind in staatlich geführten, staatlich finanzierten Einrichtungen untergebracht. Jedes private Gefängnis könnte morgen schließen, und kein einziger Mensch würde nach Hause gehen. Aber die Idee, dass private Gefängnisse die Hauptschuld treffe und Profitstreben das Motiv hinter allen Gefängnissen sei, hat das Volksempfinden fest im Griff. (Nebenbei bemerkt sind es nicht nur Liberale, die ihre Empörung auf private Gefängnisse richten; Gilmore weist darauf hin, dass auch Vollzugsbehörden und Wärtergewerkschaften das täten, weil ihnen durch private Gefängnisse Ressourcen verloren gingen, die sie für sich selbst behalten wollten.)

Davis sah den «Fehler», wie sie es nannte, in dem Film *13th* von Ava DuVernay, der die Botschaft aussendete, der Kampf sollte in erster Linie gegen private Gefängnisse geführt werden. Aber, sagte sie zu Gilmore, die Tatsache, dass der Schwerpunkt so häufig auf die Privatisierung gelegt werde, erscheine ihr nützlich, um aufzuzeigen, in welcher Hinsicht Gefängnisse Teil des globalen kapitalistischen Systems seien.

Gilmore entgegnete ihrer langjährigen Gefährtin, dass private Gefängnisse die Masseninhaftierung nicht beförderten. «Sie sind Parasiten des Systems. Was sie nicht besser macht. Was sie nicht schuldlos macht an Dingen, an denen sie tatsächlich schuld sind. Sie sind Parasiten.» Und dann hielt sie einen kleinen Vortrag über den Unterschied zwischen dem Profitmotiv eines Unternehmens und der Art und Weise, wie öffentliche Institutionen finanziert und geführt wurden. Sie war so versiert auf diesem Gebiet, dass sich ein gewisser Graben zwischen den beiden Frauen auftat. Wenn Davis' Charisma sich als unerschütterliche Eloquenz beschreiben lässt, verdankt sich das von Gilmore einer erbitterten und präzisen Analyse, einer Unduldsamkeit gegenüber allen Unwägbarkeiten, und es war Gilmore, die den Raum beherrschte.

Behörden machten keinen Profit; sie seien vielmehr auf Steuereinnahmen angewiesen. Staatliche Behörden müssten um diese Einnahmen konkurrieren, erklärte Gilmore. Bei Mittelknappheit schrumpfe die Wohlfahrtsfunktion; die Behörden, die Geld bekämen, seien Polizei, Feuerwehr und Strafvollzug. Deshalb machten andere Behörden es der Polizei nach: Das Bildungsdezernat lerne zum Beispiel, dass Geld für Metalldetektoren sehr viel leichter zu bekommen sei als für andere Arten der technischen Aufrüstung. Und Gefängnisse könnten Mittel anzapfen, die traditionell woanders hinflössen – so gingen Gelder eher für «psychiatrische Versorgung» an Bezirks- und Staatsgefängnisse als ins Gesundheitswesen allgemein. «Wenn man dem Geld folgt, braucht man nicht nach dem Unternehmen zu suchen, das profitiert», erläuterte Gilmore mir später. «Man kann all die Leute suchen, die ihre Gehälter von der Strafvollzugsbehörde bekommen. Die stärkste Lobbygruppe in Kalifornien sind die Gefängniswärter. Es ist ein Einzelgewerbe, mit nur einem Arbeitgeber, und es ist denkbar einfach für sie, sich zu organisieren. Sie können jeden wählen, von den Bezirksstaatsanwälten bis hoch zum Gouverneur. Sie haben Gray Davis ein paar Millionen Dollar gegeben, und er gab ihnen ein Gefängnis.»

Die explizite Funktion von Gefängnissen ist es, Menschen von der Gesellschaft zu separieren, und das *kostet* Geld. Fünfzehneinhalb Milliarden Dollar aus dem kalifornischen Staatsetat für 2019 gingen an den Strafvollzug, wovon allein vierzig Prozent für Mitarbeitergehälter verwendet wurden, Zusatzleistungen und großzügige Pensionen nicht eingerechnet. Das ist staatlich subventionierte Beschäftigung, kein Profitunternehmen.

Zwischen 1982 und 2000 wurden in Kalifornien dreiundzwanzig neue Gefängnisse gebaut, und die Inhaftierungsrate des Staates wuchs, wie Gilmore ermittelte, um 500 Prozent. Während Gefängnisforscher dazu tendieren, den Fokus auf den einen oder anderen Inhaftierungstrend zu legen, lieferte Gilmore, indem sie Kalifornien als Fallstudie nutzte, die strukturell umfassendsten Erklärungen. In ihrem 2007 erschienenen Buch *Golden Gulag* schöpft sie aus ihrem profunden Wissen auf den Gebieten der politischen Ökonomie und der Geografie, um den signifikanten historischen Wandel darzustellen, einschließlich des Vorhabens, «das größte Gefängnisbauprojekt in der Geschichte der Welt» in Angriff zu nehmen, wie zwei kalifornische Staatsanalytiker es nennen. Waren die Gefängnisse eine Reaktion auf wachsende Kriminalität? Wie Gilmore schreibt: «Die Kriminalitätsrate ging rauf; die Kriminalitätsrate ging runter; wir griffen durch.» Diese Abfolge, auch die Frage, wie Kriminalitätsraten gemessen werden, ist heftig diskutiert worden, aber wenn diese nicht kausale Reihenfolge tatsächlich zutrifft, was war da los? Gilmore skizziert vier Kategorien des «Überschusses», um den Gefängnisbauboom zu erklären. Erstens sei es zu einem «Landüberschuss» gekommen, weil Farmen nicht genügend Wasser gehabt hätten, um ihre Felder zu bewässern, und bei ökonomischer Stagnation sei das Land nicht mehr so wertvoll. Da die kalifornische Regierung mit mageren Jahren konfrontiert gewesen sei, habe es zweitens einen «Überschuss staatlicher Kapazitäten» gegeben – Behörden, die das politische Mandat verloren hätten, um ihre finanziellen Mittel und ihre Expertise für Sozialleistungen (wie Schulen, Wohnraum und Krankenhäuser) zu nutzen. Infolge dieser Knappheit hätten auf öffentliche Finanzen spezialisierte Investoren keinen Markt mehr für Projekte wie Schulen und Wohnraum gesehen und den daraus resultierenden «Kapitalüberschuss» verwendet, um einen Markt für Gefängnisanleihen zu schaffen. Und schließlich sei es zu einem «Arbeitskräfteüberschuss» gekommen, weil eine Gruppe der Bevölkerung, ob aus deindustrialisierten urbanen Zentren oder dahindümpelnden ländlichen Gebieten, von der Ökonomie ausgeschlossen gewesen sei – mit anderen Worten, jene Bevölkerungsgruppe, aus der sich die Gefängnispopulation landesweit zusammensetze.

Gefängnisse seien nicht das Ergebnis davon, dass «böse» Menschen unbedingt arme Menschen oder People of Color einsperren wollten, sagt Gilmore. «Der Staat ist nicht eines Morgens aufgewacht und hat gesagt: ‹Lasst uns gemein zu Schwarzen sein.› All diese anderen Dinge mussten passieren, damit es so kam. Es hätte nicht so kommen müssen.» In ihrer Schilderung spielen eine ganze Bandbreite von Akteuren und Fakten eine Rolle, manche direkt, manche indirekt, manche koordiniert, viele nicht: zum Beispiel Farmer, die Land für den Bau von Gefängnissen an den Staat verpachteten oder verkauften; die enorm mächtige Gewerkschaft der Gefängniswärter, staatliche Entscheidungsträger, Stadtverwaltungen, Dürreperioden, wirtschaftliche Krisen und riesige deindustrialisierte Stadtzentren; und das Leben und die Schicksale der Nachkommen derer, die während des Zweiten Weltkriegs und später nach Südkalifornien kamen, um in den Fabriken zu arbeiten. Ihre Grundaussage ist die, dass Gefängnisse nicht unvermeidbar waren – nicht für Individuen und nicht für Kalifornien. Aber je mehr Gefängnisse der Staat baute, desto besser wurde er darin, sie zu füllen, selbst bei fallenden Kriminalitätsraten.

Golden Gulag gilt als bahnbrechendes Werk in Gilmores akademischem Kollegenkreis, ihrem Aktivistennetzwerk und darüber hinaus – Jay-Z lobte es im *Time*-Magazin –, obwohl einige Abschnitte des Buches wegen ihrer Fachterminologie einschüchternd sein können. Selbst Gilmore nimmt an, dass manche, die davon sprechen, es nicht wirklich gelesen haben. «Die Situation – Ursachen, Wirkungen – ist kompliziert», sagte sie mir, «und Menschen möchten es gern einfach haben.» Doch wenn Gilmore mit Menschen interagiert, ob mit Einzelnen oder einem Publikum, ist sie direkt und zugänglich. Sie hat eine warme, überschwängliche Art, ist schnell dabei, mit ihnen zu lachen und eine Beziehung zu knüpfen. Sie spricht sehr klar und doch nie grob vereinfachend. Sie bringt Menschen dazu, über die Verbindungen zwischen den Strukturen nachzudenken, die zur Errichtung von Gefängnissen führen, und auch über Verbindungen zwischen Gruppen von Menschen, die zusammenarbeiten könnten, um sich dem Bau von Gefängnissen entgegenzustellen – wie Umweltaktivisten und Lehrergewerkschaften.

Auf diese Weise schloss sie sich 1999 mit Landarbeitern wie Landwirten («in kapitalistischer Begrifflichkeit natürlichen Antagonisten», wie sie herausstreicht) zusammen, um ein geplantes Gefängnis im Tulare County zu verhindern, und brachte die California State Employees Association (CSEA) – damals eine Gewerkschaft mit mehr als achtzigtausend Mitgliedern – dazu, eine Kampagne gegen ein neues Gefängnis in Delano zu unterstützen. «Die Wärter konnten es nicht fassen, dass diese Mitarbeiter des öffentlichen Dienstes gegen andere Mitarbeiter des öffentlichen Dienstes auf die Barrikaden gingen», sagte sie mir. «Selbst wir waren überrascht.» Die CSEA sei zu der Übereinkunft gelangt, dass Wärter Staatsangestellte seien, die ein Gefängnis brauchten, um Arbeit zu haben, während staatlich angestellte Schmiede, Sekretäre, Hausmeister und so fort nicht in Gefängnissen zu arbeiten *brauchten*, es aber womöglich müssten, wenn die Wärtergewerkschaft sämtliche Mittel zugesprochen bekäme.

Trotz eines Prozesses, den eine Koalition aus Rechtsvertretern und Menschenrechtsgruppen, darunter Critical Resistance, angestrengt hatten, und trotz von einem kalifornischen Senator angemeldeter Umweltbedenken öffnete das Gefängnis in Delano 2005 schließlich doch seine Tore, aber Gilmore sagt, es habe viele Jahre länger gedauert, als es ohne die Kampagnenarbeit der Abolitionisten der Fall gewesen wäre. «Es kam so weit, dass die Leute in Sacramento sagten: ‹Lasst uns nur noch dieses eine bauen, dann bauen wir keine mehr.› So satt hatten sie uns. ‹Lasst uns das einfach machen, es wird unser letztes sein.› Bevor das Band zerschnitten wurde, sagte der für den Justizvollzug zuständige Minister: ‹Dies ist wahrscheinlich das letzte Gefängnis, das wir in unserem Staat eröffnen werden.› Er sagte nicht, ‹weil die Abolitionisten uns in die Quere gekommen sind› oder ‹weil die Abolitionisten all die Leute zusammengetrommelt haben, die uns in die Quere gekommen sind›, aber zwischen den Zeilen hörte man es heraus.»

«Um Ruthie zu verstehen, muss man verstehen, wo sie herkam, aus was für einer Familie», sagte mir Mike Davis. Gilmore wurde 1950 geboren und wuchs mit drei Brüdern in New Haven, Connecticut, auf, in einem Haushalt, den sie als «entschieden afro-sächsisch» bezeichnet, den Politologen Cedric Robinson zitierend, einen ihrer Mentoren, der diesen Begriff für die Familie von W. E. B. Du Bois verwendete. «Puritanische Determination war bei uns großgeschrieben», sagte sie mir. «Ich konnte nicht scheitern, weil alles, was ich tat, für Schwarze getan wurde.» Gilmores Familie besuchte die Dixwell Avenue Congregational Church, wie sie damals hieß, eine Kirche, die stark in der Bürgerrechtsbewegung engagiert war. «Es gab ein Ethos in meiner kleinen Kirche», sagte sie. «Jeder und jede muss so viel lernen, wie er oder sie nur kann.» In der

Sonntagsschule bekamen sie Unterricht in der Geschichte der Schwarzen und wurden ermutigt, sich Gedanken zu machen und Fragen zu stellen. «Wenn man etwas behauptete, lautete die Regel, dass man auch in der Lage sein musste zu sagen, *woher* man das wusste.»

Als Kind wollte Gilmore insgeheim Pfarrerin werden. Sonntags, in der Kirchenbank, malte sie sich aus, wie sie selbst im Talar auf der Kanzel stehen würde. «Was merkwürdig ist, weil ich Fremden gegenüber kaum den Mund aufbekam. Wieso ich mir also vorstellen konnte, eine große Menschenmenge auszuschimpfen und zu ermutigen, weiß ich nicht.»

Gilmores Vater, Courtland Seymour Wilson, ein Werkzeugmacher für die Schusswaffenmanufaktur Winchester, spielte eine zentrale Rolle bei der Organisation des politischen Kampfs von Winchesters Maschinisten. Weiße kamen während ihrer Kindheit nur zu Arbeiterversammlungen zu ihnen nach Hause. Sie saß dann auf der Treppe und hörte den Männern zu, die bis spät in die Nacht rauchten und diskutierten. Wenn sie gingen, lugte sie durch ein Fenster, um sie zu beobachten. «Draußen stand immer ein Auto, aus dem niemand ausgestiegen war. Es fuhr weg, wenn die anderen wegfuhren.» Als man ihr von den Pinkertons erzählte, die Bergarbeiter bespitzelten, wurde Gilmore klar, dass die Männer, die vor ihrem Haus parkten, Firmenspitzel waren, das Äquivalent von Pinkertons.

Gilmores Vater hatte die Tradition des Arbeitskampfs von seinem eigenen Vater übernommen, einem Hausmeister an der Yale University, der die erste Arbeitergewerkschaft der Universität mitbegründete. Am Ende wurde Gilmores Vater selbst von Yale eingestellt, wo er sich für die Aufhebung der Rassentrennung an der medizinischen Fakultät einsetzte. «Er war ohne Frage der Anführer des Bürgerrechtskampfs in New Haven», erklärte mir Mike Davis.

Gilmores Vater hatte zwar selbst keine College-Ausbildung, war aber intellektuell motiviert und förderte Gilmore, die eine Vatertochter war und schulisch äußerst vielversprechend. 1960 beschloss eine örtliche Privatschule, die Rassentrennung aufzuheben, bevor sie gesetzlich dazu gezwungen worden wäre, und schickte Briefe an geachtete Schwarze Kirchen, um nach Mädchen zu fragen, die «passen» könnten. Gilmore machte die Aufnahmeprüfung, die gleiche, die auch weiße Mädchen machen mussten, und bestand. («Es war eine leichte Prüfung. Also, im Ernst, verdammt, wozu all das Theater?») Gilmore war die erste – und für einen Großteil der Zeit, die sie dort verbrachte, auch die einzige – schwarze Schülerin an der Schule, und dazu eine von ganz wenigen aus der Arbeiterschicht. Sie war kreuzunglücklich, lernte aber viel.

1968 schrieb sie sich am Swarthmore College ein, wo sie sich in der Campuspolitik engagierte. Es war das Jahr der Besetzungen. Sie und eine Gruppe anderer schwarzer Studierenden, darunter Angela Davis' jüngere Schwester Fania, wollten die Universitätsverwaltung dazu überreden, mehr Schwarze zuzulassen, und Davis kam ans Swarthmore und gab ihnen Ratschläge. «Sie wirkte so unglaublich erwachsen und klug auf mich», sagte Gilmore. «Ich war neunzehn und sie vierundzwanzig. Sie verkörperte den Alabama-Stil, sprach langsam und bewusst, trug einen Minirock.» Davis sagte ihnen: «Macht euch klar, was ihr wollt, und bleibt dabei. Stellt eine Forderung.»

Im Januar besetzten Gilmore, Fania und eine Handvoll anderer schwarzer Studierender das Zulassungsbüro. Gilmore lud ihre Eltern ein, aus New Haven dazuzukommen und politische Hilfestellung zu leisten. Es wurde beschlossen, dass Gilmore und ihr Vater als Vertreter der Gruppe mit Swarthmores Präsidenten Courtney Smith reden sollten. Als sie ihn fanden, sagte Gilmore, die zu höflichem Benehmen erzogen worden war: «Präsident Smith, ich möchte Ihnen gern meinen Vater vorstellen.» Smith drehte sich um und ging. Gilmore war empört, aber ihr Vater blieb entspannt. «Er weiß, wie man das Wesentliche im Blick behält. Worum geht es hier? Sicher nicht *darum*.»

Gilmores Eltern reisten ab, und die Besetzung ging weiter. Nach acht Tagen erlitt Smith mit zweiundfünfzig Jahren einen Herzinfarkt und starb an seinem Schreibtisch. Weiße Studierende behaupteten, Gilmore und ihre Kohorte seien in seinem Büro gewesen und hätten ihn angeschrien, als er starb (in Wirklichkeit waren sie nicht mal in der Nähe seines Büros), und es gab Gerüchte, nach denen diese weißen Studierenden mit Rache gedroht hätten.

Damals hatte Swarthmore, genau wie Yale, eine große Zahl schwarzer Angestellter, die die notwendigen, aber wenig sichtbaren Arbeiten auf dem Campus ausführten, und wie sich zeigte, hatten diese die Ereignisse aus der Ferne beobachtet. «Sie beschlossen, uns zu retten», erzählte mir Gilmore. «Autos fuhren in die kreisförmige Einfahrt, und die schwarzen Männer stiegen aus und schauten zu uns hinauf, oben an den Fenstern. Wir fuhren mit ihnen weg. Mir erschien das alles wie Magie. Es war in die Tat umgesetzte Ontologie, die es möglich machte, dass die Leute in diesen Autos vorfuhren und schweigend darauf warteten, uns zu retten, und wir waren klug genug, uns retten zu lassen.»

Die Männer brachten sie zu einem Haus, wo sie übernachteten. Am nächsten Morgen fuhren ein paar Leute los, um Vorräte zu kaufen, und kamen mit Lebensmitteln und der Tageszeitung wieder. In der Zeitung war ein Foto von Gilmores Cousin John Huggins abgedruckt. Er hatte in Vietnam gedient und sich nach seiner Rückkehr radikalisiert, war Gründungsmitglied des südkalifornischen Zweigs der Black Panthers geworden. Jetzt waren er und ein anderer Panther, Bunchy Carter, von einer gegnerischen politischen Gruppe auf dem UCLA-Campus ermordet worden.

Der Mord an ihrem Cousin war eine persönliche Katastrophe und zugleich ein Symptom der Politik der Zeit. (Wie später ans Licht kam, hatte das FBI die Organisationen infiltriert, um die Spaltungen zu verursachen, die höchstwahrscheinlich zu dem fatalen Zusammenstoß führten.) Gilmore verließ Swarthmore und zog nach Hause zurück. Noch im selben Jahr immatrikulierte sie sich an der Yale University und vertiefte sich in ihr Studium.

«Jedes Jahr hatte ich einen Lehrer oder eine Lehrerin, die richtig gut zu mir waren, sich dafür interessierten, worüber ich nachdachte und schrieb», sagte sie. Einer davon war George Steiner. Ein anderer der Film- und Theaterkritiker Stanley Kauffmann. Gilmore machte einen Abschluss in Theaterwissenschaften, bevor sie quer durchs Land zog. Sie landete schließlich in Südkalifornien, wo sie ihren Mann, Craig Gilmore, kennenlernte und mit der Kampagnenarbeit begann, in der sie sich seit 1976 gemeinsam engagieren.

Mit der Zeit begriff Gilmore, dass Menschen an bestimmten Narrativen festhalten, die nicht nur falsch sind, sondern auch politische Standpunkte befördern, aus denen sich unwichtigere oder fehlgeleitete – anstatt grundlegende und bedeutungsvolle – Reformen ergeben. Gilmore nimmt diese Narrative auseinander: dass eine signifikante Zahl Menschen wegen gewaltlosen Drogenbesitzes im Gefängnis säßen; dass Gefängnisse eine modifizierte Fortsetzung der Sklaverei seien und folglich fast alle Inhaftierten schwarz; und, wie sie in Chicago erklärte, dass unternehmerisches Gewinnstreben der Haupttreiber der Inhaftierungen sei.

Für Gilmore und eine wachsende Anzahl von Wissenschaftlerinnen und Aktivisten ist besonders die Vorstellung, die Gefängnisse seien mit gewaltlosen Straftätern gefüllt, sehr problematisch. Obwohl landesweit weniger als einer von fünf Inhaftierten wegen Drogendelikten einsitzt, verbreitete sich diese Idee nach dem überwältigenden Erfolg von Michelle Alexanders Buch *The New Jim Crow*, das den Fokus auf die verheerenden Auswirkungen des Kriegs gegen Drogen legt, Fälle, die in erster Linie von dem (relativ kleinen) Bundesgefängnissystem gehandhabt werden. Es ist leicht, sich über die drakonischen Gesetze, mit denen gewaltlose Drogendelikte geahndet werden, und über die rassistische Einseitigkeit – beides Gegebenheiten, die Alexander auf fesselnde und überzeugende Weise verzeichnet – zu empören. Aber eine Mehrheit der in Staats- und Bundesgefängnissen Inhaftierten wurde für Vergehen verurteilt, die als Gewalttaten definiert sind, und das kann von Waffenbesitz bis Mord reichen. Diese statistische Realität dürfte für manche unbequem sein, doch anstatt sich damit auseinanderzusetzen, richten viele ihr Augenmerk auf die «relativ Unschuldigen», wie Gilmore sie nennt, die Drogensüchtigen oder fälschlich Verurteilten – ungeachtet dessen, dass sie immer nur einen kleinen Prozentsatz derer ausmachen werden, die sich gerade im Gefängnis befinden. Als ich Michelle Alexander danach fragte, sagte sie: «Ich glaube, die Unfähigkeit einiger Akademiker, und dazu zähle auch ich, in unserer Arbeit direkt auf die Gewaltfrage einzugehen, hat eine Situation geschaffen, in der es fast den Anschein hat, als billigten wir die Masseninhaftierung von Gewalttätern. Diejenigen von uns, die das System der Masseninhaftierung beenden wollen, müssen anfangen, mehr über Gewalt zu reden. Nicht nur über das, was sie anrichtet, sondern auch darüber, dass noch mehr Käfige zu bauen keine Lösung ist.»

Doch in den Vereinigten Staaten falle es vielen schwer, über Gefängnisse zu sprechen, ohne vorauszusetzen, dass es Menschen gebe, die dort sitzen müssten. «Wenn die Leute danach suchen, wo die Grenze zur relativen Unschuld verläuft», sagte Gilmore zu mir, «um zu zeigen, wie traurig es ist, dass auch die relativ Unschuldigen der staatlich organisierten Gewalt unterworfen sind, als wären sie Verbrecher, dann übersehen sie etwas, das sie sehen *könnten*. So schwer ist es nicht. Sie könnten fragen, warum Menschen, die kriminalisiert wurden, überhaupt der organisierten Gewalt ausgesetzt sein sollten. Sie könnten fragen, ob wir organisierte Gewalt *brauchen*.»

Ein anderer weitverbreiteter Irrtum, auf den Gilmore hinweist, ist der, dass die Mehrzahl der Inhaftierten schwarz sei. Nicht nur sei es ein falsches und schädliches Stereotyp, schwarze Menschen übermäßig mit Gefängnissen zu assoziieren; vielmehr könne man die Dimension und die Krise der Masseninhaftierung nie vollständig erfassen, wenn man die Demografie nicht berücksichtige und außer Acht lasse, wie das zahlenmäßige Verhältnis von Schwarzen und Weißen sich von einem Staat zum anderen und im Lauf der Zeit verändere. In demografischer Hinsicht sind schwarze Menschen die Bevölkerungsgruppe, die am meisten von der Masseninhaftierung betroffen ist – rund 33 Prozent der Gefängnisinsassen sind schwarz, obwohl ihr Anteil an der Gesamtbevölkerung der Vereinigten Staaten nur 12 Prozent beträgt –, und dem Bureau of Justice Statistics zufolge machen Latinos immer noch 23 Prozent und Weiße 30 Prozent der Inhaftierten aus. (Gilmore hat Leute behaupten hören, dass die Drogengesetze geändert würden, weil die Opioidepidemie die weiße Landbevölkerung in Mitleidenschaft ziehe, ein Irrglaube, der sie auf die Palme bringt. «Die Leute sagen: ‹Weiße Menschen werden weiß Gott nicht eingesperrt›», sagte sie mir, «und die Antwort ist: Doch, weiße Menschen *werden* eingesperrt.») Sobald man glaube, dass in den Gefängnissen überwiegend Schwarze säßen, sei es auch einfacher zu glauben, Gefängnisse seien ein Komplott, mit dem schwarze Menschen wieder versklavt werden sollten – ein Narrativ, räumt Gilmore ein, das zwei entscheidende Wahrheiten enthalte: dass der Kampf und das Leid schwarzer Menschen für die Geschichte der Masseninhaftierung zentral ist und dass Gefängnisse, wie die Sklaverei, eine Menschenrechtskatastrophe darstellen. Das Gefängnis als eine moderne Version des Jim-Crow-Denkens diene den Leuten jedoch hauptsächlich dazu, sich um eine Bevölkerungsgruppe zu sorgen, die sie ansonsten ignorieren könnten. «Schuldige haben es verdient, ignoriert zu werden, und dennoch ist die Masseninhaftierung derart phänomenal, dass die Leute sich um diejenigen zu sorgen versuchen, die sich eines Verbrechens schuldig gemacht haben. Und um das tun zu können, brauchen sie eine Kategorie, dank derer die Inhaftierten ihre Besorgnis verdienen. Diese Kategorie ist die Sklaverei.»

Wer schließlich etwas stehle oder jemanden angreife, komme ins Gefängnis, wo er keine Ausbildung erhalte und keine Möglichkeit, seine Traumata und Probleme anzugehen, keine Chance, sich zu rehabilitieren. «Die Gefängnisrealität und die Realität des Leids schwarzer Menschen sind genauso erschütternd wie der Mythos der Sklavenarbeit», sagt Gilmore. «Warum brauchen wir diese irrige Vorstellung, um das Grauen zu begreifen?» Sklaven seien zur Arbeit gezwungen worden, damit die Plantagenbesitzer Gewinn machten. Das Geschäft der Sklaverei sei Baumwolle, Zucker und Reis gewesen. Gefängnisse, stellt Gilmore klar, sind eine Regierungsinstitution. Sie sind kein Geschäftsbetrieb und funktionieren nicht nach Gewinnmotiven. Das mag schulmäßig klingen, aber die schulmäßige Unterscheidung ist bedeutsam, denn man kann keinen Widerstand gegen Gefängnisse leisten, indem man gegen Sklaverei argumentiert, wenn Gefängnisse keine Sklaverei betreiben. Der Aktivist und Forscher James Kilgore, der selbst einmal inhaftiert war, hat gesagt: «Das überwältigende Problem für Menschen im Gefängnis besteht nicht darin, dass ihre Arbeit extrem ausgebeutet wird; es besteht darin, dass sie zwischengelagert werden, ohne dass man ihnen viel zu tun gibt und Programme oder Ressourcen zur Verfügung stellt, die sie in die Lage versetzen würden, nach ihrer Freilassung gut zurechtzukommen.»

Das National Employment Law Project schätzt, dass etwa siebzig Millionen Menschen, fast die Hälfte aller Arbeitskräfte in den USA, schon einmal verhaftet oder verurteilt wurden, was es häufig erschwert, hinterher Arbeit zu finden. Viele landen in der informellen Wirtschaft, die in den letzten zwanzig Jahren einen gewaltigen Anteil der Arbeit absorbiert hat. «Gärtnern, häusliche Krankenpflege, Sweatshops, alles Mögliche», sagte Gilmore mir. «Diese Leute haben einen Platz in der Wirtschaft, aber sie haben keinerlei Kontrolle über diesen Platz.» Sie fuhr fort: «Die Hälfte aller Arbeitskräfte – da ist es doch entscheidend, nicht nur über die enorme Tragweite des Problems nachzudenken, sondern auch über die enormen Möglichkeiten! Dass so viele Menschen davon profitieren könnten, wenn sie in festen Verbänden organisiert wären und bestimmte Forderungen an die Leute stellen könnten, die ihre Löhne bezahlen, an die Kommunen, in denen sie leben. An die Schulen, in die ihre Kinder gehen. Das ist ein Teil dessen, wohin abolitionistisches Denken uns führen sollte.»

«Abolition», als Wort, nimmt absichtlich auf die Bewegung zur Abolition – Abschaffung – der Sklaverei Bezug. «Diese Arbeit wird Generationen in Anspruch nehmen, und ich werde die Veränderungen nicht mehr miterleben», sagte mir die Aktivistin Mariame Kaba. «Aber ich weiß, dass sich auch unsere Vorfahren, die Sklaven waren, mein Leben nicht hätten vorstellen können.» Und wie Kaba, Davis, Richie und Gilmore mir allesamt sagten, ungefragt und mit fast identischen Formulierungen, sei es kein Zufall, dass die Bewegung der Gefängnisabolition von schwarzen Frauen angeführt werde. Davis und Richie verwendeten beide den Ausdruck «Abolitionsfeminismus». «Historisch betrachtet haben schwarze Frauen Visionen hinsichtlich der Veränderung der gesellschaftlichen Strukturen gehabt, die nicht nur schwarzen Frauen, sondern allen zugutekommen würden», sagte Davis. Sie sprach auch von Du Bois und den möglichen Lehren daraus, was er für nötig hielt: nicht nur den Wegfall der Sklaverei, sondern eine neue, vollkommen veränderte Gesellschaft. «Ich glaube, die Tatsache, dass sich heute so viele Leute als Gefängnisabolitionisten bezeichnen», sagte mir Michelle Alexander, «zeugt davon, dass schon ungeheuer viel Arbeit geleistet worden ist, in akademischen Zirkeln ebenso wie an der Basis. Dennoch, wenn man auf CNN auch nur das Wort ‹Gefängnisabolition› sagt, schütteln viele Leute den Kopf. Dabei hat Ruthie immer sehr deutlich gemacht, dass es bei der Gefängnisabolition nicht nur darum geht, Gefängnisse zu schließen. Es ist eine Theorie des Wandels.»

Wenn Gilmore auf ein Publikum trifft, das die Gefängnisabolition ablehnt, ein Publikum, das meint, sie gehe naiv davon aus, dass Leute in den Gefängnissen seien, weil sie Gras geraucht hätten, und ihr erklären wollen, wer wirklich hinter Gittern sitze, was für schreckliche Dinge sie getan hätten, sagt sie ihnen, einer ihrer Nächsten sei ermordet worden und sie sei nicht gekommen, um über Leute zu reden, die Gras rauchten. Aber wie sie mir gegenüber einräumte: «Ein Teil der ganzen

Geschichte, der sich nicht leugnen lässt, ist der, dass die Leute die Gewalt leid sind, dass sie die Trauer leid sind und dass sie die Angst leid sind.» Sie habe Gespräche mit Leuten geführt, die froh seien, dass ihr brutaler Ehemann oder Vater nicht mehr bei ihnen lebe, und die es nicht anders wollten. Was ihre eigene Erfahrung mit Mord betrifft, ist sie philosophischer, selbst wenn der Verlust noch immer frisch scheint.

«Ich hatte ein vertrauliches Gespräch mit meiner Tante, der Mutter meines ermordeten Cousins John. An der Oberfläche haben wir über etwas anderes geredet, aber im Grunde ging es um ihn. Ich sagte: ‹Vergeben und vergessen.› Und sie antwortete: ‹Vergeben ja, vergessen *nie*.› Sie hatte recht: Die Bedingungen, unter denen das Entsetzliche passierte, müssen sich ändern, damit es nicht wieder passieren kann.»

Für Gilmore bedeutet «nie vergessen», dass man ein Problem nicht mit staatlicher oder individueller Gewalt lösen kann. Vielmehr verändert man die Bedingungen, aufgrund derer Gewalt vorherrscht. Unter Liberalen zirkuliert die quasichristliche Empathie-Vorstellung, dass wir einen Weg finden müssen, uns um die zu sorgen, die Böses getan haben. Gilmore überzeugt das nicht. Als sie mit den Kindern in Fresno sprach, die ihr wegen der Gefängnisabolition zusetzten, bat sie sie nicht um ihr Mitgefühl mit denen, die ihnen Leid zufügen könnten oder es getan hatten. Vielmehr fragte sie sie, warum wir, als Individuen und als Gesellschaft, glaubten, ein Problem am besten dadurch zu lösen, dass wir «es erledigen». Sie fragte, ob die Bestrafung von Menschen logisch sei und ob sie funktioniere. Sie ließ die Schüler selbst ihre Antwort finden.

Die Rebellin

So sind Krankenhäuser, Gefängnisse und Kasernen. Wenn du erst mal drin bist, bist du verratzt ... Du bist krank, weil du ihre Medizin nicht verstehst», sagt Vincenzo Mazza, als er am eigenen Leib erfährt und mit erstaunlicher Klarheit diagnostiziert, wie repressiv das Leben in Italien im Jahr 1972 für einen Proletarier wie ihn ist. Vincenzo ist eine reale Nebenfigur in einem Film, in dem es hauptsächlich um Anna geht, ein Mädchen, an dessen Nachnamen niemand sich zu erinnern scheint oder den vielleicht auch nie jemand kannte – dabei ist sie der absolute Schwerpunkt und Star dieses fast vierstündigen Films, der ihren Namen trägt und in dem sie, wie Vincenzo, ausschließlich sich selbst spielt.

Im Februar 1972 hatte Massimo Sarchielli, ein in Rom lebender professioneller Schauspieler, sie zu sich in die Wohnung genommen – Anna, sechzehn Jahre alt, obdachlos, auf Drogen und im neunten Monat schwanger. Er kam auf die Idee, einen Film über sie zu machen, und rief Alberto Grifi an, damals schon eine wichtige Figur im Undergroundfilm. (Sein Bruce-Conner-ähnlicher Film *Verifica incerta*, 1964 mit Gianfranco Baruchello gedreht, galt als bahnbrechendes Experiment mit Found Footage.) Grifi drehte Rekonstruktionen von Annas Vergangenheit und Sarchiellis erster Begegnung mit ihr. «Woher kommst du?», fragt Sarchielli sie in einer dieser Re-Inszenierungen, als er an den Tisch der Café-Terrasse getreten ist, an dem sie sitzt. «Cagliari», sagt sie, und Sarchielli bittet sie, es zu wiederholen, womit er andeutet, dass das verarmte Sardinien, mit seiner Hauptstadt Cagliari, etwas außerhalb seines Radars liegt.

Die Szenen spielen dort, wo Anna Sarchielli kennengelernt hatte, auf der Piazza Navona – Treffpunkt für Gammler, Großmäuler, *capelloni*, was Langhaarige heißt, und alle möglichen römischen Lumpenproleten, die Pier Paolo Pasolini einst gefeiert und fetischisiert hatte, später aber, schon vor 1972, nicht nur ihrer langen Haare, sondern auch ihrer *Hässlichkeit* wegen verdammte. Anna hat zwar für Pasolinis verlorenen Archetypus das falsche Geschlecht, widerlegt aber trotzdem dessen Theorie dass die italienische Unterschicht eine «anthropologische Mutation» erfahren habe, eine von Konsumgewohnheiten verursachte physiognomische Degeneration. Anna strahlte die Glückseligkeit einer Renaissance-Madonna aus, wie die Kamera anerkennt, die sich mit der Ausdauer eines Warhol-Screentests auf sie richtet. Bei Anna, wie bei manchen Protagonisten Warhols, von denen wir nie wieder gehört haben – Patrick Tilden-Close aus Warhols *Imitation of Christ* zum Beispiel –, bilden die elektrisierende Gegenwart gefilmter Schönheit und der obsessive Blick selbst ein lebhaftes und geheimnisvolles historisches Dokument von «Stars», die nur als Stars existieren und keine Spur eines Lebens hinterlassen, das jenseits der Leinwand und ihres Moments filmischen Ruhms fortgeführt wird. Dokumentiert ist von diesen Stars ausschließlich das, was auf Zelluloid gebannt wurde.

Anna, außerhalb des Landes, in dem er gedreht wurde, in den vergangenen vier Jahrzehnten nahezu unbekannt geblieben, scheint wie hinter Schloss und Riegel jeden Keim und geheimen Bestandteil jener mythischen und explosiven Ära zu enthalten, die die Siebziger in Italien waren. Nachdem er den Festivalparcours von Berlin über Venedig nach Cannes durchlaufen hatte, verschwand *Anna* aus unklaren Gründen in der Versenkung. (Manche mutmaßen, dass der Film wegen potenzieller rechtlicher Komplikationen aufgrund von Annas Minderjährigenstatus aus dem Verkehr gezogen wurde.) Aus elf Stunden Material zusammengeschnitten, war *Anna* der erste Film in Italien, der mit einer «Open-Reel»-Videokamera gedreht wurde (später sollte er mit einem von Alberto Grifi erfundenen Gerät, dem *vidigrafo*, auf 16 mm überspielt werden). Das Format erwies sich als entscheidend für die Entfaltung des Films. Wie Grifi in einer einführenden Sequenz erklärt, änderte die Videotechnik sein Verhältnis zur Zeit. Zeit war nicht mehr Geld, wie bei teuren Filmen, sondern etwas anderes: Es war eine Matrix, durch die ein Filmemacher sich endlich ohne Einschränkungen bewegen und nicht nur die stilleren, scheinbar belanglosen *Momente* des Lebens, sondern komplette unbedeutende Sequenzen aufnehmen konnte. Ihre Beziehung zu den Filmemachern gab Anna Zeit und Ruhe, weil sie nicht mehr auf der Straße lebte. Und die Kamera hatte dank der geringen Kosten Zeit und Ruhe, sie zu beobachten. Aber wie Anthropologen wissen, heißt beobachten kontaminieren. In diesem Fall waren Grifi und Sarchielli nicht nur Beobachter. Sie präsentierten sich auch als Annas Retter.

Der Plot – die «Rettung» von Anna – wurde von Grifi und Sarchielli ursprünglich im Geist des «Direct Cinema» entworfen, nach dem Vorbild von Jean Rouchs *Chronicle of a Summer* und Chris Markers *Le Joli Mai* und dem neorealistischen Konzept des «Tailing» (quasi des «Beschattens»), wie es der Drehbuchautor Cesare Zavattini entwickelte, den Grifi als einen spirituellen Mentor betrachtete. Aber die Regisseure von *Anna* verwarfen schon bald ihr eigenes Skript und ließen ihre Interaktionen mit Anna bestimmen, was aus dem Film werden würde – nämlich ein soziales Experiment, in gewissem Sinne eher wie Markers *À bientôt, j'espère* (*Bis bald, hoffentlich!*) von 1968, der das Klassenbewusstsein streikender Textilfabrikarbeiter im französischen Besançon dokumentierte. *Anna* zeigt die Lebensumstände seiner Titelfigur als die eines obdachlosen, verstörten, schwangeren Teenagers und, reflexiv, seine eigene belastete Produktion – und das ist schon alles, die Gesamtheit dessen, was der Film erzählt.

Viel von der langen Laufzeit wird für Interviews mit diversen Leuten auf der Piazza Navona verwendet, die jeweils ihre Meinung zu Annas Situation beitragen. Eine junge Frau erklärt, dass die Gewerkschaften, ebenso wie die Kommunistische Partei, Anna nicht helfen wollen, weil sie nicht angemessen proletarisch sei – weder drogenfrei noch verheiratet oder erwerbsfähig. Die jungen Männer sagen, sie sei eine unzähmbare Schlampe. «Die müsste den Schädel eingeschlagen kriegen», sagt derjenige, den sie als ihren Freund ausweist. Die einzig bürgerliche Person, die in diesem Film interviewt wird, ein Rechtsanwalt, sagt amüsiert, es sei gegen das Gesetz, eine Minderjährige bei sich aufzunehmen, in einer Anstalt wäre sie besser aufgehoben (er selbst ziehe allerdings «eine Schrotflinte jeder Anstalt vor»). Vielleicht könne man das Baby aber auch gleich hier im Bernini-Brunnen auf der Piazza Navona taufen, fügt er hinzu, und seine Begleiter lachen.

Durch diese Stimmen hindurch hört man die Unruhe, die in Italien gärt. *Anna* wurde kurz nach dem Heißen Herbst von 1969 und 1970, mit seinen großen Streiks in den Fabriken im Norden des Landes und dem tödlichen Bombenanschlag durch Faschisten auf der Piazza Fontana in Mailand, gedreht. Dieses Verbrechen wurde fälschlicherweise dem Anarchisten

Pietro Valpreda angelastet, und in *Anna* wird seine Gefängnisstrafe von den Leuten, die auf der Piazza Navona herumhängen und für Taten, die sie als indirekt politisch bezeichnen, fast alle selbst schon im Gefängnis gewesen sind (sogar der Filmemacher Grifi hatte kürzlich gesessen), heftig diskutiert. Die ersten Haftbefehle in Verbindung mit den linksradikalen Roten Brigaden, einer in der Reifenfabrik Pirelli entstandenen Organisation, hatte es im Jahr zuvor, 1971, gegeben. 1972 war das Klima in Italien repressiv geworden, und die Leute auf der Piazza Navona witzeln, «von beliebigen zehn von uns sind acht Polizisten oder Spione».

Alle kommen entweder aus Rom oder Süditalien und verkörpern eine Kultur, die keine reale historische Beziehung zur industriellen Arbeit, zum Norden mit seinen Fabriken hat. Sie sind eine frühe Version der entscheidenden Verschiebung vom fabrikbasierten Kampf in Italien zu einer losen gegenkulturellen Ablehnung nicht nur von Gewerkschaften und herkömmlichen linken Parteien, sondern von Arbeit an sich. 1977 sollte diese Haltung sich als der Impuls äußern, zusammenzubleiben – *stare insieme* – und gemeinsam ein neues Leben aufzubauen, gegen die Reproduktion der Klassenstruktur zu agieren und Wünsche und Bedürfnisse zu verfolgen, die unter den gegebenen Umständen nicht erfüllt werden konnten. («Das Gras, das ich will», lautete der abgewandelte Slogan, «wächst nicht im Garten des Königs.») Die Stammgäste der Piazza verkünden flapsig, sie seien Künstler. «Male ein Bild, und Agnelli [der Chef von Fiat] wird es für eine Million kaufen!», scherzt eine junge Frau. Diese Leute auf der Piazza Navona sprechen eine verwirrende, grenzwertig unverständliche Sprache, aber eine, die innerhalb ihres konkreten, düsteren Kontexts ihre Logik hat: Sie reden über Revolution, Gewalt und Verzweiflung.

Anders als solche Rabauken haben die Arbeiter aus Besançon in Chris Markers *À bientôt, j'espère* ordentliche proletarische Wünsche: Sie wollen in ihrer Mittagspause nach Hause gehen und mit ihren Frauen essen. Sie wollen ein Leben außerhalb der Fabrik haben. Arbeiter wie diese hatten über das Kinokollektiv SLON (Société pour le Lancement des Oeuvres Nouvelles), 1967 von Marker mitgegründet, sogar Kontrolle über den filmischen Apparat übernommen, waren also tatsächlich vom Objekt zum Subjekt geworden und teilten sich am Ende mit Marker den Produzentengewinn. Anna dagegen lässt sich nicht richtig subjektivieren. Nicht nur ist sie Subproletarierin und Sardinierin, sie ist auch ein Mädchen, das sich allein schon mit dem Wunsch zu leben schwertut. In Kunstprojekten oder Protestbewegungen wird sie sich bestimmt nicht engagieren. Eher ist sie wie eine Wetterfahne: eine dunkle, antizipatorische Gestalt der bald ihren Höhepunkt erreichenden Bewegung. Sie sagt jedem, er solle sich zum Teufel scheren. Sie versucht zu telefonieren, hält aber den Hörer falsch herum. Sie ist manchmal katatonisch. Sie ist keine Teilnehmerin, wenn die Kamera die Frauendemo auf dem Campo de' Fiori filmt, wo Jane Fonda kurz durchs Bild läuft (im selben Jahr – sicher nicht zufällig –, in dem Fonda in *Tout va bien* [*Alles in Butter*] und *Letter to Jane* der Groupe Dziga Vertov «durchs Bild lief»). Auf dem Campo de' Fiori skandieren Frauen, die Ehefrau sei «die Proletarierin der Familie» – ein Privilegiertenproblem, das wenig mit den Sorgen eines Mädchens wie Anna zu tun hat, das, in Abwandlung dieser Formulierung, so etwas wie die Lumpenproletarierin des Waisenhauses wäre.

Und im Grunde genommen ist sie genau das. Waisenhäuser waren ihre frühe Einführung in die Welt der außerfamiliären Anstalten, und Anstalten sind es, denen Anna, die die Spuren zahlreicher Suizidversuche an den Handgelenken trägt, kürzlich entflohen ist. Sie hat ihr Leben in und außerhalb von Anstalten verbracht und weiß aus eigener Erfahrung, was der Rechtsanwalt auf der Piazza Navona, der sagt, er ziehe «eine Schrotflinte jeder Anstalt vor», als Hilfe hinstellt, wenn er vorschlägt, sie solle doch besser in eine solche eingewiesen werden. Nonnen rieben Anna am ganzen Körper mit beißendem Senf ein, weil sie mit fünf ins Bett gemacht hatte, wie sie erzählt, und peitschten «ein- oder zweijährige» Mädchen aus. In *Anna* bestimmen Anstalten – psychiatrische Kliniken, Entbindungsstationen, Gefängnisse – alles. Sie sind die Horizonte ihres Lebens.

Durch sein nahtloses Anschließen an die Welt, die er darstellt, bestimmt auch der Film alles, für seine Protagonistin ebenso wie für seine Macher, deren Leben in ihn eingebettet und nicht vom Terrain des Films getrennt ist. Für Anna ist der Film ihr einziger Auftritt. Sie hat Glück, bei dem Co-Regisseur Massimo Sarchielli wohnen zu können, einem strubbeligen Junggesellen, der sich um sie kümmert, wenn auch mit fieser Fürsorglichkeit, denn er nutzt die eine oder andere Gelegenheit aus, sie zu betatschen, und genießt es, als sie ihn einmal mit Milch aus ihren vollen Brüsten bespritzt, die sich bereit machen, das Kind in ihrem Bauch zu stillen. Da ihre einzige andere Option die Straße ist, hat sie kaum praktikable Möglichkeiten zu entscheiden, ob sie bei Sarchielli bleiben und sein Gegrapsche ertragen, ja ob sie den Dreh dieses Films ertragen will, der sich zu gleichen Teilen aus ihrer Vitalität und Auflösung als seinen faszinierenden Handlungsträgern speist. Sie hat nichts als diesen Film. Und dieser Film hat nichts als sie und ihre Notlage.

Grifi und Sarchielli versuchten nicht, Anna zu politisieren. Sie scheinen keinerlei Hoffnung zu hegen, sie dadurch, dass sie sie filmen, stärken zu können. Am Ende von Markers *À bientôt, j'espère* hat ein dialektischer Prozess der Selbsteinschreibung stattgefunden, der es Marker, als Filmemacher, zu verschwinden erlaubt. Die Arbeiter von Besançon gründen ihr eigenes Kinokollektiv, die Medvedkin-Gruppe, und als die wilden Streiks vom Mai 1968 beginnen, stehen sie hinter der Kamera und filmen. Anna dagegen ist nur eine Probandin, ein «Versuchskaninchen», wie Grifi sie zwanzig Jahre später in einem Interview nennt, in dem er den «schlecht verborgenen Sadismus» des Films eingesteht.

In mancher Hinsicht jedoch ist Anna weniger Versuchskaninchen als Geist, ein Symptom der Verschiebung in der Zusammensetzung der italienischen Linken, von der Arbeiterklasse und ihren materiellen Bedingungen hin zu einer Welt der Hippies, Studenten, prekär Beschäftigten, Drogenabhängigen und anderen *emarginati*, die die Bewegung von 1977 ausmachen sollten.

Annas erster Racheakt als Versuchskaninchen: Sie verpasst der gesamten Filmcrew Läuse. Das führt allerdings nur zu Demütigung und Paternalismus, denn Sarchielli zwingt sie, sich nackt auszuziehen und zu duschen, und schimpft sie aus, weil sie dreckige Füße hat. Als sie duscht und gedankenverloren mit ihrem Schamhaar spielt, hält die Kamera auf ihre Finger, als wäre sie ein Gorilla im Zoo. Während die Crew sich mit dem Läuseproblem befasst, verlässt der Beleuchter des Films – Vincenzo Mazza, dessen Meinung zu Anstalten ich weiter oben zitiert habe – «seinen Posten und betritt das Feld», wie ein Zwischentitel ankündigt. Vincenzo, ein einundzwanzigjähriger ehemaliger Fabrikarbeiter beim Reifenhersteller Pirelli, der an den berühmten Streiks in Mailand-Bicocca teilgenommen hat, tritt vor die Kamera und erklärt seine Liebe zu Anna.

Diesen Moment und die romantische Beziehung, die daraus folgte, bezeichnete Grifi später als einen Akt der Revolte von beiden, Anna wie Vincenzo. Anna «wollte Liebe», sagte Grifi, «kein Mitleid», obwohl nicht sicher ist, dass es Mitleid war, was die Filmemacher ihr entgegenbrachten, es sei denn ein grausames, nietzscheanisches Mitleid. Grifi zufolge übernahm Vincenzo, der in der Kinohierarchie ganz unten stand, die Kontrolle über den Apparat, indem er vor die Kamera trat und nicht aus den Bedingungen seiner Rolle heraus handelte, sondern aus *Verlangen*. Wie die im Entstehen begriffene Autonomia – freudig, unglaublich, aber von den Verwüstungen durch Haft und Heroin heimgesucht – ist Vincencos Erklärung zugleich berührend und unheilvoll. Man ahnt, dass es böse enden könnte.

Wie zur Bestätigung, dass die Logik des Films sich perfekt um die historischen Umstände seines Gegenstands legt, bringt Anna das Baby am Tag eines Generalstreiks in Italien zur Welt. Man könnte es als ihren zweiten Racheakt betrachten, dass sie den Filmemachern den Zutritt zum Krankenhaus verwehrt. War die unermüdliche Videokamera bis zu diesem Punkt ein Machtinstrument der Regisseure gewesen, wird sie nun – und werden die beiden – plötzlich ausgeschaltet. Wir sehen Anna nie wieder im Film.

«Dieses Gör hat uns verarscht», sagt einer aus dem inneren Kreis der Leute auf der Piazza Navona. Und Grifi bemerkt: «Aus der Perspektive eines Filmregisseurs hat sie uns klar beschissen.» Darauf folgt eine Diskussion über die Ausbeutung von Anna. «Ihr habt sie bis zum Schluss komplett benutzt», sagt eine Frau, «und jetzt seid ihr wütend.»

Die Filmemacher interviewen Vincenzo draußen vor dem Krankenhaus, an einer Mauer voller politischer Slogans, die den Streik verkünden. Er teilt ihnen lächelnd mit, dass das

Baby ein Mädchen ist. «Was sind eure Pläne?», fragt Grifi. «Ich weiß es nicht», sagt Vincenzo verträumt. «Es ist Frühling, danach kommt der Sommer.»

Dann sehen wir Vincenzo erneut, Stunden später; der Kinderarzt habe das Baby an sich genommen, weil Anna minderjährig sei und weil sie immer noch Läuse habe. Ohne Vormund oder Ehemann könne sie das Kind nach dem Gesetz nicht für sich beanspruchen. Aufgelöst liefert Vincenzo eine prägnante, poetische und düstere Analyse der Situation, eines Kindes, das geboren werde, wo «sie einen nur Leid lehren ... und Gewalt und den ganzen Rest», in einem System, geführt von Krankenhausbürokraten, die «sich letztlich selbst nicht kennen, geschweige denn andere».

Am Ende des Films gibt es noch ein Interview mit Vincenzo, ein Jahr später. Er ist allein mit dem Kind, nachdem Anna sie beide verlassen hat. Er sagt, eine Frau habe ihn beschimpft, als er sie gebeten habe, auf das Baby aufzupassen, während er arbeite. Sie habe ihm gesagt, Kinder seien Männersache, und Anna habe recht daran getan fortzugehen.

Auch wenn die Frauenbewegung sicher die erfolgreichste und dauerhafteste Veränderung war, die Italiens aufgewühlte Siebziger hervorbrachten, ist Vincenzo von Annas Zurückweisung, ihrem Fortgehen, bestürzt, dabei findet er durchaus, dass die Frau mit ihrer Tirade recht hat. Annas «Nein», sagt er, *sollte* ein revolutionäres «Nein» sein. Stattdessen sei ihr «Nein» aber Resignation und Tod gewesen, «eine Weigerung, zu leben und zu lieben».

Vincenzo hat einen Aspekt von Annas spezieller «Emanzipation» am eigenen Leib erfahren – sie ist psychisch nicht geeignet, irgendjemandes Untergebene, geschweige denn Ehefrau zu sein –, aber er kann nicht sehen, dass ein lebensbejahendes und revolutionäres «Nein» für sie genauso wenig Sinn ergäbe, wie zusammen mit Jane Fonda auf dem Campo de' Fiori zu demonstrieren. Anna ist ein Avatar einer Form von «Nein», die es nur zum Preis von allem gibt, einschließlich ihres eigenen Kindes. Er ist verzweifelt über alles, und das mitanzusehen, ist schwer. Aber machen Sie sich keine Sorgen um den armen, desillusionierten Vincenzo Mazza und sein Problem, dieses Kind allein großzuziehen; er wurde vier Jahre später auf dem Campo de' Fiori ermordet, wie ich zufällig herausfand, als ich in alten Exemplaren der *Lotta Continua* blätterte, einer viel gelesenen ultralinken Zeitung jener Jahre. Vincenzo hatte sich in eine gewaltsame Auseinandersetzung zwischen einem Mann und einer Frau eingemischt und war dabei erstochen worden. Sein Mörder, der Bruder des berühmten Spaghettiwestern-Schauspielers Gian Maria Volonté, erhängte sich später in Regina Coeli, demselben römischen Gefängnis, in dem Alberto Grifi, der Macher des Films *Anna*, mal gesessen hatte.

Und Anna? Was wurde aus ihr? Die Filmemacher, die beide nicht mehr leben, sagten nie etwas dazu. Zum letzten Mal, erzählte Grifi später, hätten sie beim Schnitt des Films von ihr gehört. Sie habe weinend aus einer psychiatrischen Klinik in Rom angerufen und sie angefleht, sie zu retten, und auch damit gedroht, sie dafür verhaften zu lassen, dass sie eine Minderjährige gefilmt hätten. «Wir wussten nichts anderes zu tun», sagte Grifi, «als den Anruf aufzuzeichnen.»

In den Jahren zwischen der Produktion von *Anna* und seinem Tod 2007 reagierte Grifi abwechselnd nachdenklich und defensiv; so beschuldigte er etwa das Publikum bei den Filmfestspielen von Venedig 1975, sich mehr um Anna auf der Leinwand zu sorgen als um Anna in einer psychiatrischen Klinik, und erklärte sogar, diese Art des Zuschauens mache das Publikum zu Polizisten – dabei könnte man argumentieren, dass der Film, so wie er und Sarchielli ihn gemacht hatten, mit seinem Chor urteilender Fremder, seiner Leibesvisitationsszene unter der Dusche, diesen Effekt selbst erzeugte. Sarchielli war ambivalenter bezüglich der Frage, ob er und Grifi Anna ausgebeutet hatten, doch anscheinend entzweiten sich die beiden nicht wegen ethischer Meinungsverschiedenheiten, sondern aufgrund des üblichen, banalen Problems der Urheberschaft (die italienische Presse behandelte den Film, als wäre er allein Grifis).

Wenn «Autonomia» ursprünglich eine Abkehr von allen Formen der organisierten linken Politik und insbesondere von der Kommunistischen Partei bezeichnete, sollte der Begriff später auch für ein autonomes Subjekt stehen, dessen Gedanken und Aktionen sich ohne den bestimmenden Einfluss des Staates entfalteten. Jede Bewegung oder Aktion, die sich «autonom» nennt, ist eigentlich ein unendlich komplexes, sich wandelndes Netz aus unterschiedlichen Personen, die aus unterschiedlichen Gründen an unterschiedlichen Punkten zusammenkommen. Die Autonomia mit wenigen Worten zu beschreiben, heißt folglich, sie zu banalisieren. Insofern sind Aussagen von Zeitzeugen entscheidend, um diese einzigartige Ära der Revolte zu analysieren und zu rekonstruieren, und *Anna* liefert eine bemerkenswerte Fülle solcher Aussagen, in ihrer ganzen kodierten und gewachsenen Eindringlichkeit.

Selbst die formalen Prinzipien des Films *Anna* – seine Dramatisierung realer Ereignisse und der gespenstische Effekt seiner Übertragung von früher Videotechnik auf 16-mm-Film, der eine Art Qualität zweiten Grades vermittelt – werden aus heutiger Sicht unbeabsichtigt zu Aspekten seiner Einzigartigkeit als einer höchst sonderbaren Zeitkapsel, teils Friedhof, teils Glasmenagerie. Der Film entspricht weder dem Cinema vérité mit seiner reflexiven Anerkennung der eigenen einfangbaren Momente noch dem Direct Cinema mit seinem Anspruch auf Neutralität. Die Macher von *Anna* scheinen zu glauben, dass sie das Problem Anna einfangen, nicht die Saat der Revolte, die in dem am Rand des Films lauernden Nihilismus so greifbar ist, im Schwanken zwischen womöglich produktiver Wut und dunkleren Folgen. Manche der Leute, die in *Anna* auftauchen, dürften später mit Sicherheit Untergrundkämpfer in Roms Autonomia Operaia geworden, andere der Heroinabhängigkeit verfallen sein. Man kann annehmen, dass die meisten, die hier vor laufender Kamera herumschwafeln, gegen Ende der Siebziger entweder auf der Flucht, im Gefängnis oder tot waren – auf jeden Fall an Orten, wo niemand sie filmen konnte.

Im Originalabspann, für die Vorführung von *Anna* in Venedig 1975 gemacht, wird jede einzelne Person, die durchs Bild läuft – selbst Prominente wie Louis Waldon und Jane Fonda, die Cameo-Auftritte von weniger als zehn Sekunden haben – mit vollem Namen genannt. Sogar die Läuse werden genannt. Aber Anna, auf die sich die Kamera fast die gesamten 225 Minuten des Films richtet? Von ihr steht nur der Vorname da. Sonst nichts. Wenn diese Unterlassung sich als ein Hinweis auf ihre Flucht vor Anstalten versteht (oder ihre Fluchtversuche), trägt sie auch beträchtlich zum Mysterium ihres Schicksals bei.

Und wenn eine solche Frage nach dem Schicksal Annas auch ein wenig naiv und plump ist, so ist der Film doch darum herumkonstruiert – solange die Frage unbeantwortet bleibt. Das Objekt der Faszination des Films, das, was zu nichts als einer verzweifelten Stimme am Telefon verblasst, als sie aus der psychiatrischen Klinik anruft, ist sein eigenes Opfer.

Und andererseits ist die unbeantwortbare Frage, was mit Anna passiert ist, Annas dritter und letzter Racheakt, nachdem sie ihnen Läuse verpasst und sie vom Kreißsaal ausgeschlossen hat: ihr fluchtartiger Rückzug in die Unsichtbarkeit und Anonymität, eine Art Verzicht, der nicht wettgemacht, bemitleidet, objektiviert, angestarrt oder als das altruistische (oder zumindest formal innovative) Werk anderer Menschen hochgehalten werden kann. Annas Verschwinden, das ein reines ist – niemand scheint zu wissen, was aus ihr oder dem Kind, das sie jenseits der Kamera bekommen hat, wurde –, gehört ihr.

Lippenstiftspuren

Clarice Lispector verfügte über eine diamantharte Intelligenz, einen visionären Instinkt und einen Sinn für Humor, der von naiver Verwunderung zu böser Komik umschwenken konnte. Sie schrieb Romane, die gebrochen, hochgeistig und fundamental nicht narrativ sind (es sei denn, man zählt es als Handlung, wenn eine Frau über fast zweihundert Seiten im Zimmer ihres Dienstmädchens steht und einen Schrank anstarrt). Und doch wurde sie ziemlich berühmt, eine Nationalikone Brasiliens, deren Gesicht auf Briefmarken erschien.

Ihr erster Roman, *Nahe dem wilden Herzen*, kam 1943 heraus und wurde sofort zu einer Sensation, gefeiert als die subtilste Untersuchung «der Tiefen der psychologischen Komplexität der modernen Seele» in portugiesischer Sprache. Ihren darauffolgenden Roman bekam sie nur mit Mühe veröffentlicht, weil sie einen Diplomaten geheiratet hatte und nach Italien zog, dann in die Schweiz, dann nach Washington, D. C.

Ihre Rückkehr nach Brasilien 1959, nachdem sie sich hatte scheiden lassen, um sich ganz dem Schreiben widmen zu können, markierte den Beginn eines Jahrzehnts, in dem sie an der Spitze der literarischen Gesellschaft des Landes stand, als eine der größten brasilianischen Romanschriftstellerinnen galt und eine wöchentliche Kolumne (*crónica*) in Rios führender Zeitung hatte. Die brasilianische Sängerin Cazuza las Lispectors Roman *Água Viva* 111 Mal. Lispector wurde von den geachteten Dichtern Guiseppe Ungaretti und Elizabeth Bishop übersetzt, und in Rio war sie bekannt und berühmt. Einmal klopfte eine Frau bei ihr in Copacabana an die Tür und schenkte ihr einen frischen Tintenfisch, den sie dann für Lispector in deren eigener Küche würzte und zubereitete.

Lispectors philosophische Literatur hat so leidenschaftliche Begeisterung ausgelöst, weil die Leute das Gefühl haben, sie spräche *mit ihnen* über die elementarste und zugleich komplexeste menschliche Erfahrung: das Bewusstsein, die befremdliche Seltsamkeit des Umstands, am Leben zu sein. Sie versucht zu erfassen, was es heißt, unsere Existenz zu denken, während wir uns selbst darin befinden – in dem «fantastischen Skandal», wie sie es nennt, des Lebens. Wir seien kein schlichtes *Ist*, sondern eine Wahrnehmung desselben und mithin vollkommen abgeschnitten von der Welt durch die menschliche Fähigkeit, unsere Rolle darin zu begreifen.

Wie Lacan mache ich die Sprache für dieses Problem verantwortlich. Wahrscheinlich würde Lispector das auch tun. Aber beide, Lispector und Lacan, würden zustimmen, dass sie unsere einzige Zuflucht ist, und beide machten in extremem Maß von den Möglichkeiten der Sprache Gebrauch, der eine, indem er ein auf Sprache beruhendes psychoanalytisches Theoriensystem entwickelte, die andere, indem sie Sprache und Zeichensetzung im Interesse flüchtiger, kaum fassbarer Wahrheiten beugte, nicht weil sie Teil einer experimentellen Bewegung war, das war sie nicht, sondern eher aus einem einsamen und verzweifelten Bedürfnis heraus. «Es ist keine Nachricht über Ideen, die ich dir übermittle», erklärt sie in *Água Viva*, «wohl aber eine instinktive Wollust an dem in der Natur

Verborgenen, das ich errate.» Und an anderer Stelle: «Ob der nächste Augenblick von mir geschaffen wird? Oder ob er sich alleine erschafft?»

Eine ausführliche biografische Darstellung von Lispectors mysteriöser Existenz, *Why This World* von Benjamin Moser, wurde bei ihrem Erscheinen im Jahr 2009 viel besprochen, und für kurze Zeit gab es in den Vereinigten Staaten wesentlich mehr Menschen, die *über* Clarice Lispector gelesen hatten, als solche, die ihr Werk selbst kannten. Moser gab dann Neuübersetzungen ins Englische von vier ihrer neun Romane heraus, *Near to the Wild Heart* (*Perto do coração selvagem; Nahe dem wilden Herzen*), *The Passion According to G. H.* (*A paixão segundo G. H.; Die Passion nach G. H.*) (1964), *Água Viva* (*Água viva; Aqua viva*) (1973), *The Hour of the Star* (*A hora da estrela; Der große Augenblick*) (1977), und außerdem *A Breath of Life* (*Um sopro de vida*) (1978), das vorher noch nie auf Englisch erschienen war. Die Neuausgaben sollten Lispectors absichtsvolle Rauheit und ihre Idiosynkrasien originalgetreuer wiedergeben. Sie pflegte einen sehr kreativen Umgang mit der Zeichensetzung; einer ihrer Romane beginnt mit einem Komma und endet mit einem Semikolon. Am besten fängt man mit Lispectors Werk selbst an, aber wer ihre Romane kennenlernt, wird wahrscheinlich auch zu Mosers Biografie greifen, um zu verstehen, was sich hinter dem Vorhang dieser Stimme verbirgt, die so seltsam persönlich und privat ist, die innere Stimme des stillsten Moments der Grübelei.

«Ob das, was ich dir schreibe, hinter dem Denken ist?», fragt sie in *Água viva*. «Eine Gedankenfolge ist es nicht. Wer in der Lage ist, nicht mehr zu denken – was schrecklich schwer ist –, der folg mir.»

Moser mutmaßt, dass ihr Drang, so zu schreiben, wie sie schreibt, mit ihren Ursprüngen in dem elenden ukrainischen

Shtetl zu tun hat, wo sie 1920 geboren wurde, dem knappen Entkommen ihrer jüdischen Familie vor der Welle von Pogromen (sie flüchtete nach Brasilien, als Lispector ein Säugling war) und dem Tod ihrer Mutter, als Lispector neun Jahre alt war, eine Folge der Syphilis, die sie sich zugezogen hatte, als sie von einem russischen Soldaten vergewaltigt worden war. Lispector hatte keine Erinnerung an die Ukraine und sprach selten, wenn überhaupt, von jener schlimmen Vergangenheit. Portugiesisch war ihre Muttersprache, und sie identifizierte sich vollkommen mit der brasilianischen Kultur. Man könnte argumentieren, das Auslassen ihrer Ursprünge aus ihrem Werk weise darauf hin, dass ebendort Bedeutung liege. Aber der Drang zu schreiben, oder eigentlich jeder Drang, kann nie vollständig mit biografischen Details, ob ererbten oder selbst erlebten, erklärt werden.

Während der Biograf die Aufgabe hat, Theorien über Ursache und Wirkung zu konstruieren, liegt mein Interesse woanders, nämlich bei jenen Aspekten von Lispectors Persönlichkeit und Gaben, die womöglich *ex nihilo* kamen, oder jenen Aspekten, die einfach *waren*. Die rudimentärsten Fragen des Wissens und Seins schienen unausgesetzt auf ihr zu lasten. Man hat wirklich das Gefühl, dass sie morgens aufstand und mit der absoluten Leere konfrontiert war. Dass diese elegante, adrette Rioer Dame, während sie sich ein Bad einlaufen ließ und Kaffee in ihrer Kaffeemaschine machte, mit der Frage rang, wie die Stunden vergehen, ob die Zeit natur- oder menschengemacht ist und warum wir so von Gott abgeschnitten sind. Sie starb früh an Krebs, 1977, im Alter von sechsundfünfzig Jahren, hinterließ jedoch ein erstaunlich umfangreiches Werk, das weder innerhalb noch außerhalb der Literatur ein Korrelat hat.

«Ich bin die Vestalin eines Geheimnisses, das ich vergessen habe», sagt die Erzählerin von *Die Passion nach G. H.* «Ich weiß von vielem, das ich nicht gesehen habe», schreibt Lispector in der «Widmung des Autors», die dem Roman *Der große Augenblick* vorangestellt ist. In demselben Buch schreibt sie, wenn sie eine Geschichte erzähle, sei es ihre Aufgabe, «das Unsichtbare [zu] ertasten, mitten im Schlamm». Und: «Alles erzählt man nicht, denn Alles ist ein hohles Nichts.» Das Alles ist der Schlamm, das Nichts, welches das Etwas in sich birgt.

Lispectors Sujet, der Versuch, das gewahrte, aber vergessene Geheimnis zu fassen, eine Art noumenale Realität, «das Unsichtbare im Schlamm», ist eines, das die meisten Schriftstellerinnen und Schriftsteller gar nicht anrühren. Es ist hoch spezialisierte Arbeit. Sie hat es auf die Essenz abgesehen, auf das Leben ohne all das, was den Horizont und fast die Gesamtheit aller Literatur ausmacht: soziales Umfeld, Familienleben, Gegenwartsgeschehen, geschichtliche Zeit und natürlich romantische Liebe. Für Lispector gibt es nur den abgeschmirgelten Kern der Existenz unterhalb all dessen, selbst wenn sie in ihren Romanen manchmal ein zartes narratives Netz spinnt: Eine Frau betritt das Zimmer ihres Dienstmädchens und hat ein ekstatisches Zusammenbruchs-/Offenbarungserlebnis (*Die Passion nach G. H.*); ein armes Mädchen aus dem Nordosten Brasiliens kommt nach Rio und bleibt arm, unterbelichtet und unglücklich, während die Erzählerin, eine Schriftstellerin, über Existenz, Unglück und Unterbelichtung nachdenkt (*Der große Augenblick*); eine junge Frau mit ungewöhnlichen Wahrnehmungsgaben denkt über das Leben und ihre Kindheit nach, heiratet, denkt weiter über das Leben und ihre Kindheit nach und, diffus, über eine Dreiecksliebe (*Nahe dem wilden Herzen*). Doch manche von Lispectors Werken tun noch nicht einmal so, als hätten sie eine Handlung, das großartige *Água viva* zum Beispiel und das noch großartigere *Um sopro de vida*. In diesen beiden Romanen verzichtet Lispector gänzlich auf Handlung oder weicht ihr aus und präsentiert uns ihr Hauptthema – das Sein – ganz unmittelbar in Form von miteinander verknüpften Aphorismen. Dank irgendeines Tricks schafft sie es, ohne jedwede Figurenentwicklung das Gefühl einer Vorwärtsbewegung zu erzeugen. Sie schreibt über das Denken, darüber, wie es ist zu denken, was ein zirkuläres Unterfangen darstellt, denn Denken ist zwar nicht Sprache, aber doch von Wörtern begrenzt, die seine einzigen Ausdrucksmittel sind. Man könnte sagen, dass dieser Versuch, das Denken zu beschreiben, der primäre narrative Antrieb in allen ihren Romanen ist, mit Ausnahme von *Der große Augenblick*, dessen Hauptfigur, Macabéa, keine Innenschau betreibt.

In ihrem gesamten Werk scheint sie weder Traditionen noch den Avantgardismus zu bedienen. Ihre Prosa liest sich eher wie etwas Philosophie-Ähnliches, aber es ist keine Philosophie. Sie ist keine Wissenschaftlerin. Sie weiß Dinge aus sonnenheller Intuition. Welcher Autor, welche Autorin ist ihr verwandt? Ein geeignetes Beispiel zu finden fällt schwer. Ingeborg Bachmann nähert sich dem gleichen Problem der Zeit, nur aus einer anderen Richtung kommend, wenn sie in *Malina* schreibt: «Heute ist ein Wort, dass nur Selbstmörder verwenden dürften», weil es für andere Menschen keine Bedeutung habe. Kafka wird oft erwähnt, und Lispector schätzte sein Werk, aber ihre und seine Literatur gleichen sich nicht. Kafka ist ein Geschichtenerzähler, wie ungewöhnlich oder abstrahiert der Handlungsrahmen und die Ereignisse auch immer sein mögen. Lispector nicht. Kafkas Figuren sind Schauspieler im Leben, die die Welt bewohnen. Lispectors nicht; sie gehen nicht hierhin und dorthin, begegnen keinen anderen Menschen, führen keine überzeugenden Gespräche, aus denen sich Auswirkungen auf die Hauptfigur und andere ergeben.

Auch die oft erwähnte Virginia Woolf ist ein irreführender Vergleich, denn in Lispectors Werk gibt es keinen Bewusstseinsstrom. «Ich möchte, dass jeder Satz dieses Buches eine Klimax ist», sagt sie in *Um sopro de vida*, und schon dieses selbstreflexive Eingeständnis ist eine Art Klimax. Im Blick auf Strömungen der Jahrhundertmitte und ihre eigenen Zeitgenossen glaube ich nicht, dass Lispector bewusst experimentell schrieb. Es wird kein ödipaler Bruch ins Spiel gebracht, wie bei den Nouveaux Romanciers, keine oulipotische Begrenzung geschaffen, um etwas aufzuschließen. Allenfalls könnte man von einer Verbindung zwischen ihr und den großen brasilianischen Künstlerinnen und Künstlern ihrer Generation sprechen, den geometrischen Abstraktionistinnen und Abstraktionisten Lygia Clark, Lygia Pape und Hélio Oiticica. Wie Lispector in *Água viva* schreibt: «In dem, was ich male, will ich geometrische Linien, die sich in der Luft kreuzen und eine Disharmonie bilden, die ich verstehe. Pures It.» Als sie in Chevy Chase, Maryland, lebte, wo sie die Hausfrau spielte (oder einfach war), bestand Lispectors Beitrag zur amerikanischen Tradition des Weihnachtsschmucks darin, eine Kiefer in ihrem Vorgarten mit ungleichmäßigen Formen in Schwarz, Grau und Braun zu behängen. «Das», sagte sie, «ist für mich Weihnachten.»

Es ist wichtig, nichts Kultisches an die Stelle der unmittelbaren Erfahrung ihrer Sätze treten zu lassen, und doch sind die surrealen Mythologien ihres Lebens, wie ihr wunderbar düsterer Weihnachtsschmuck, ein wenig zu verlockend, um zu widerstehen. Ihr Hund rauchte Zigaretten und trank Alkohol. Einmal gab sie ein Abendessen und vergaß, Essen zu servieren.

Sie sagte, Orgelmusik sei «dämonisch», aber sie wolle, dass ihr Leben davon begleitet werde. Sie schrieb eine Ratgeberkolumne für eine Rioer Zeitung mit Tipps wie «Tun Sie so, als existiere Ihr Problem nicht» und «Wie französisch Ihr Parfüm auch sein mag, häufig zählt vor allem das Grillfleisch». Freunde und Freundinnen sprachen von der «skandalösen» Art, wie sie sich schminkte, was noch extremer wurde, nachdem sie einmal mit der Zigarette in der Hand eingeschlafen war und schlimme Verbrennungen davongetragen hatte. In den Jahren vor ihrem Tod gab es eine weitere Entwicklungsstufe, als sie ihren Maskenbildner bat, jeden Monat «dauerhaftes Make-up» aufzutragen, während sie schlafe.

Die Art, wie sie über Eitelkeit schreibt, hängt mit diesem seltsamen Detail ihres dauerhaften Make-ups zusammen. «Was andere von mir aufnehmen, spiegelt sich in mir wider und bildet die Atmosphäre namens: ‹Ich›.» Schließlich ist Weiblichkeit sowohl absolut natürlich als auch vollkommen aufgesetzt. Sie ist eine Maske. Und sie ist der einheitsstiftende Eindruck, den eine Frau macht, das, was sie gefasst bleiben lässt, für sich selbst und andere wiedererkennbar. «Ich hätte es nicht ertragen, mich selbst nicht im Telefonbuch zu finden», sagt der schwer greifbare G. H. Warum also nicht dauerhaftes Make-up für die Frau, die in mehr als einem Sinne das Gefühl hat zu entgleiten?

In der Tat war sie die meiste Zeit ihres Lebens schön, mit einem Gesicht, dessen astrale Leuchtkraft mich an einen Topas erinnert, ihren Lieblingsstein. De Chirico malte ihr Porträt, und es gibt das überbewertete Zitat von Gregory Rabassa, dem Übersetzer ihres Romans *A maçã no escuro* ins Englische (*The Apple in the Dark / Der Apfel im Dunkeln*), das jeder anführte, als Mosers Biografie erschienen war, nämlich dass sie aussehe wie Marlene Dietrich und schreibe wie Virginia Woolf. Niemand würde sagen, dass Albert Camus aussah wie Humphrey Bogart und schrieb wie André Gide. Was Rabassa meint, ist, dass ihr das unwahrscheinliche Kunststück gelang, so jedenfalls scheint er es zu sehen, als Frau *und* als Schriftstellerin brauchbar zu sein. Und doch habe auch ich (die ich mir Brauchbarkeit in beiden Hinsichten wünsche) mir ihre Fotos ziemlich oft angeschaut. Da ist vor allem eines, auf dem die Innenseite ihres Arms derart zart-weich aussieht, dass es eine Art Verwirrung stiftet, eine magnetische Verwirrung, die mir sagt, dass ich nicht viel verstehen werde, indem ich mir ihr Foto anschaue, das Fleisch, dessen unschuldige Anmutung dem mystischen Ton schon ihrer frühesten Literatur widerspricht (*Nahe dem wilden Herzen* hatte sie mit dreiundzwanzig vollendet). Mein Lieblingsmoment in ihrem ganzen Werk ist eine Kindheitsoffenbarung der Nicht-Unschuld in «Sonntag, vor dem Schlafen» aus ihren *crónicas*:

> So lernte sie Ovomaltine kennen, wie es in den Lokalen serviert wurde, nie zuvor so ein unfassbarer Luxus im Glas, erhöht durch den Schaum, nie der hohe, unsichere Hocker, *the top of the world*. Und alle sahen zu. Von Anfang an musste sie gegen Übelkeit ankämpfen, aber sie hielt durch, ratlos verantwortlich für die unglückliche Wahl, und so zwang sie sich zu mögen, was man doch mögen musste. (…) Auch den erschrockenen Verdacht, dass Ovomaltine doch etwas Gutes wäre, «wer nichts taugt, das bin ich».

Wer nichts taugt, das bin ich. Hélène Cixous' Ausführungen über den Ovomaltine-Moment sind bekannt, und durch ihre Arbeit bin ich ursprünglich auf Clarice Lispector gestoßen.

Cixous schrieb umfassend über ihr Werk. Sie nahm Lispectors Ruf als «die Sphinx» sogar als Schminktipp und machte es sich zur Gewohnheit, in der Öffentlichkeit mit vollem ägyptischem Lidstrich aufzutreten. Viele von Cixous' Texten über Lispector sind Vorlesungen, die sie in den frühen Achtzigerjahren an der Paris VIII hielt und deren Transskripte so gebieterisch wirken wie der Lidstrich. Ich wäre besser beraten gewesen, Lispector direkt zu lesen anstatt in Verbindung mit den Behauptungen, die Cixous über sie aufstellte, deren ganz eigenen Ton ich erst aus dem Ohr bekam, als ich Gelegenheit hatte, mich über die Neuausgaben von Lispectors Werk zu beugen.

«In Wahrheit war sie immer zwei gewesen, die, die flüchtig wusste, dass sie war, und die, die wirklich war, ganz tief», schrieb sie in *Nahe dem wilden Herzen*, was einen Code für die Richtung zu enthalten scheint, in die ihr Werk sich letztlich entwickeln sollte. Die Protagonistin Joana, offenbar autobiografisch, bekennt sich zum Eheleben, just als sie von diesem zweiten Ich heimgesucht wird, demjenigen, das «war, ganz tief», und sich der Innenschau hingibt.

Manche halten *Der große Augenblick* für Lispectors Meisterwerk. Ich gehöre nicht dazu, aber es ist ihr lustigstes Buch. Die Protagonistin Macabéa, ein verwahrlostes Mädchen, das aus den Slums von Recife im Nordosten Brasiliens (wo Lispector ihre Kindheit verbrachte) nach Rio kommt, findet weder Liebe noch Befreiung aus der ruinösen Armut. Eine Jungfrau, die von Hotdogs und Coca-Cola lebt, träumt sie von einem Haus mit eigenem Brunnen und fragt: «Weißt du vielleicht, wo man ein Loch kaufen kann?» Sie geht zu einem Arzt, der ihr Bier und Spaghetti als Lösung ihrer Probleme empfiehlt. Sie lernt eine arrivierte Puffmutter und Kartenlegerin kennen, die «ein Lebensurteil über sie [fällt]». Danach wird Maca von einem

Mercedes überfahren. In diesem Buch der extrem kargen Prosa, das zuerst von Giovanni Pontiero ins Englische übersetzt wurde, zählt jedes Wort. Der Satz aus Mosers Neuübersetzung: «You do yourself in if you don't do yourself up» lautete bei Pontiero «Without a touch of glamour, you don't stand a chance». Beides bedeutet das Gleiche, aber die Sätze haben nicht den gleichen auralen Effekt (insbesondere wenn man bedenkt, dass Lispector nicht nur auf einen «touch of glamour», einen Hauch von Glamour, aus war, sondern sich in der Tat richtig herausputzte («did herself up»).

Auch wenn ich die Übersetzungen nicht selbst einschätzen kann, weil ich kein Portugiesisch lese, weiß ich, dass Idra Noveys englische Fassung von *A paixão segundo G. H.* (*The Passion According to G. H.*) als Ereignis betrachtet werden sollte, denn der frühere Übersetzer Ronald W. Sousa räumte in seiner Einleitung von 1988 ein, dass er das Buch nicht für einen Roman halte und seine Übersetzung «im Ton erklärender» sei als das Original. Novey dagegen schreibt in ihrem Nachwort von ihrer eigenen extremen Kathexis des Buches. Die Neuausgabe enthält auch eine Einführung von Caetano Veloso (wahrscheinlich der berühmteste Mensch in ganz Brasilien, was ihm den Spielraum gegeben haben mag, die absurde Behauptung aufzustellen, Spinoza habe *Die Ethik* auf Portugiesisch geschrieben).

Lispectors unerbittlichstes und ernstestes Buch ist *Die Passion nach G. H.*, die Ich-Erzählung einer Frau, die in einen Zustand heftiger Verzückung gerät, als sie eine Kakerlake isst – in dem jüdisch-mystischen *Tzimtzum* von Gottes Abwesenheit badet, aber auch an der katholischen Transsubstantiation von Gottes Gegenwart teilhat, als probierte sie die Hostie. Das wird oft als «schockierend» bezeichnet, ist es aber eigentlich nicht. Die philosophische Strenge und Kargheit ihrer «Passion» wird durch die bürgerliche Existenz von G. H. ausgeglichen, die das verwaiste Zimmer ihres Dienstmädchens betritt und sich in dem Moment, da ihr Blick auf die Kakerlake fällt, spirituell zu verwandeln beginnt. Es gibt da einen beunruhigenden rassistischen Unterton, eine weiße Frau und ihr abwesendes schwarzes Dienstmädchen, ein weißes Zimmer, eine schwarze Kakerlake, von der sie schreibt, sie sehe aus wie eine «sterbende Mulattin». Auch die Klassenzugehörigkeit ist von Bedeutung: Lispector war von ihren Dienstmädchen besessen und schrieb in ihrer Zeitungskolumne in aller Ausführlichkeit über sie. Wenn ich mir diese großbürgerliche Figur vorstelle, die in einem Dienstmädchenzimmer zur Glückseligkeit findet, kann ich nicht umhin, eine elegante Frau mit manikürten Fingernägeln vor mir zu sehen, die in die Kakerlake beißt wie in ein Bonbon, den sahnigen Schlamm göttlicher Substanz. Und doch ist an diesem Buch nichts Kitschiges. Es ist das präzise Porträt einer Begegnung mit dem Geheimnis des Lebens: dem Nichts, das das Alles begrenzt, den Schlamm.

Um sopro de vida, Lispectors allerletztes Buch, posthum bearbeitet und herausgegeben von ihrer treuen Freundin Olga Borelli, einer ehemaligen Nonne, die wahrscheinlich in sie verliebt war, ist nach *Água viva* (ebenfalls von Borelli aus Fragmenten und Schnipseln zusammengestellt und herausgegeben) die abschließende Installation in einem Prozess, den Lispector selbst als ein «Austrocknen» beschrieb. *Um sopro de vida* ist als ein fiebriger Dialog zwischen Gesprächspartnern angelegt, die eigentlich nur Vehikel für abwechselnde Epiphanien sind, über das Leben wie den Tod, den Lispector nah wusste. Diese Epiphanien werden in einem buchlangen Staffellauf eine nach der anderen vorgebracht, eine letzte, fantastische Krönung des Lispectorismus.

«Die Unmöglichkeit des Kommunizierens mit sich selbst ist der große Strudel des Nichts.»

«Während es geschieht, entzieht sich mir das Leben. Ich bin eine Erinnerung an mich selbst.»

«Das Leben ist sehr schnell, wenn du es siehst, hast du das Ende erreicht. Und zu allem Überfluss sollen wir auch noch Gott lieben.»

«Es muss einen Weg geben, nicht zu sterben, ich habe ihn nur noch nicht gefunden.»

«Dass ich mich verirrt habe, kann ich nur akzeptieren, wenn ich mir vorstelle, dass jemand meine Hand hält», schreibt Lispector in *Passion*. Und ebenfalls in dem Buch: «Jemandes Hand zu halten, war immer meine Vorstellung von Glück.»

Diese Art unbefangene Bitte – jemandes Hand zu halten – scheint beinahe überraschend inmitten all der Grübelei über die Leere, die im Gegensatz dazu den Eindruck einer unerreichbaren, herrischen und einzelgängerischen Frau erzeugt, und diesen Ruf hatte sie in der Tat. Doch am Ende ihres Lebens war Lispector nicht allein, und in Olga Borelli, ihrer glühendsten Verehrerin, hatte sie eine großartige Freundin. Posthum stellte Borelli *Um sopro de vida* zusammen, indem sie Lispectors Notizen durchsah, die noch nach dem Lippenstift der Autorin rochen.

«Denn es ist infam, geboren zu werden, um zu sterben, ohne zu wissen, wann und wo», hatte sie in *Água viva* geschrieben. «Ich werde mich ungemein freuen, hörst Du?»

Wie als Antwort auf die schlichteste Sehnsucht in ihrer Literatur brauchte sie sich, als sie der Welt verloren ging – unserer und ihrer eigenen – nicht vorzustellen, dass jemand ihre Hand hielt. Im Moment von Clarice Lispectors Tod lag ihre Hand in Olga Borellis.

Häschen

Ich lernte den Maler Alex Brown 1996 kennen, als ich von San Francisco nach New York zog. Freunde von ihm aus seiner Kindheit in Des Moines, Iowa, die ich aus San Francisco kannte, hatten eine Art Blind Date für uns arrangiert. Bei diesen Freunden genoss Alex Brown einen gewissen Legendenstatus. Er war nach NYC gezogen, spielte in diversen bedeutenden Hardcore-Bands (Gorilla Biscuits, Project X, Side by Side) Gitarre, produzierte ein begehrtes Heftchen mit dem Titel *Schism* und machte nach seinem Examen an der Parsons School of Design fast augenblicklich Karriere als Künstler.

«Ich werde einen blauen Anorak tragen», sagte er am Telefon zu mir, damit ich ihn erkennen würde, wenn wir uns trafen. Wir waren eher Ad-hoc-Geschwister als mögliche Date-Partner füreinander, und ich zog ihn zwanzig Jahre lang immer wieder mit diesem Satz über den blauen Anorak auf. Er behauptet, es sei kein blauer Anorak gewesen, und was zum Teufel sei das überhaupt, ein «Anorak»? Aber ich habe es so in Erinnerung. Wir gingen in die Marian Goodman Gallery, um uns eine Gerhard-Richter-Ausstellung anzusehen. Ich wusste, dass Alex' Großvater Alexander Lippisch ein berühmter Flugzeugkonstrukteur der Luftwaffe gewesen war, der nach dem Krieg von den USA nach White Sands geholt wurde. Als wir uns gemeinsam die Richter-Bilder anschauten, assoziierte ich deren Mischung aus formaler Präzision und deutschem Traum sofort mit Alex' Kunst.

Nach der Gemäldegalerie gingen wir in den Central Park. Wir setzten uns auf einen Stein, und Alex erzählte mir, dass er einmal mit einem Freund, dem Maler Alexander Ross, auf einem ähnlichen Stein gesessen habe, beide auf Acid. Als sie da so saßen und halluzinierten, beobachteten sie, wie der Künstler Alex Katz sich einem Sabrett-Wagen näherte und einen Hotdog kaufte. Drei Maler namens Alex; zwei auf Acid, einer mit Hotdog. Sie standen auf und gingen zu Alex Browns Wohnung in der Forsyth Street, wo sie, immer noch halluzinierend, mitten in eine dramatische Drogenrazzia gerieten.

Alex war kurz vor unserem Treffen wieder nach Des Moines zurückgezogen (bei unserem Blind Date war er zu Besuch in der Stadt). New York hatte ihn aus verschiedenen Gründen ausgelaugt, darunter eine Telefonrechnung von um die dreißigtausend Dollar, weil seine Nachbarn seinen Anschluss für ihre Ferngespräche angezapft hatten. Er verließ New York geschlagen, in gewisser Hinsicht aber auch triumphierend, denn dank der leidenschaftlichen Unterstützung des sagenumwobenen Kunsthändlers mit dem Spitznamen Hudson, der die Galerie Feature Inc. betrieb – damals noch in der Greene Street in SoHo, kurz vor dem Umzug nach Chelsea –, war seine Künstlerkarriere in Gang gekommen. Alex' Gemälde, akribisch verpixelte oder sonst irgendwie fragmentierte Verfremdungen, waren jeweils das Ergebnis Hunderter, wenn nicht Tausender Stunden Arbeit, technisch präzise und auf meditative, masochistische Weise obsessiv. Sein Quellenmaterial war eine Bilderwelt, von der eine «spezifische Leere» ausging – Reiseprospekte, Postkarten, Amateurfotos. «[Diese Bilder] in ein formales Arrangement aus Farbe, Muster und wiederholter Form zu verwandeln», erklärte er Hudson 1998, «wird zu einer Sublimierung, zu einem Ritual, das es mir erlaubt, in ihre abgrundtiefe Inhaltslosigkeit einzudringen.» Der Geisteszustand, der für diese Arbeit nötig war, scheint einen großen Einsamkeitspuffer erfordert zu haben, den Alex in Des Moines fand. Er konnte dort bleiben und malen, und Hudson, dessen Galerie ihre Glanzzeit erreichte, war seine Rettungsleine. Das war das Arrangement.

Vielleicht zog er allerdings auch wegen des hervorragenden Programms in dem Sexkino Ecke Fourteenth und Euclid nach Des Moines zurück, dessen Zeitungsinserate er den Briefen an mich regelmäßig beilegte, mit Ankündigungen einer Live-Tänzerin namens «ALEX» oder einer anderen namens «RACHEL», Letzteres falsch buchstabiert. Einmal schickte er mir eine Zeichnung von einem Häschen mit Weste und Monokel. Er schrieb: «Dieses Häschen hat richtig harte Sachen erlebt.» Irgendwas an dem stoischen Gesichtsausdruck des Häschens. Wir wussten beide genau, was Alex meinte.

Er schickte mir auch regelmäßig Mixtapes von seltenen Aufnahmen, die er aus seiner umfangreichen Vinylsammlung auswählte, und lange Briefe inklusive komödiantischer Fußnoten zu den jüngsten Entwicklungen in Des Moines – «hier hat eine neue Tittenbar aufgemacht, falls du dich das schon gefragt hast» – und Zusammenfassungen der lokalen Gerichtsdramen über die Frage, ob amische Pferdewagen Verkehrszeichen an der hinteren Stoßstange anbringen sollten. Er schickte mir Kopien des Art Bell's Newsletters, angeblich seine Hauptnachrichtenquelle, oder von Seiten aus einem Notizbuch von David Shrigley; einen Brief, den seine Mutter ihm geschrieben hatte, als er im Sommercamp war und Heimweh hatte; Collagen, die er für mich machte; Flugblätter, mit denen nach vermissten Kindern gesucht wurde, alle dem Anschein nach Alex ähnlich, der trotz seiner Punkszenereferenzen selbst so adrett aussah wie ein «verlorenes Kind auf der Rückseite des Milchkartons»; und Polaroids von dem Bild, an dem er jeweils gerade arbeitete.

Er war viel in New York. Und immer erzählte er mir etwas, zum Beispiel, dass er in der Fourteenth Street einmal auf einen Haufen Kartons mit der vollständigen Memorabiliensammlung des *Screw*-Herausgebers Al Goldstein gestoßen sei, die aus irgendeinem rätselhaften Grund einfach auf der Straße gestanden hätten. Wo wir auch hingingen, trafen wir Leute, die er kannte, von legendären DJs auf der Lower East Side über snobistische Kuratoren bis hin zu Männern aus der Hardcoreszene mit Baumstammhälsen und Gesichtstattoos. Er kannte eine Million verschiedenartige Leute, die allesamt ihren Anspruch auf Vertrautheit oder Freundschaft mit ihm geltend machten, und Alex reagierte in jeder Situation gleich: mit leicht verstörtem Blick, wie das Weste tragende Häschen. Alex Brown war auf eine sonderbare Art womöglich der beliebteste Mensch, dem ich je begegnet bin, und er betrachtete seine eigene Beliebtheit mit einer Zögerlichkeit, die an Widerwillen grenzte. Er wusste nicht, was er davon halten sollte. «It's so hard to go into the city», singt Chan Marshall in diesem einen Cat-Power-Song, «cause you want to say hello to everybody.» Ich kann ihn nicht hören und nicht an Alex denken.

Alex stellte mich seinem Galeristen Hudson vor, und Hudson und ich freundeten uns miteinander an. Obwohl ich in New York wohnte und Alex im sogenannten Maisgürtel (Corn Belt – eine Teenager-Band von ihm hieß Children of the Corn), war er es, der mich mit Ideen und Menschen bekannt machte, etwa Huma Bhabha und Jason Fox, die ebenfalls bei Feature-Inc. ausstellten. Die beiden gaben Partys, auf denen ich viele weitere Künstlerinnen und Künstler kennenlernte und wo ich einmal einer Unterhaltung lauschte, die von Robert Ryman über Tom of Finland zu Hans-Joachim Roedelius wechselte und zu der ich nicht viel beizutragen hatte. Dafür machte ich mir im Kopf Notizen. Jason und Huma wohnten in Little Italy, und sooft ich bei ihnen landete, schien das San-Gennaro-Festival gerade in vollem Gang zu sein. Wenn ich an jene Jahre zurückdenke, kommt es mir so vor, als hätten wir uns gemeinsam unablässig einen Weg unter den bunten Lichtern gebahnt, an Betrunkenen und Vitrinen mit irgendwas Gebratenem vorbei. Selbst wenn ich ihm einen Brief schrieb oder ihm am Telefon erzählte, wie sich eine bestimmte Situation weiterentwickelt hatte, bewegten wir uns gemeinsam unter jenen Lichtern. Zum Beispiel in dem Jahr, als Brigid Berlin mich regelmäßig in der Redaktion der Zeitschrift *Grand Street* anrief, wo ich arbeitete, um mir von ihrem Leben als Papas Liebling und dann als Warhol-Factory-Girl zu erzählen, und ich alles, was sie gesagt hatte, zusammenfasste und in einem Briefumschlag an Alex schickte.

Unterdessen malte Alex weiter. Begann, im Geist von Picabias «Transparenzen» ein gebrochenes Bild über das andere zu legen. Ließ sich einen Schnurrbart stehen, um «etwas Respekt gezollt zu bekommen», wenn er im Baumarkt am Ort Elektrowerkzeug kaufte, wie er mir sagte. Schien von Sun Chips und Marlboro Reds zu leben. Jedes Mal, wenn er mich anrief, hatte er sich eine Geschichte ausgedacht: «Hier ist Larry Finstrom, von Finstrom Heating and Cooling: Haben Sie ein Problem mit Ihrem Boiler?» – «Bin ich mit dem Gedichte-Dienst verbunden?» – «Äh, also, ich brauche eine aufblasbare Hüpfburg.» Oder er sagte, er heiße Bob und wolle sich mit mir im Jumbo's Clown Room treffen – ob er einen privaten Tabledance kriegen könne? Einmal, als wir telefonierten, erhielt er auf der anderen Leitung einen Anruf von Hudson, der aus der Telefonzelle vor Alex' Atelier in Des Moines anrief. (Ich deutete es als Zeichen von Hudsons engagierter Exzentrik, dass er unangekündigt zu einem spontanen Atelierbesuch in Des Moines auftauchte, aber anscheinend war Hudson Anhänger eines dortigen Aschrams.)

Nachdem Hudson erneut umgezogen war, diesmal von Chelsea zur Lower East Side, wurde es bei Feature etwas ruhiger. Manche seiner Künstlerinnen und Künstler verloren das Vertrauen und gingen. Die übrigen bat Hudson um Geduld und Stoizismus und eine den anonymen Tantra-Gemälden, die er sammelte und ausstellte, ebenbürtige, hingebungsvolle Askese. Alex blieb ihm treu und fügte sich. Zum Glück hatte er einen erfolgreichen Nebenjob – er ging mit seiner alten Band Gorilla Biscuits auf Tour, die überall auf der Welt vor ausverkauften Sälen spielte.

Als Hudson 2014 plötzlich starb, riss für Alex die Rettungsleine. Die gesellschaftliche Arbeit, die viele Künstlerinnen und Künstler als Teil des Jobs betrachten, wollte er nicht leisten, aber er hatte ein paar Einzelausstellungen in Paris und New York, darunter eine Mini-Retrospektive in der Galerie Richard in der Orchard Street. Und er schuf weiterhin faszinierende Werke, Werke, die wirklich ein quasi statisches Leben erforderten, zumindest behauptete er das. Jahrelang hatte ich aus Jux Memoirentitel gesammelt, die mit der Ambivalenz und Einsamkeit spielten, aber auch mit der trockenen Selbstironie, die ich für seine Spielart der Stabilität hielt:

> Tisch für zwei für einen: Eine Autobiografie,
> von Alex Brown
>
> Schaum und Saum: Mit Bier und Wäsche die Zeit stempeln, von Alex Brown (nach einem Waschsalon in Des Moines, wo man Bier vom Fass kaufen konnte und wo er seine Wäsche wusch.)

Eigenbeschuss: Meine Prüfungen und Triumphe,
von Alex Brown

Hamburger im Paradies: Meine Abenteuer,
von Alex Brown

Kriegt ein Mann hier einen Tabledance?,
von Alex Brown

Verheiratet, aber auf der Suche: Meine Geschichte,
von Alex Brown

Und so weiter. Die Liste ist noch länger und erschien 2013 in meinem Roman *Flammenwerfer*. Literatur ist mysteriös und kann ihre Quellen geheim halten, selbst vor ihrer Autorin, und mir ist erst vor Kurzem klar geworden, wie viele Einzelheiten, wie viel überhaupt von Alex, dieses Buch enthält.

Im Lauf der Jahre hat Alex mir zwei Bilder geschenkt. Eins zeigt einen rosa-braunen, mit Weiß gewischten Baum und ist genauso gut wie jeder beliebige Gerhard Richter. Das andere ist ein Bild vom AT&T-Gebäude in der Church Street, ein grandioses, merkwürdiges Porträt jener Betonfestung, auf der ein Hauch von Ironie liegt: Es beherbergt die Telekommunikation und ist ein fensterloses, ausdrucksloses Haus. Das Bild hängt in meinem Esszimmer. Ich schaue gerade in seine vertikalen Fugen, suche nach Rissen in seiner unnachgiebigen Fassade und frage mich, eigentlich zum ersten Mal: Wohin gehen die Menschen, wenn sie vom Erdboden verschwinden? Bis Alex Brown im Januar 2018 plötzlich an einem Aneurysma starb, hatte ich nie das Bedürfnis gehabt, das zu wissen.

Nackte Kindheit

Im Sommer 1967, als Joan Didion nach San Francisco ging, um über die Hippies zu berichten, ein Ausdruck, den sie in Anführungszeichen setzte, hatten meine Eltern einen alten Schulbus in ein tolles, wenn auch primitives Haus auf Rädern umgebaut und waren damit von St. Louis, Missouri, nach Eugene, Oregon, gefahren, wo sie ein neues Leben anfingen. Während Didion sich das Geschwafel von Paranoikern im Golden Gate Park anhörte und die berühmte Susan kennenlernte, eine Fünfjährige mit weißem Lippenstift, die von ihrer Mutter regelmäßig Acid verabreicht bekam, zogen meine Eltern und mein älterer Bruder mit ihrem Bus im Umkreis von Eugene von State- zu County-Park, um den Verordnungen, die einen vom Langzeitparken abhalten sollten, ein Schnippchen zu schlagen. Sie hatten kein Geld, und die Stelle als Dozent, die mein Vater gefunden hatte, begann erst im September (und das Gehalt kam noch später). Während des Sommers der Liebe campte meine Familie in staatlichen Parks. Sie schwammen in Flüssen und nahmen das leuchtende Grün in sich auf. Didion veröffentlichte unterdessen ihren Essay über das Milieu, das sie in Haight-Ashbury vorgefunden hatte und als einen zwielichtigen Mahlstrom aus gebrochenen, verlorenen und nihilistischen Leuten schilderte, mit Ausnahme derer, die in Didions Augen zu naiv waren, um Nihilisten zu sein.

Da sie nicht naiv, verloren oder nihilistisch waren, hüteten sich meine Eltern, den Kindern etwas vom Acid abzugeben. Und trotz des Erscheinungsbilds ihres umgebauten Schulbusses, der mit «abgefahrenen» Motiven und knalligen Farben bemalt und mit einem Holzofen ausgestattet war, betrachteten sie sich nicht als Hippies – die ihnen eine Bewegung mit eigener Konformität zu sein schienen, und sie waren gegen jede Konformität. Allerdings sahen sie aus wie Hippies, lebten wie Hippies und wurden sehr oft für Hippies gehalten, sowohl von Hippies selbst, die den Bus sahen und auf Drogen hofften, als auch von Hippiegegnern, die den Bus sahen und ihn auf der Stelle abgeschleppt haben wollten. Ken Kesey, der geistige Vater der Merry Pranksters, der damals auf einer Farm bei Eugene lebte, bekam Wind von den Neuankömmlingen und hielt sie für Anhänger.

Meine Eltern hatten sich für Eugene entschieden, nachdem sie Fotos von hohen Koniferen und einer nahe gelegenen dramatischen Küste gesehen hatten, nebst einer Anzeige für eine auf ein Jahr befristete Stelle als Dozent für Philosophie, was zu der Zeit die Fachrichtung meines Vaters war. Ich wurde ein Jahr später in Eugene geboren, aber da wohnten wir schon in einem Haus. Der Bus stand in unserer Einfahrt und erwachte röhrend zum Leben, wenn wir zu regelmäßigen Odysseen aufbrachen oder unser Pkw nicht funktionierte, was oft der Fall war, und meine Mutter in einem gigantischen Schelmenmobil mit loser Gangschaltung einkaufen fahren musste. Dass wir dieses exzentrische alte Fahrzeug in unserer Einfahrt stehen hatten, gab uns unter den eher konservativeren Holzarbeitern in Eugene, denen wir wahrscheinlich unsolide vorkamen, etwas Verrufenes, aber für mich war der Bus völlig normal. Ich kannte nichts anderes.

Die Vorhänge an den Schulbusfenstern, ein rutschiger

Pinky Drosten Kushner in einem aus Bernard-Screen-Print-Stoff genähten Kleid und ich, ein Jahr alt.

Stoff in psychedelischer Harlekingeometrie, und die kaleidoskopische Struktur des kleinen handgenähten Schlafsacks, der mein Busbettzeug war, sind womöglich sogar meine frühesten Erinnerungen. Wir hatten diesen Stoff – den mein Großvater väterlicherseits, ein Siebdrucker in New York City, uns schickte – in verschiedenen Mustern, Paisleys und Blüten und zarte Rinnsale in Sorbet-Pastellfarben, sowohl im Bus als auch überall im Haus. In Abständen trafen ramponierte, mit säuberlich gefaltetem Nachschub gefüllte Kisten aus New York in Oregon ein. Mein Großvater Bernard «Buddy» Kushner hatte seine Firma Bernard Screen Print genannt, und so nannten wir auch die Stoffe. Ich erinnere mich gut daran, wie ich, wenn ich als Kind bei meinen Großeltern war, den Betrieb in Queens besuchte und das donnernde Getöse der Walzen hörte. Mein Großvater zeigte mir seine gigantische Sammlung Schlipse, Geschenke diverser Kunden, die ihm Stoff gebracht und ein Muster bestellt hatten, das er darauf drucken sollte. (Meine Großmutter, die einen strengen, Shaker-ähnlichen Geschmack hatte und Erdtöne bevorzugte, in der Jahrhundertmitte ein Zeichen von Vornehmheit, hätte niemals Bernard Screen Print getragen. Dessen künstliche Nylon-, Polyester- und Acetatfasern, in intensiven Farben leuchtend, waren ihr zu grell und auffällig.) Der jüngere Bruder meines Vaters arbeitete als Farbspezialist in dem Betrieb und führte uns vor, wie die Farbstoffe gemischt wurden. Später hielt er es für möglich, dass sein partieller Hörschaden das Ergebnis langer Arbeitstage in einer ohrenbetäubend lauten Fabrik war. Als ich kürzlich meinen Vater fragte, warum er nicht in den Familienbetrieb eingestiegen und stattdessen an die Westküste geflohen sei, rief er mir seine Farbenblindheit in Erinnerung.

Mit ihrer Singer Featherweight nähte meine Mutter aus Bernard Screen Print Minikleider und Overalls für sich selbst,

Kleider für mich und meine Puppen sowie Schlaghosen, die ich mit drei Jahren trug, und für meinen Bruder und Vater Tanktops und auch raffiniertere Hemden. Bernard Screen Print hing vor meinem Schlafzimmerfenster. Auch Tapeten wurden daraus gemacht und von meiner Mutter mittels Heißkleberpistole an die Wände gebracht. Und ein lose fallender Vorhang vor den Verandatüren in unserem Wohnzimmer, die wir nie öffneten, weil es dahinter zwei Meter in die Tiefe ging, nachdem unsere Vormieter die Verandabodenbretter im Kamin verbrannt hatten, als ihnen das Holz ausgegangen war.

Man spürt die Kritik an jeder Frau, der Didion begegnete, zwischen den Zeilen ihres berühmten Essays über die Hippies, «Slouching Towards Bethlehem» (*Stunde der Bestie*) – jenes Essays, von dem sie später steif und fest behauptete, er handele *nicht* von Hippies, sondern von der Zerstörung einer ganzen Sozialordnung, und doch zeigt sie sich darin ganz unverhohlen entsetzt darüber, dass die Frauen, die sie kennenlernt, in ihrer Geschlechterkonformität zu verharren scheinen. «Ich frage sie, ob sie mit in den Park fahren will», erzählt Didion von einer der Frauen, die sie interviewt, «aber sie hat zu viel zu tun. Sie kauft Wolle für ihren Webstuhl.» Die Frauen, die sie porträtiert, scheinen in der Tat viel Zeit mit Backen, Handarbeiten und Kinderhüten zu verbringen. Meine Mutter machte all das auch, einschließlich Wolle für ihren Webstuhl kaufen (obwohl sie wahrscheinlich irgendeinen genialen Einfall hatte, wie sie sie umsonst bekam). Als ich geboren wurde, 1968, war meine Mutter in der Weberzunft. Sie baute Möbel selbst. Sie pflanzte Lebensmittel an. Hackte «Klötze» für unseren Ofen. Wusch Stoffwindeln mit der Hand. Und nähte unsere Kleidung. Der befristete Job meines Vaters war zu Ende. Da sie kein Einkommen hatten, versuchte meine Mutter, nie um einen guten Einfall verlegen, uns über die Runden zu bringen, indem sie bei uns zu Hause eine Kindertagesbetreuung anbot. Die Leute gaben um acht Uhr morgens ihre Kleinkinder bei uns ab, für einen strukturierten Spielvormittag. Unmengen von Bernard Screen Print, seidig, grell und wild, waren eine der Haupttechniken meiner Mutter, den Forschungsdrang ihrer kleinen Schützlinge in Bahnen zu lenken. In unserem Wohnzimmer, das abgesehen von Schaumstoffmatratzen auf dem Boden – natürlich bezogen mit Bernard Screen Print – unmöbliert war, wälzten sich die Kinder hellauf begeistert darin herum.

Als ich in die Schule kam, hatten meine Eltern beide angefangen, Biowissenschaften zu studieren. Meine Mutter war ständig im Labor. Sie war nicht mehr zu Hause, um zu basteln, zu weben und zu kochen, aber bei unseren begrenzten finanziellen Mitteln blieb die Notwendigkeit zu einfallsreicher, tatkräftiger Mithilfe bestehen. Mein Bruder und ich hackten das Holz. Nähten unsere Pyjamas selbst. Jäteten Unkraut in unserem Gemüsegarten. Verdienten mit Zeitungaustragen etwas dazu und mit Jobs in Bäckereien und Restaurants, von wo wir Essen mit nach Hause nehmen durften, weil wir nach dem Gesetz zu jung waren, um bezahlt zu werden.

1970 begann mein Großvater Buddy mit einer Brooklyner Gruppe namens Design Works of Bedford-Stuyvesant zusammenzuarbeiten, die von den Designern D. D. und Leslie Tillett in Kooperation mit Jackie Kennedy gegründet worden war. Design Works wurde aus der Taufe gehoben, um schwarze Künstlerinnen und Künstler auszustellen, Jugendlichen aus der Nachbarschaft Farbmischungs- und Textildrucktechniken beizubringen und Menschen in den Fertigkeiten dieses Gewerbes auszubilden; kurz, um eine Gemeinschaft zu bereichern und zu fördern. Die Ideen hinter Design Works sprachen Buddy im Tiefsten an. Er war als Sohn russisch-jüdischer Einwanderer in einer Mietwohnung auf der Lower East Side gebo-

Jake Alden Kushner auf unserem Familienbus mit einem
speziell angefertigten, von David Kushner designten Kühlergrill.

ren und hatte als Kind in dem Kleidergeschäft seines Vaters in der Orchard Street gearbeitet. Später zog die Familie in ein Brownstone in Bedford-Stuyvesant, dessen Einwohner in den Sechzigern überwiegend schwarz waren, und Buddy wollte, dass die Menschen, die dort lebten, die gleichen Chancen hätten, von denen er sich begünstigt fühlte. Alle Stoffe, die in ihrer Werkstatt in der DeKalb Avenue hergestellt wurden, waren von Schwarzen entworfen und beruhten auf afrikanischen Motiven. Die Initiative war ein großer Erfolg; als die erste Stoffkollektion von Design Works präsentiert wurde, auf einer glamourösen Party im Metropolitan Museum of Art, war Diana Vreeland anwesend.

Wir Schmarotzer in Oregon waren glückliche Nutznießer: Unsere Bettwäsche und Handtücher in Eugene hatten allesamt die «Bakuba»-Muster von Design Works, entworfen von der renommierten schwarzen Textilkünstlerin Sherl Nero, die in ganz Westafrika herumgereist war, um Designs zu studieren, sich inspirieren zu lassen und schließlich ihr eigenes Muster zu entwickeln. Meine «Bakuba»-Bettwäsche war ein zweifarbiger Blockdruck mit afrikanischen Säugetieren, dezent, aber effektvoll. Meine ganze Kindheit lang schlief ich in diesem Bettzeug mit seinem schokolade- und cremefarbenen Muster aus Elefanten, Zebras, Steinböcken und Löwen. (Ich lag oft mit Halsentzündung im Bett und war deshalb leider sehr gut mit meiner Bettwäsche vertraut.)

Jetzt wird mir bewusst, dass nicht nur mein Bett, sondern meine gesamte Kindheit mit diesen Stoffen bezogen war. Die Kleidungsstücke meiner Mutter und ihr ganz eigener, glamouröser, gewagter und zugleich erdiger DIY-Stil, wenn sie sich schön machte. Die wirbelnden Farben des Tanktops, das mein Bruder trug, als er und seine Freunde in Eugene zum Spaß vom Dach in unseren Garten sprangen. Die violett gestreiften

Vorhänge, die das Zimmer meines Bruders vom Rest unseres Dachbodens trennten, wo einer seiner Freunde mich im Alter von zehn reinlegte und Bongwasser trinken ließ. Der unruhige Bernard-Screen-Print-Stoff, den ich um das von meiner Mutter gebaute Sperrholzstockbett drapierte, nachdem ich im Weihnachtskatalog von Sears Himmelbetten mit Rüschen gesehen hatte. Da ich mir sicher war, dass ich nie so eins bekommen würde, versuchte ich, mir selbst eins zu gestalten.

Als ich fast elf war, verkauften wir den Bus. Zogen aus dem Haus in Eugene aus und nach San Francisco um, wo meine Eltern Postdoktoranden-Stellen bekommen hatten. Eugene fühlte sich für mich inzwischen beengend vertraut und klein an. Ich sah mein Schicksal dort voraus, unter den älteren Freunden meines Bruders: eine Provinzstadtpflanze zu werden. Ich sehnte mich danach, weltläufig zu sein. Ich stand an der Schwelle zur Pubertät und war begeistert von der Vorstellung einer richtigen Stadt. Ich wollte ein Teenager sein, Makeup tragen, ein sich selbst überlassenes Mädchen im Gedränge urbaner Straßen unter Fremden.

Im selben Jahr, 1979, stellte Design Works den Betrieb ein. Bernard Screen Print ging ein Jahr später bankrott, nachdem die Kunden zu billigeren Druckereibetrieben gewechselt waren. Mein Großvater, Gewerkschafter durch und durch, war in den Sechzigern permanent von den Recht-auf-Arbeit-Gesetzen im Süden unterboten worden, die weniger regulierte, nichtgewerkschaftliche Arbeit möglich machten. In der wirtschaftlichen Verwüstung der Siebziger verloren auch die Drucker im Süden ihre Betriebe an billigere Hersteller in Mexiko und Lateinamerika, die ihrerseits ihre Betriebe an noch billigere Hersteller in China und Indonesien verloren. Die Globalisierung war da, ein Todesstoß für viele amerikanische Fabrikanten.

Unterdessen zogen wir in eine Wohnung mitten im Sunset District San Franciscos, nur ein paar Blocks von Haight-Ashbury entfernt, wo die Welt, die Joan Didion so abstieß, mittlerweile noch finsterer geworden war. Eine Partnerschaft zwischen Hippies und Heroin schien das nachhaltigste Überbleibsel des Sommers der Liebe zu sein. Ausreißer, Vietnam-Veteranen und andere mit dem Leben ringende Menschen wohnten in Zelten am Ende der Haight Street, dort, wo sie auf den Golden Gate Park stößt.

Als Heranwachsende, die bekommen hatte, was sie wollte – eine Großstadt, Fremde und unbegrenzte Erkundungsmöglichkeiten –, war ich mit meinen Freunden auf der Haight unterwegs. Als wir eines Tages an einer kleinen Gruppe Crust Punks vorbeikamen, sah ich, dass einer von ihnen ein Kissen mit meinem «Bakuba»-Druck afrikanischer Säugetiere hatte. Die Jugendlichen hatten sich mit ihren Rucksäcken und Schlafsäcken auf dem Gehweg ausgebreitet. Ich hatte diesen Druck noch nie woanders als auf meinem eigenen Bett gesehen. Der besagte Jugendliche, der im Schneidersitz dasaß, hielt einen Pitbull an einer selbst gemachten Leine und stützte die Ellbogen auf das Kissen. Es war, als wäre eine der Erinnerungen aus meiner eigenen Kindheit entwischt und auf dieses Material auf dem Schoß eines Fremden projiziert worden. Ich war drauf und dran, ihn anzusprechen, merkte aber, dass es nichts zu sagen gab. Ich ging weiter.

Wenn ich versucht hätte, ihm von dem Stoff zu erzählen, davon, wo er herkam, hätte ich ihm von *mir* erzählt. So oder so war es nur ein Kissenbezug. Und für ihn bedeutete er entweder etwas vollkommen anderes oder aber überhaupt nichts.

Harte Leute

«It's alright, Ma, I'm only bleeding.»

Du lebst dein Leben allein, aber gebunden an das Werk und die Verpflichtung einer Mutter. Du lebst dein Leben entblößt vor der Welt und dem, was sie dir aufladen wird. Und nein, du wirst dem Tod nicht entgehen. Du wirst ihn nicht überleben. Und mit *du* meine ich nicht nur Jesus, der bewusst oder nicht in diesem Bob-Dylan-Song angerufen wird, sondern *du* wie *dich*, den Menschen, der dies liest. Jemand liebt dich. Das ist nicht gering. Du leidest, und sie schaut zu, lebendig oder tot. Sie kann dich nicht beschützen, aber es ist schon gut, Ma, ich schaffe das – *it's alright, Ma, I can make it.*

1976 zitierte Jimmy Carter eine berühmte Zeile aus demselben Dylan-Song: «He not busy being born is busy dying», nur dass er sie um ein Wort verlängerte, um etwas über Patriotismus auszusagen: Amerika sei mit Geborenwerden beschäftigt und *nicht* mit Sterben. Kursivschrift von mir. Er sagte das in seiner Antrittsrede auf dem Parteitag der Demokraten 1976 im Madison Square Garden. Ich sah sie zusammen mit meinen Großeltern im Fernsehen, von ihrem Bett aus, jeder mit einer Schüssel «Milchspeiseeis» von Carvel auf dem Schoß, deren Packung wie alles in jenem Jahr thematisch auf die Zweihundertjahrfeier abgestimmt war, in Rot, Weiß und Blau. Für

Carter, der sein Leben lang Christ war, ging es bei dieser Idee des Geborenwerdens sicher auch um religiöse Konversion, darum, Gott nähergebracht, also nicht nur geboren, sondern *wiedergeboren* zu werden: um einen Zustand fortwährender Erneuerung, Verjüngung, Veränderung. Ich mochte Jimmy Carter, einen Erdnussfarmer, der auf seiner Wahlkampftour Jeanskombinationen trug und von meiner Anti-Establishment-Familie gutgeheißen wurde. Ich war sieben und konnte nicht verstanden haben, was Carter meinte, was Dylan meinte.

Wir sind während des ganzen ersten, langen Anstiegs des Lebens mit Geborenwerden beschäftigt und dann, nach einem Höhepunkt, mit Sterben: Das ist die Logik der Zeile, ihrer Syntax, so wie ich sie deute. «Geborenwerden» ist hier eine offene, existenzielle Kategorie: der Erwerb von Erfahrungen, intensives In-der-Gegenwart-Leben, an das sich die lange Phase des Lebens anschließt, in der man mit dem Neuen fertig ist. Dieses «Sterben» muss nicht negativ sein. Es ist ebenfalls eine offene, existenzielle Kategorie des Seins: das Alter, in dem der Großteil der Erfahrung, die Aufeinanderfolge von in der Gegenwart gelebten Tagen, vorüber ist. Man wird nachdenklich, nach innen gewandt, prüft, sortiert, listet auf. Man erreicht einen Punkt, an dem so vieles hinter einem liegt, aber die Szenen dieses Vielen bestehen irgendwo fort, als Erinnerung und Abwesenheit zugleich, als Bilder, die man nie mehr wiedersehen wird.

Nicht davon ist wichtig; es ist vorbei. Und doch ist es alles wichtig; es bleibt. Die Gesamtheit der Jugenderfahrung ist weggerutscht, die Jahre und die Menschen, die Momente und Gefühle. Und doch nimmt man inmitten all des Verlusts immer mal wieder einen tiefen Zug der Freude aus neuen, überraschenden Quellen. Weiterhin lernend, weiterhin im Werden. Mit Geborenwerden beschäftigt *und* mit Sterben. Man hat eine

Gegenwart, ein Jetzt, auch wenn man schon eine lawinenartig anwachsende Masse des Gewesenen hinter sich herzieht. Manchmal kommt eine neue Freude auf, wirklich neu, und manchmal spürt man eine alte, und je länger man gelebt hat, desto mehr von den alten gibt es.

Ich habe auf YouTube Filmaufnahmen von 1966 gefunden, von einem Auto, das spätabends langsam die Market Street in San Francisco entlangfährt, der Stadt, in der ich aufgewachsen bin. Der Film beginnt Ecke Ninth und Market Street und bewegt sich ostwärts durch das Civic Center, an diversen vor dem Nachthimmel leuchtenden Schildern und Kino- und Theaterwerbetafeln vorbei, deren pinkes, rotes und warmweißes Neonlicht auf den Nebel abfärbt. Das war vor meiner Zeit, und die 1966er-Ansicht der Market Street ist nicht ganz die Straße, an die ich mich erinnere. Mit all dem elektrischen Glanz wirkt sie vornehmer. Neon ist ein «Edel»gas. Was immer das sonst noch heißt, es passt zu diesem gespenstischen Film.

Das Civic Center war der Ort, wo wir als Jugendliche unser Unwesen trieben. Tagsüber schwänzten wir die Schule, um in Headshops die Posterkästen durchzublättern, und abends gingen wir ins Strand, ein Theater, wo Erwachsene uns von ihrem Ripple-Wein und ihren Joints abgaben. Dieser Teil der Market Street ist am südlichen Ende des Tenderloin, wo die erste meiner Freundinnen, älter als der Rest von uns, mit fünfzehn einen Job fand, im KFC in der Eddy Street. Ihre Anstellung dort schien mir unfassbar erwachsen und weltläufig, selbst wenn die Eddy Street, im Herzen des Tenderloin, mir Angst machte. Die Freundin hatte Geld und die Unabhängigkeit, die es einem verschafft. Sobald ich fünfzehn geworden war, machte ich es ihr nach und wurde bei Baskin-Robbins in der Geary Street eingestellt. Verbrachte meine Stunden nach der

Schule damit, aus reinem Jux Lachgas zu inhalieren, während ich 2,85 $ die Stunde verdiente.

Mit sechzehn stieg ich zur Verkäuferin bei American Rag auf, einem großen Secondhandladen in der Bush Street, der später verdächtigerweise abbrannte. Es war wenig los. Ich räumte die Regale mit der Gabardine toter Männer auf, Hosen und Jacken, die vom vielen Tragen glänzten, und scherzte mit meinem Kollegen Alvin Gibbs herum, einem Bassisten aus einer semiberühmten Punkband, den UK Subs. In meinen Pausen schlenderte ich durch die Polk Street, an den Strichern vor dem berüchtigten Leland Hotel vorbei. Auch das Leland brannte später ab.

Der KFC im Tenderloin ist noch da. Er bekommt vernichtende Yelp-Kritiken, aber was erwarten die Leute denn. Das Baskin-Robbins, wo ich arbeitete, ist weg. Sie denken vielleicht, in den typischen Merkmalen eines globalen Unternehmens könnten keine persönlichen Erinnerungen aufbewahrt sein, also was soll's. Das dachte ich auch, bis meine Mutter mich überredete, in einem IHOP, wo ich mal gekellnert hatte, frühstücken zu gehen, eine kleine Reise in die Vergangenheit. «Wozu», sagte ich zu ihr. «Alle IHOPs sind doch gleich.» Ich war mir sicher, dass in einem Geschäft kommerzieller Gleichförmigkeit nichts von mir mehr spürbar sein konnte, aber sie ließ nicht locker. Wir setzten uns in eine Nische für zwei, und ich wurde in Sinneserinnerungen getaucht. Die Sirupspender auf jedem Tisch, die ich nach jeder Schicht nachfüllen und sauber machen musste, die großen Kanister mit Eistee, gesüßt und ungesüßt, das blaue Vinyl der Bänke, das Geklapper aus der Küche mit dem rhythmischen Metall-auf-Metall-Geräusch, wenn jemand Fett von der Bratfläche kratzte, das Gemurmel des Fernsehers aus dem Pausenraum, wo die Mädchen ihre Seifenopern schauten. Auf allem war ein Rückstand, konkret und persönlich. Meine Mutter saß mir gegenüber und sah zu, wie ich mir selbst wiederbegegnete.

Das Niveau dieser YouTube-Aufnahmen von der Market Street 1966 ist professionell, vielleicht waren sie für einen Kinofilm gemacht. Ich möchte mir vorstellen, dass sie ein Outtake aus Steve McQueens *Bullitt* sind, aber dafür habe ich keinen Beweis, außer dass es ungefähr die richtige Zeit ist. Die Kamera, wie das Auto, in dem sie sich vermutlich befindet, verweilt an einer Kreuzung kurz hinter einem leuchtend pinkfarbenen, nach Süden zeigenden Pfeil. Über diesem grellen Pfeil steht in derselben Kaugummi-Neonfarbe «Greyhound» und in strahlendem Weiß «BUS». Daher weiß ich, dass wir uns an der Kreuzung von Seventh und Market befinden.

Als ich 1979 im Alter von zehn nach San Francisco zog, war die Greyhound-Station immer noch in der Seventh, gleich südlich der Market Street. Mitten am Tag schliefen Männer auf dem Gehweg davor. Heute ist das normal, aber 1979 war es das nicht. An das pinkfarbene Neonschild kann ich mich nicht erinnern, aber die Greyhound-Station, die es inzwischen nicht mehr gibt, ist mir noch sehr gegenwärtig. Sie hatte etwas an sich, das sich von dem tristen, sterilen und nebligen Sunset District, wo wir wohnten, krass unterschied. Ich erinnere mich an ein großes Plakat, gleich beim Eingang ins Stationsgebäude, auf dem das Foto eines jungen Menschen in Schlaghose zu sehen war, dazu eine Telefonnummer: «Ausreißer, ruft nach Hilfe.» Und ich kann diese gewisse Rastlosigkeit noch heraufbeschwören, das Gefühl, dass da Leute waren, die weder ankamen noch abfuhren, sondern umherschlichen, Einheimische einer Unterwelt, die in dieser Busstation florierte.

Neben der Greyhound-Station ging es eine steile Treppe zu Lyle Tuttle's Tattoo-Studio hinauf. Janis Joplin und die Allman Brothers hatten sich hier ihre Tattoos stechen lassen, vermutlich als sie um die Ecke im Warfield auftraten, wo ich später an der Bar arbeitete. Meine älteste Freundin aus San Francisco, Emily, aus dem Sunset wie ich, bekam ihr erstes Tattoo bei Lyle Tuttle's, als wir sechzehn waren. Das war in den Achtzigern, und Tattoos waren nicht so üblich und allgegenwärtig wie heute. Es gab Leute im Sunset, die welche hatten, allerdings eher gesetzlose Leute. Wie das Mädchen in dem Haus in der Noriega Street, wo wir oft Zeit verbrachten, als ich zwölf oder dreizehn war – sie hatte sich eine Kirsche mit Stängel auf die Innenseite ihres Oberschenkels tätowieren lassen und dazu in Schreibschrift die Worte: «Not no more.» Ich weiß noch, wie Emily und ich die steile Treppe zu Lyle Tuttle's hinaufstiegen und einen engen Raum betraten, wo ein Mann mit nacktem Oberkörper sich auf einem Tisch abstützte, während Lyle Tuttle an seinem Rücken arbeitete. «Ihr seid betrunken», sagte Tuttle. «Kommt in zwei Stunden wieder.» Falls es irgendwen kümmerte, dass meine Freundin Emily unter achtzehn war, habe ich keine Erinnerung daran und sie auch nicht.

Später teilte ich mir für kurze Zeit eine Wohnung in der Oak Street mit einem Tattoo-Künstler namens Freddy Corbin, der damals gerade zu einer lokalen Berühmtheit wurde. Freddy hatte strahlend blaue Augen und war charmant und charismatisch. Er und seine Freunde aus der Tattoo-Welt lebten wie die Rockstars. Sie wurden in bar bezahlt. Ich hatte noch nie solche Geldsummen gesehen, haufenweise Hundertdollarscheine, die sie achtlos herumliegen ließen. Freddy fuhr einen schwarzen '66er Malibu mit individualisiertem Kennzeichen. Er hatte Brillanten in den Zähnen. Frauen scharwenzelten um ihn herum. Unser gemeinsamer Anrufbeantworter war voller Nachrichten von Mädchen, die hofften, Freddy würde sie zurückrufen, aber er widmete sich vor allem dem Dope, genauso wie sein jüngerer Bruder Larry und dessen Freundin Noodles. Larry und Noodles wohnten über uns und kamen nur alle paar Tage mal runter, wenn es an der Tür geklingelt hatte, nahmen Drogen entgegen und gingen wieder rauf. Später hörte ich, dass beide gestorben waren. Freddy überlebte, wurde clean und ist immer noch berühmt.

Der Schatten, der über jenem Haus liegt, erklärt nur zum Teil, warum ich nie ein Tattoo haben wollte. Mich beängstigen extreme, auf Dauer gerichtete Entscheidungen. Mir sind Erinnerungen lieber, die fragil bleiben, anfällig dafür, ausradiert zu werden, etwa die an den weichen Stoff der Samtsofas in Freddys zur Oak Street hinausgehendem Wohnzimmer, wo wir alle zusammen rumhingen. Exklusive, elegante Möbel, die jemand kaufte, der ein gefährliches Luxusleben führte.

Nachdem die Ampel in der Seventh Street umgeschaltet hat, fährt die Kamera weiter die Market Street entlang, am Regal vorbei, einem Zweitaufführungskino, wo dem Leuchtkasten zufolge gerade *The Bellboy* mit Jerry Lewis lief. Als ich das Regal kennenlernte, war es eine Peepshow; statt Jerry Lewis kündigte der Leuchtkasten in Laufschrift «Double in the Bubble» an, eine tägliche Show mit zwei Mädchen.

Die Kamera überquert die Kreuzung und fährt am Warfield und einem Theater namens Crest vorbei. Als ich im Warfield arbeitete, war aus dem Crest das Crazy Horse geworden, ein Striplokal, wo ein Freund von mir aus Highschool-Tagen, Jon Hirst, zwischen seinen Gefängnisaufenthalten Türsteher war. Zum letzten Mal sah ich Jon im Charleston Club in der Sixth Street, um die Ecke vom Warfield und vom Crazy Horse. Wir tranken was zusammen. Ich war mit einem neuen Freund da. Jon hatte einen Gefängnishaarschnitt und sah gut aus, in weißen Jeans und schwarzer Lederjacke. Beim Gedanken an unsere gemeinsame Jugend auf den Straßen wurde er wehmütig. Er beugte sich zu mir herüber, sodass mein Freund ihn nicht hören konnte, und sagte: «Wenn dir irgendwer je blöd kommt, ich meine, *egal wer*, mach ich ihn fertig.» Ich hatte um diesen Dienst nicht gebeten. Er verdankte sich Jons tragischer Ritterlichkeit, seiner reaktiven Aggression. Sein Gefängnisleben hatte begonnen, nachdem er vor dem 500 Club, Ecke Seventeenth und Guerrero, jemanden niedergestochen hatte. Jon sagte, der Typ habe eine Frau beleidigt, mit der er gerade im Gespräch gewesen sei.

Die Kamera fährt weiter zum Woolworth's Ecke Powell und Market, wo wir oft Make-up klauten. Auf der anderen Straßenseite, außerhalb der Bildfläche, war das gewaltige Emporium-Capwell, das Warenhaus unserer Begehrlichkeiten von Guess und Calvin Klein, bis ich erwischt, verhaftet und ins Untergeschoss des Warenhauses abgeführt wurde, wo es zu meiner Überraschung eine Polizeistation und Verhörräume gab und man in einer abgesperrten Zelle, gleich dort in den Eingeweiden des Kaufhauses, mit Handschellen an einen Metallpfosten gefesselt wurde. Ich erinnere mich an eine Polizistin mit Polaroidkamera. Ich hätte lebenslanges Hausverbot, sagte sie. Das war meine geringste Sorge, und ich fand es lustig. Sie machte ein Foto, um es in meine Akte zu legen. Ich lächelte, breit. Ich erinnere mich an diesen Moment, ich an die Bank gekettet, sie vor mir stehend. Als sie das Foto trocken wedelte, erhaschte ich einen Blick darauf und dachte eitel, dass ich da zur Abwechslung mal ziemlich gut aussah. So ist es immer. Die schlechten und peinlichen Fotos sind offen zugänglich, während du an das eine schmeichelhafte nicht herankommst. Wer weiß, was mit dem Foto passiert ist und mit meinem ganzen «Dossier». Lebenslanges Hausverbot. Aber das Emporium-Cadwell gibt es nicht mehr. Ich habe es überlebt!

Weiter die Market hinunter biegt die Kamera, als sie sich der Montgomery nähert, nach Süden ab. Sie kommt am Thom McAn vorbei, wo wir hingingen, um schwarze Wildlederstiefel mit Schlabberschaft zu kaufen. Jedes Mädchen aus dem Sunset hatte so ein Paar, zarte Stiefel, die wir uns trotz des Aerosolschutzmittels, mit dem wir sie besprühten, auf feuchtfröhlichen Fassbierpartys im Grove ruinierten.

So verbringe ich viele Stunden, aber mit mir selbst als Kamera, die in die unwiederbringlichen Szenen zurückschwenkt. Ich bin nicht mehr mit Geborenwerden beschäftigt. Aber es ist schon gut: Der Katalog der Höhen und Tiefen eines Lebens beschenkt mich täglich neu. Insbesondere dann, wenn ich etwas tun kann, das alles von mir miteinbezieht, auf Gedeih und Verderb. Das ist es, was Schreiben leistet. All das «Material» der Erinnerungen, es beginnt, Fragen zu beantworten. Es legt Zeugnis ab. Es spricht.

Jahre nachdem ich in meinen Pausen vom Aufräumen der Anzüge toter Männer an den jungen Strichern vor dem Leland Hotel vorbeigekommen war, freundete ich mich mit einem dieser Polk-Street-Jungs an. Er hieß Tommy. Er kam oft während meiner Schichten ins Blue Lamp, Ecke Geary und Jones an der Spitze des Tenderloin, wo ich zum ersten Mal hinter einem Tresen arbeitete. Das war Anfang der Neunziger, und alle Mädchen, die ich kannte, waren entweder Barkeeperinnen oder Kellnerinnen oder Stripperinnen, und die meisten Jungs waren Fahrradkuriere bei Western oder Lightning Express, oder sie fuhren Taxi für Luxor.

Tommys Gesicht war klassisch schön. Er hätte Produkte verkaufen können, Müsli vielleicht oder Vitamine für Jungs im Wachstum. Er war auch ausdruckslos wie ein Werbespotgesicht, aber das war kein Trick. Es war eine Art Weigerung.

Er war auf eine widernatürliche, eiserne Art ausdruckslos, wie eine Figur aus einem Bret-Easton-Ellis-Roman, nur ohne Geld und sozialen Status. Er trug die ikonische Stricheruniform – enge Jeans, weiße Tennisschuhe, Pilotenbrille, Walkman. Häufig kam er an Show-Nachmittagen ins Blue Lamp und leistete mir Gesellschaft. Ich fand seine Ausdruckslosigkeit ergreifend; er war offensichtlich so verwundet, dass er sich um jeden Preis aller Gefühle entleeren musste. Ich kannte ihn als Thomas oder Tommy und lernte seinen vollen Namen – Thomas Wenger – erst kennen, als sein Gesicht mir eines Morgens aus der Zeitung entgegenblickte. Jemand, der Flaschen und Dosen sammelte, hatte Tommys Kopf in einem Müllcontainer gefunden, drei kurze Blocks vom Blue Lamp entfernt. Ich weiß nicht, ob der Fall je aufgeklärt wurde. Es ist sechsundzwanzig Jahre her, aber jetzt gerade sehe ich Tommy vor mir. Er trägt die Pilotenbrille und schaut mich an, während ich diese Zeilen schreibe, als befänden er und ich uns noch in der alten Geometrie, er am Tresen, ich dahinter, der Saal nachmittagsleer, der Tag in der Flaute seiner schleppendsten Stunde.

Es gab Zeiten, da war ich mir sicher, dass in meinen Blue-Lamp-Schichten Leute kamen und gingen, die schlimme Gewalttaten verübt hatten. Und in der Tat ist es möglich, dass ich Tommy mit der Person, die ihn umgebracht hat, zusammen gesehen habe, es sei denn, das ist meine blühende Fantasie – aber dass jemand, den ich kannte, zerstückelt werden und sein Kopf in einem Müllcontainer landen würde, hätte ich mir nie vorgestellt. Es gibt Erlebnisse, die sich der Einsicht oder Synthese hartnäckig widersetzen. Ich wollte das, was Tommy passiert ist, nie als Material für Literatur verwenden. Es ist nicht subtil. Es lässt sich für mich, genau wie er selbst, nicht begreifen. So oder so würden die Leute glauben, ich hätte es mir ausgedacht.

Der Besitzer des Blue Lamp hieß Bobby. Ich erinnere mich an seine Golfmütze und seine weißen Bootsschuhe und die geplatzten lila Äderchen in seinem Gesicht, die Galerie trauriger junger Frauen, die ihn im Tausch gegen etwas Bargeld und einen Schlafplatz ertrugen. Bobbys Bruder pflegte mit seiner Harley direkt in die Kneipe reinzufahren. Bobby wohnte im Excelsior, aber die beiden Brüder bauten sich über dem Blue Lamp eine Wohnung für besonders wilde Nächte aus. Ich war kein einziges Mal da oben. Es war kein Ort, den ich sehen wollte. Manchmal, wenn er wusste, dass Bobby nicht kommen würde, pennte die Küchenhilfe «Jer», wie wir ihn nannten, da oben, aber meistens schlief er im Keller der Kneipe auf einer alten Couch neben den Sirupkanistern. Jers Lebensphilosophie lautete: «Ich arbeite für Bier.» Er füllte die Kühlboxen auf, holte Eimer mit Eis, wischte nach Kneipenschluss den Boden. Trank vierzig Flaschen Budweiser pro Tag und härteres Zeug nur auf seinen regelmäßigen Greyhound-Busfahrten nach Sparks, wo er an Spielautomaten spielte. (Dass ihm Sparks lieber war als Reno, gehörte zu den ganz wenigen Dingen, die er je über sich selbst äußerte.) Außerdem spielte Jer Video-Poker. Wir hatten in der Kneipe ein Gerät, das Hot Point hieß und Gewinne illegalerweise in bar auszahlte.

Ganze Teile von Jer fehlten, so schien mir, oder befanden sich in einer Art permanentem Schlafzustand. Ich frage mich, wer er gewesen war, bevor er dieses monotone Dasein mit Eiseimern und Budweisern fristete, Tag für Tag für Tag. Er besaß nichts. Er schlief in seinen Kleidern, ja sogar mit seiner Netz-Baseballkappe. Ich weiß es. Ich habe es gesehen. Er lebte in der Kneipe und fiel nie aus der Rolle. Er war Trinker und Küchenhilfe. Er sprach wenig, aber er und ich waren immer zusammen da, Tag für Tag, Abend für Abend. Eine Barkeeperin und ihre Hilfskraft sind eine Art platonisches Paar. Und Jer stand buchstäblich hinter mir. Wenn die Kneipe um zwei Uhr morgens schloss, kam er heraus und sah zu, wie ich mein Motorrad startete, eine orangefarbene Moto Guzzi, die ich auf dem Gehweg geparkt und auf den Mittelständer aufgebockt hatte. Er wollte unbedingt, dass ich in der Kneipe anrief, wenn ich zu Hause war. Ich tat es immer.

Diese Tenderloin-Kneipen waren menschliche Rätsel. Ein Stück die Straße rauf gab es eine mit einem Doppelbett hinten, in dem zu allen Zeiten ein Mann lag, als wäre die Kneipe sein Hospiz. Du spieltest da Poolbillard und trankst was mit Freunden, und hinter einem Gummivorhang lag dieser Mann im Bett. Selbst die Namen der Lokale, alle Teil eines unsichtbaren Tenderloin-Parcours, beschwören für mich jene zwielichtige Welt herauf: Cinnabar. The Driftwood. Jonell's. Ich erinnere mich an einen Mann, relativ jung und gut gekleidet, der oft ins Blue Lamp kam und in meinen Schichten verrücktspielte. Einmal kam er rein und drohte, sich umzubringen. Ich sagte: Mach das, aber nicht hier. Habe ich das wirklich gesagt? Ich bezweifle es. Ich weiß nicht mehr, was ich gesagt habe. Ein Mädchen, mit dem ich in der Kindheit eng befreundet war – ihren Namen habe ich gerade zensiert und durch «Sandy» ersetzt –, kam ins Blue Lamp und bat mich, ihren Verlobungsring für sie zu verpfänden. Wir waren zusammen aufgewachsen, und sie hatte sogar eine Weile bei uns gewohnt, weil meine Eltern sie unter ihre Fittiche zu nehmen versuchten. Sie liebten Sandy und tun es immer noch. Taten ihr Bestes. Zu der Zeit, als sie ihren Ring verkaufen wollte, führte sie seit zehn Jahren ein hartes Leben im Tenderloin, arbeitete dort als Prostituierte und hatte sich mit einem ihrer Freier verlobt. Wer weiß, was aus ihm geworden ist. Vielleicht hat er sich irgendwo anders eine Frau gekauft.

Ich erinnere mich an eine, die an den Abenden, wenn Live-Bands spielten und viel los war, als Cocktailkellnerin im Blue Lamp arbeitete. Sie sagte mir, ihr Name sei Johnny, aber auch, dass das nicht ihr richtiger Name sei. Sie war drogensüchtig gewesen und vermisste Heroin so sehr, dass sie im Lauf der Monate, in denen sie im Blue Lamp arbeitete, wieder damit anfing. Sie wollte bei einem der Sonntagsbluesjammern Crack kaufen, «rock» auf Englisch, und genau das verkaufte er ihr: einen Kieselstein. Er beschiss sie, und warum auch nicht. Wenn Johnny noch lebt, was vielleicht nicht der Fall ist, möchte ich dann wirklich die lange und typische Geschichte ihres Entzugs, ihrer Demütigung und ihrer tagtäglichen Hoffnungen hören, sehr kleiner Hoffnungen, die für sie alles sind? Glamouröser Tod oder banales Überleben: Was von beidem wird es sein?

Ich verpfändete Sandys Ring nicht. Warum nicht, weiß ich nicht mehr. Ich tat viele andere Sachen für sie. Versuchte, sie zu beschützen. Brachte ihr meine Daunendecke in die Absteige in Polk Gulch, dieselbe Decke, unter der sie geschlafen hatte, als sie in der Mittelstufe mein Zimmer mit mir teilte. Hielt in jedem Haus, in dem ich lebte, eine Schachtel Backpulver in einem Küchenschrank bereit, damit sie ihre Drogen herstellen konnte. Sie hatte einen Dealer, der Kokain lieber aß, als es zu rauchen oder sich zu spritzen. Er schnitt Scheiben von einem großen Klumpen ab und knabberte daran wie an pulverigem Erdnusskrokant. Sandy erzählte mir davon und kicherte, als wäre es süß. Wenn sie etwas beschrieb, klang es immer charmant und nicht schrecklich. Das war ihre Gabe. Sie war blond und blauäugig und zu hübsch für Make-up, nur ein Töpfchen mit schimmerndem Gloss, das ihren Lippen einen fuchsienfarbenen Glanz verlieh, hatte sie stets in der Jackentasche. Zu meinen Eltern sagte sie in ihrem liebenswerten Singsang: «Hi,

Peter! Hi, Pinky!» Selbst wenn mein Vater sie im Gefängnis besuchte. Hi, Peter!

Als ich den Job im Blue Lamp bekam, wohnte ich Ecke Haight und Ashbury Street. Oliver Stone drehte dort gerade einen Kinofilm über die Doors und versuchte, den Sommer der Liebe dafür nachzustellen. Ich mochte Hippies nicht und wollte nicht mal Leute sehen, die sich als Hippies verkleidet hatten. Heute kann ich erkennen, dass diese Feindseligkeit zum Teil vom enormen Einfluss der Beatnikkultur meiner Eltern herrührte, ihrem Enthusiasmus für Jazz, die Kultur der Schwarzen, traditionell amerikanische Formen als der wahren, erhabenen Kunst, selbst wenn es in meiner frühen Kindheit in Eugene, Oregon, von Hippies nur so gewimmelt hatte. Mit über zwanzig kamen sie mir wie eine ahistorische Performance vor: weiße Mittelschichtskinder, die Jesus-ähnlich strenge Enthaltsamkeit übten, eine Buße, die ich als harmlos und lahm empfand.

Oliver Stone filmte unsere Ecke, unter unseren Fenstern. Wahrscheinlich hatte er einen Deal mit unserem Vermieter gemacht, ihm Geld gegeben. Uns nicht. Also kamen und gingen wir den ganzen Tag. Mein Look war damals vollständig schwarz, mit lila gefärbten Haaren. Unter mir wohnte ein Mitglied der Band Touch Me Hooker; deren Look war wie eine Glam-Rock-Version von Motörhead. Jedes Mal, wenn jemand aus unserem Gebäude durch das Sicherheitstor auf die Straße trat, musste die Filmcrew «Cut!» rufen. Unser anachronistisches Dazwischenfunken störte ihre Aufnahmen. Am nächsten Tag war die Filmcrew wieder da. Wir stellten Lautsprecher in die Fenster und spielten die Dead Boys. Ich weiß nicht genau, warum wir so feindselig waren. Es gab einen Song von den Doors, den ich immer gemocht hatte, «Peace Frog» («Friedensfrosch»).

In ihrem titelgebenden *White Album*-Essay behauptet Joan Didion, Jim Morrisons Hosen seien aus «schwarzem Vinyl», nicht aus schwarzem Leder. Ist Ihnen das mal aufgefallen? Mindestens dreimal spricht sie von Jim Morrisons Vinylhosen.

Liebe Joan:
Schallplatten sind aus Vinyl. Jim Morrisons Hosen waren aus Leder, und selbst eine Debütantin aus Sacramento, eine Berkeley Tri-Delt, sollte den Unterschied kennen.

Mit besten Grüßen
Rachel

Als ich mit sechzehn an Joan Didions Alma Mater Berkeley zu studieren begann, freundete sich ein Hare Krishna mit mir an, der auf der Sproul Plaza vegetarische Kochbücher verkaufte. Er wirkte nicht wie ein typischer Hare Krishna. Er hatte eine tiefe, rauchige Stimme mit New Yorker Tonfall und war mit Tattoos übersät – ich konnte sie unter seiner safrangelben Robe sehen. Er hatte etwas Mutiges, Funkelndes. Einen Hals wie ein Ringer. Er verkaufte da draußen seine Kochbücher, und wir unterhielten uns. Manchmal sah ich ihn eine Weile nicht. Dann war er wieder da. So ging es die ganzen vier Jahre meiner Collegezeit. Viel später wurde mir klar, durch meinen Freund Alex Brown, dass dieser Rambo-Hare-Krishna wahrscheinlich Harley Flanagan war, der Sänger der Cro-Mags, einer Hardcore-Band aus New York City, die mit Alex' Band Gorilla Biscuits tourte. Die Krishnas waren Harleys Urlaub von seinem Lower-East-Side-Leben, oder die Cro-Mags waren sein Urlaub von seinem Krishna-Gig. Oder es gab keinen Konflikt, und er machte einfach beides.

In der kürzlich erschienenen Dokumentation über die Grateful Dead spielt Haight-Ashbury eine große Rolle. Meine Lieblingsszene stammt aus der frühen Bandgeschichte, als Jerry Garcias alte Freundin sagt, sie habe sich von ihm getrennt, als er in seiner Beatnikphase mit Bluegrass angefangen habe. Sie fand Bluegrassmusik mechanisch und unkreativ. Jerrys einstudiertes Banjogezupfe machte sie verrückt, also beendete sie die Beziehung. Ich schaute die Doku an Silvester 2018. Genau um Mitternacht war ich bei dem Teil angelangt, als Jerry stirbt. Illegale Feuerwerke terrorisierten meine Straße in Echo Park, und im Fernsehen kam die Nachricht von Jerrys Tod. In der Woche darauf sagte ich zu ein paar Leuten: «Ich habe an Silvester die neue Grateful-Dead-Doku geschaut, und Jerry ist genau um Mitternacht gestorben.» – «O Gott, er ist um Mitternacht gestorben?», sagten die meisten. Sie verstanden den Witz nicht. Deadheads, mein Bruder zum Beispiel, fanden den Witz nicht lustig, während Nicht-Deadheads noch nicht mal wissen, dass Jerry Garcia seit fünfundzwanzig Jahren tot ist!

Terence McKenna, jener Mann, der meinte, der Verzehr von psychoaktiven Pilzen habe uns zum Menschen gemacht, ging viel weiter als die Hippies. Einmal hörte ich ihn im Palace of Fine Arts in San Francisco einen gespenstisch überzeugenden Vortrag halten. Er traf anhand von Tabellen eine Menge Voraussagen, allerdings vergaß ich zu überprüfen, ob sich irgendetwas davon bewahrheitete. In der Reihe vor mir saß der Industrial-Noise-Musiker Naut Humon. *Not human*. Kein Mensch. Er hatte schwarz gefärbtes Haar, trug Stiefel mit Stahlkappen und einen sogenannten Blaumann. Erinnern Sie sich an Naut Humon? Ich glaube, er lebte in einem Gebäudekomplex auf einem ehemaligen Green-Tortoise-Busbahnhof unten in Hunters Point. Nur ein Mensch könnte sich so einen Künstlernamen ausdenken.

Dies war zur Zeit der Operation Green Sweep. Bush – ich meine Bush senior – inszenierte Razzien der Drogenvollzugsbehörde DEA bei Cannabis-Anbauern nördlich der Stadt im Humboldt County. Meine schon erwähnte Freundin Sandy stieg da ein. Profitierte. Sandy kannte Typen, die einen Helikopter mieteten und einen Piloten anheuerten. Sie flogen tief über die Anbauer hinweg und schlugen sie in die Flucht. Dann gingen sie wie Bundespolizisten gekleidet, falsche Bundespolizisten, auf die Felder und sackten alle Pflanzen ein. Wer auf legale Weise reich werden will, kann mit Gras heute große Geschäfte machen. Wenn ich wüsste, was gut für mich ist, würde ich auf der Stelle Marihuana-Aktien kaufen, anstatt diesen Essay zu schreiben.

Das Green-Sweep-Debakel kam nach dem Paraquat-Debakel, über das zuerst in der Zeitschrift *High Times* berichtet wurde. Carters Regierung lieferte der mexikanischen Regierung Paraquat zum Besprühen von Marihuana-Pflanzen. Später ließ Reagan Paraquat aus Helikoptern auf Marihuana-Farmen überall in den Vereinigten Staaten sprühen. Paraquat kann tödlich sein. Wer Gras rauchte, das damit versetzt war, konnte sterben.

Ich habe ein paarmal unreines Gras geraucht. Nicht mit Paraquat versetzt, sondern mit PCP. Einmal bekam ich welches, nachdem ich vor dem Oakland Coliseum geschlafen hatte, um The Who und The Clash zu sehen. Ich war vierzehn: mit anderen Worten, kein Kind. Glücklicherweise hatte ich vorher schon mal was geraucht, daher wusste ich, was da passierte, auch wenn es mir nicht angenehm war. Das war drei Jahre nachdem all die Leute bei einem Who-Konzert in Cincinnati zu Tode getrampelt worden waren. Als Roger Daltry auf die Bühne kam, drängte die Menge nach vorne, und ich wurde von den Füßen gehoben. Hinter mir war ein Mod, riesengroß, im Fishtail-Parka mit fellgefütterter Kapuze. Es war ein heißer Tag, und ich weiß noch, dass er wie ein Roboter wirkte, den die Hitze nicht zu stören schien, und auch mich schien er nicht zu bemerken. Er schob mich vorwärts. Meine Füße berührten den Boden nicht, und ich konnte kaum atmen. Das ist ein seltsames Gefühl: als stürbe man auf einem Rockkonzert.

Ich habe den Song «People Who Died» von Jim Carroll immer sehr gemocht. Ich verstehe ihn. Als Teenager war ich mal auf einer seltsamen Veranstaltung, die Jim Carroll und Ray Manzarek, der Keyboarder von den Doors, zusammen machten. Ray Manzarek spielte Klavier, und Jim Carroll las Gedichte über Dharma und Sepsis.

Meine erste Dichterlesung war eine kostenlose Samstagnachmittagsveranstaltung mit Allen Ginsberg im Ear Inn in West-SoHo, die ich im «Cheap Thrills» («Billiges Vergnügen»)-Teil der *Village Voice* angekündigt gesehen hatte. Ich war fünfzehn oder sechzehn, wohnte bei älteren Cousinen von mir und ging allein hin. Das Mindestalter für Alkoholkonsum in New York war achtzehn, aber das interessierte niemanden. Ich bestellte einen White Russian, davon hatte ich schon mal gehört und fand die Vorstellung reizvoll, dass ein Drink Milch enthielt. Ich wartete, während Ginsberg mit seinem Gefolge, oder sagt man mit seiner Entourage, einem Haufen Aufpasser, hereinkam. Sie setzten sich an einen großen Tisch. Alle warteten, während Ginsberg sein riesiges Omelett mit Pommes aß. Ich glaube, Suppe aß er auch noch. Drei Stunden nach der festgesetzten Zeit fing er mit der Lesung an. Er las von einem dicken Stapel loser Blätter. Las und las, und die weggelegten Blätter häuften sich auf den schmutzigen Tellern. Ich hörte mindestens eine Stunde lang zu. Dann ging ich weg, geschlagen, während Ginsberg weiterlas. Ich trat aus dem Ear Inn hinaus in den Regen, wurde von Taxis, die auf den Holland Tunnel zurasten, mit öligem Wasser bespritzt. Lyrik ist was für Trottel, war so ungefähr mein Gedanke. Oder Ginsberg ist was für Trottel.

Wissen Sie, wer ein begabter Dichter ist? Raymond Pettibon. Auf meiner Lieblingszeichnung von ihm hockt eine nackte Frau auf dem hohen Außensims eines Gebäudes, kurz davor zu springen. Die Legende lautet: «I will my body to my father» («Ich vermache meinen Körper meinem Vater»).

In San Francisco gab es eine Punk-Sängerin, die in Krankenschwesterntracht auftrat. Sie sah hawaiianisch aus und hieß Pearl Harbor. An Silvester spielte ihre Band einmal mit der Hardcore-Legende Agnostic Front im Rendezvous in der Sixth Street, aber das Konzert endete frühzeitig, weil der Sänger von Agnostic Front auf offener Bühne in eine Schlägerei mit einem Fan geriet. Pearl Harbor hielt sich vornehm aus der ganzen Sache raus, stand in weißen Strumpfhosen und kurzer weißer Schwesterntracht inklusive gestärkter weißer Schwesternhaube am Rand, während diese Rowdies sich auf dem bierfeuchten Boden wälzten.

Das Folgende ist aus Charles Willefords Roman *Pick-Up*, der in San Francisco spielt: «Es ist komisch mit diesen Krankenschwestern. Wenn sie ihre saubere weiße Tracht und ihre hübschen weißen Schuhe anhaben, sehen sie alle gut aus, aber wenn sie sich zurechtmachen, um auszugehen, wird's furchtbar. Ich hab noch nie eine kennengelernt, die wusste, wie man sich für eine Verabredung anzieht. Aber ausgezogen sind sie ganz Frau, und das ist für mich die Hauptsache.»

Der Erzähler von *Pick-Up* findet Arbeit als Burgerbrater in der Market Street im Civic Center. Er nennt die Adresse nicht, aber ich sehe eine Lücke, wo früher mal eine Imbissbude war, gleich hinter dem Fascination, einem Spielkasino, in dessen Geldwechsler meine Freundin Sandy verknallt war, als wir in die achte Klasse gingen. Wir vergeudeten viel Zeit damit, Spielsüchtigen im Fascination dabei zuzusehen, wie sie Gummikugeln nummerierte Holzbahnen hochschossen, während neben ihnen kleine Rauchsäulen aus den Aschenbechern aufstiegen. Es war still da drinnen wie in einer Kirche; nichts als das Geräusch rollender Gummikugeln.

Diese Stunden im Fascination und an vielen anderen Ecken meiner Geschichte fanden Eingang in einen meiner Romane, *Ich bin ein Schicksal*, nachdem ich mir klargemacht hatte, dass die Orte des realen Lebens und die Menschen, die ich kannte, nie in Büchern vorkommen würden, wenn ich diese Bücher nicht schrieb. Also ernannte ich mich selbst zur weltführenden Expertin für zehn Quadratblocks des Sunset Districts, den westlichen Teil des Great Highway, ein Stück der Market Street, ein paar Blocks im Tenderloin. Meine Expertise ist nicht nur mein Wissen, sondern meine Durchlässigkeit. Die Expertin absorbiert übermäßig viel mehr, als es für irgendjemandes Erinnerung «nützlich» ist.

Über die meisten Leute aus dem Blue Lamp habe ich nie geschrieben. Wenn ich sie in Literatur verwandeln würde, könnte ich den realen Ort, dessen Spuren sich ansonsten verflüchtigt haben, aus dem Gedächtnis verlieren. Die Kneipe gibt es nicht mehr. Die Leute sind alle tot. Das könnte der Grund sein. Vielleicht kann man aber auch nur über etwas schreiben, wenn man nicht mehr der Mensch ist, der es erlebt hat, und diese Wandlung ist noch nicht vollzogen. Die Frau, die über ihr Erleben schreibt, ist nicht dieselbe Frau wie die, die das Erlebnis hatte. Die Fähigkeit, darüber zu schreiben, ist ein Beweis für Veränderung, für großen Abstand. Nicht jeder ist bereit, das zuzugeben, aber es ist wahr.

In diesem Sinne ist in jede Autobiografie ein Wandlungsnarrativ eingebaut: Die Schriftstellerin erweckt den Anschein, diejenige zu sein, die sich erinnert, die sah, tat und fühlte, aber sie ist nicht mehr dieser Mensch. Indem sie die Dinge niederschreibt, wird sie neu geboren. Und bleibt trotzdem von ihren Taten geprägt, selbst wenn sie sich jetzt distanziert. Was die Schriftstellerin bei aller vermeintlichen Selbstentblößung, aller Behauptung authentischen Erlebens weglässt, wovon sie nicht berichtet, das ist die bittere Vorstellung, ihr Leben könnte ein auf Papier gebannter Gegenstand werden. Könnte die Seiten eines Buches füllen.

Ich weiß nicht, wo meine Freundin Sandy jetzt ist. Unter dem Radar. Ich habe gegoogelt. Alles, was ich finde, sind Gerichtsprotokolle. Richterliche Haftbefehle, Nichterscheinen vor Gericht. Ich habe einem Ex-Mann von ihr auf Facebook geschrieben. Er hat ihre Kinder allein großgezogen. Keine Antwort. Ich kann es ihm nicht verübeln. Wahrscheinlich wünscht er sich einfach ein normales Leben.

Als Sandy und ich als Jugendliche auf der Haight Street unterwegs waren, herrschte dort keine Atmosphäre guter Gefühle und freier Liebe. Es war anrüchiger, dunkler. Wir hingen in einem Headshop rum, der White Rabbit hieß. Hinten in dem Laden schnüffelten Leute Äther. Ich hörte dort «White Room» von Cream, einen Song wie ein übers kalte, stille Wasser hüpfender Stein. «At the party she was kindness in the hard crowd.» Auf der Party war sie die Sanftmut unter harten Leuten. Es ist eine gute Zeile. Oder heißt es, sie war *kindest*, also am sanftesten unter harten Leuten? Das war der Kontext, in dem sie ein guter Mensch sein konnte? So oder so, der Schlüssel sind die harten Leute. Das White Rabbit *waren* die harten Leute. Die Typen, die da hingingen. Die Typen, die ich kannte. War ich hart? Nicht im Vergleich zu der Welt um mich herum. Ich sage mir, dass es keine moralische Schwäche ist, die Weiche zu sein, aber eigentlich bin ich mir da nicht sicher.

Später verdarben Skinheads mir und vielen anderen Haight-Ashbury. Sie kamen uneingeladen zu einer Party bei mir zu Hause. Sie stritten sich mit einem Gast und warfen ihn übers Geländer oben an der Treppe. Er landete zwei Stockwerke tiefer auf dem Kopf. Sie veranstalteten eine Nazi-Demo auf der Haight Street. Der Anführer war jemand, den ich aus der Herbert Hoover Middle School kannte, ein Typ, der *Probleme hatte, sich einzufügen*, wie die Phrase besagt und die Sachlage bestätigt. Er war ein Freak, er war New Wave, er versuchte sich als Skater und als Peace-Punk, und schließlich trat er im Anzug bei *Geraldo* auf und redete von arischem Stolz. Davor war er einer, der uns zu sich nach Hause einlud, wo wir den Alkohol seines Vaters tranken. Die Leute gingen dazu über, aus Jux die Wohnung zu verwüsten. Jemand zündete die Wohnzimmervorhänge an.

Wenn ich das Zündrädchengeräusch eines Bic-Feuerzeugs höre, denke ich an etwas anderes: die schwarzen Maybelline-Kajalstifte mit rotem Gehäuse, die wir über einer Flamme anwärmten, weil sie sich dann leichter auftragen ließen. Haben Sie das auch gemacht? Wenn die Spitze zu heiß wird, bricht sie ab und klebt als Klecks auf dem Augenlid.

Zu der Band Touch Me Hooker, in der mein Nachbar aus der Haight Street spielte, gehörte auch Tony Guerrero, mit dem ich aufgewachsen war. Er und sein Bruder Tommy wohnten im Sunset District um die Ecke von mir, in der umgebauten Garage des Hauses von ihrem Onkel. Mein Bruder fuhr mit den beiden Skateboard, war Teil ihrer Gang, bis er sich einmal, als er das Gefälle der Ninth Avenue hinunterraste, den Oberschenkelhalsknochen brach. Tony hatte eine frühe Skatingkarriere, gab es aber auf. Tommy wurde Profi. Als wir

Kinder waren, gründeten Tommy und Tony eine Band namens Free Beer: Schreib das auf einen Flyer, und es kommen Horden. Free Beer. Free Beer spielten im Mab – dem Mabuhay Gardens, das ursprünglich ein philippinisches Restaurant gewesen war.

Wenn ich erlebe, wie die Leute wegen der goldenen Skateboarding-Tage romantisch werden, bin ich zwiegespalten. Ich habe zu viel von den hässlicheren Teilen gesehen. Ich denke an den ehemaligen Profiskater Neil Heddings und das berühmte Dogtown-Original Jay Adams, die sich aus der Staats- respektive Bundesstrafanstalt Briefe schrieben. Oder an einen gewissen Profiskater, der Sandy misshandelte. Ein von ihm designtes, unmontiertes Santa-Cruz-Brett, auf dem in Rot sein Name prangt, den ich hier nicht nennen werde, ist immer noch in der Garage meiner Eltern. Ich denke an Leute, die allgemein als Deppen galten und auf idiotische Art starben, um später plötzlich zu «Legenden» erklärt zu werden. Ich kann es nicht auf sich beruhen lassen, dass wir Mädchen ständig von Skatern herabgesetzt wurden, dass sie sich benahmen, als hätten wir ihre Beleidigungen und ihre Missachtung verdient, obwohl wir ihre Freundinnen und Teil ihrer Clique waren. Jungs außerhalb der Clique waren «Schwuchteln» oder «Spinner». Aber was soll ich sagen. Hey. Mit ein paar von diesen Leuten bin ich heute noch befreundet. Und manche von ihnen widerlegen all das. Tommy zum Beispiel, für den Skateboarden ein Ventil war – nicht um Aggressionen herauszulassen, um zu zerstören, sondern um unaufhaltsam kreativ zu sein.

Wie gesagt war ich unter den harten Leuten die Weiche. Vielleicht ist das der Grund, warum ich so unbedingt aus San Francisco wegwollte, womit ich meine, dass ich unbedingt eine bestimmte Welt innerhalb dieser Stadt verlassen wollte, eine, für die ich zu gut zu sein glaubte und in der ich mich gleichzeitig minderwertig fühlte. Ich hatte Vorbilder, die viele meiner Freunde nicht hatten: gebildete Eltern, die mir ein Bewusstsein für die weitere Welt gaben, mich hungrig danach machten. Aber ein anderer Teil ihres Einflusses war die unbürgerliche Idee, dass sich wahre Bedeutung bei den Leuten fand, die am hellsten brannten, die frei waren, sich selbst zugrunde zu richten. Ich bewunderte viele der Leute, die ich hier beschreibe. Sie standen für mich über mir, in einer Hierarchie, die sich mit der Tatsache, dass ich diejenige bin, die lebt und davon erzählen kann, neu ordnet.

Ich war das schwache Glied, der Geist, der immer ein wenig auf Abstand blieb: mich selbst und andere beobachtend, die Ereignisse ihres und meines Lebens in mich aufnehmend. Hart zu sein, heißt, Dinge von sich abperlen zu lassen, in der Gegenwart zu leben, nicht zu grübeln oder sich Sorgen zu machen. Und auch wenn ich versackte, bis zum Ende dabeiblieb, war ein Teil von mir schon früher gegangen. Schriftstellerin zu sein, heißt, früher gegangen zu sein, egal wann man nach Hause gekommen ist. Und dann ging ich endgültig, verließ San Francisco. Meine Freunde blieben alle da. Aber der Ort prägt mich noch genauso wie sie.

Dreiundvierzig war unsere magische Zahl. Ich sehe sie und weiß wieder, dass ich, als Mädchen aus dem Sunset, auf Lebenszeit Teil eines Kults bin. Ich durchsuche Facebook nach den irischen Sunset-Jungs, bekannt für Gewalt oder Schönheit oder Skandale. Sie posieren im «Proletenstil», mit Kangolmütze und Unterhemd – «wifebeater» auf Englisch – vor Harleys und Custom Cars. Viele sind aus der Stadt vertrieben worden. Sie leben in Rohnert Park, Santa Rosa oder Stockton. Aber sie haben SF-Tattoos. Niners-Tattoos. Sunset-Tattoos. Ein Bild vom Cliff House mit den schäumenden Wellen darunter, die in die Bucht von Kellys Cove branden.

Manchmal erschrecke ich vor der Galerie all der Seelen, die ich gekannt habe. Vor der Überlieferung. Der unbesungenen wilden Geschichte. Menschen drängen sich in meine Träume und sprechen mit mir. Menschen, die gestorben oder verschwunden sind oder deren Verbindung zu meinem Leben keinen logischen Sinn ergibt, aber so stark wie eh und je existiert, in einer Vergangenheit, die nicht verblasst, sondern durchsickert und abfärbt. Als ich zum ersten Mal Ambien nahm, die Droge, die manche dazu bringt, sich im Schlaf Brote zu schmieren und auf Glasscherben zu laufen, hatte ich das Gefühl, dass alle, die ich je gekannt hatte, sich um mich scharten, nicht auf unangenehme Art. Es war eine Party, begleitet von einem warmen Wiedersehensgefühl. Wir waren alle da.

Aber manchmal prasseln die Millionen Geschichten, die ich habe, und die Millionen Menschen, die ich kenne, wie ein permanenter Hagelsturm auf das Dach meiner Innenwelt.

Das Rendezvous, in dem Pearl Harbor in ihren weißen Strumpfhosen und der gestärkten Schwesternhaube auftrat, war nur wenige Meter von dem Hotel entfernt, wo Robert Crumbs Bruder Max lebte. Wir kannten Max, weil er den ganzen Tag draußen auf dem Gehweg saß, Kleingeld schnorrte und den Passanten seinen verlorenen Verstand vorspielte. Wir wussten nicht, dass er R. Crumbs Bruder war. Das bekamen wir erst mit, als der Film *Crumb* rausgekommen war. Ich glaube nicht, dass ich mir diesen Film noch einmal anschauen werde. Zu traurig.

Harley von den Cro-Mags ist eine unverrückbare Erinnerung aus der Zeit in Berkeley, aber was immer er wollte, es hat sich mir nie erschlossen. Vielleicht wollte er mir nur vegetarische Kochbücher verkaufen. Ein paar Jahre davor hätte er fast mal den Künstler Richard Prince überfallen, der im selben Haus im East Village wohnte wie Harley. Richard sagte: «Hey,

Mann, ich bin dein Nachbar. Such dir jemand anders zum Ausrauben.» (Harley bestreitet das Ganze.)

Richard Prince' Karriere fing in derselben Galerie an, in der Alex Brown ausstellte, Feature. Bei Feature war auch ein Künstler, der früher angeblich mal auf Schlafsäcken gemalt hatte. Ich habe diese Schlafsackbilder nie gesehen. Ich hörte davon, und das genügte. Spätnachts, in unseren Gesprächen, kam unweigerlich ein Moment, in dem irgendjemand sie erwähnte. Dann nickten wir alle. «Ja, die Schlafsackbilder.» Robert Rauschenberg hat ein Bild auf einer Steppdecke gemalt; das kommt dem ziemlich nah und war viel früher: 1955. Die Decke gehörte Dorothea Rockburne. Ich nehme an, er hatte sie sich von ihr geliehen. Eine Steppdecke, ein Quilt, ist traditioneller und amerikanisch, während Schlafsäcke was für Hippies sind, für Durchreisende ohne Respekt.

Ich dachte, als ich den Absatz schrieb, dass das womöglich meiner Fantasie entsprang, dass niemand wirklich Bilder auf Schlafsäcken gemalt hatte, einem viel zu glatten Stoff. Aber gestern Abend lief ich dem Maler dieser Bilder in die Arme. Ich hatte ihn zwanzig Jahre nicht gesehen. Er bestätigte alles. Nicht nur die Bilder, auch sich und mich. Es gibt uns.

Die Dinge, die ich gesehen, und die Menschen, die ich gekannt habe: Vielleicht kann Sie das alles nicht kümmern. So ähnlich sagt es Jimmy Stewart in *Vertigo* zu Kim Novak. Er möchte, dass Judy, die Figur, die Novak spielt, ihre Haare so trägt, wie die unerreichbare Madeleine es tat. Er möchte, dass Judy eine Klassefrau aus Pacific Heights ist und keine ärmliche Verkäuferin aus einem Warenhaus in der Innenstadt.

«Judy, bitte, *dich* kann das doch nicht kümmern.»

Ungeheuerlich. Er redet von den Haaren einer Frau. Ihren eigenen Haaren. Natürlich kümmert es sie.

Ich rede von meinem eigenen Leben. Das Sie nicht nur nicht kümmern könnte, sondern vielleicht langweilt.

Also: Verschaffen Sie sich selbst Ihren Auftritt. Verfassen Sie Ihre Litanei, so wie ich gerade meine verfasst habe. Führen Sie selbst Buch. Gedenken Sie Ihrer Toten und Ihrer Lebenden, dann können Sie mich langweilen.

Dank

Dieses Buch war Jason Smiths Idee. Zu großem Dank bin ich auch meiner Agentin Susan Golomb und meiner Lektorin Nan Graham verpflichtet; ebenso Claire Gutierrez vom *New York Times Magazine*, deren Feedback mich, wie ich gerne glauben möchte, zu einer besseren Schriftstellerin gemacht hat. Das Gleiche gilt für die redaktionelle Beratung durch Elizabeth Schambelan von *Artforum*. Ich danke David Velasco, Michael Miller, Hedi El Kholti, Nicole Rudick, Scott Rothkopf, Eric Banks und allen Redakteuren, mit denen ich an diesen Essays zusammengearbeitet habe; außerdem Katie Monaghan, Roz Lippel, Tamar McCollum, Sabrina Pyun, Katie Rizzo und allen bei Scribner. James Lickwar überprüfte und bestätigte Einzelheiten des Cabo-1000-Rennens sowie das Jahr, in dem wir dabei mitfuhren. Emily Goldman machte das Gleiche für den Titelessay mit Blick auf unser SF. Dank Benjamin Weissman kam ich nach Los Angeles, um «The Girl on a Motorcycle» zu lesen, als ich noch eine unveröffentlichte, unerprobte, unbekannte Autorin war. Dank Ayelet Waldman, Michael Chabon und Moriel Rothman-Zecher kam ich nach Palästina. Dank Thomas Demand und Alexander Kluge kam ich nach Venedig. Dank Armand Powell Croft III kam ich zum Oktoberfest, und es war zwar überhaupt kein Spaß, aber ich danke ihm für seine lebenslange Freundschaft und dafür, dass er mir beim Kauf meines ersten Motorrads geholfen hat. Gale Harold und Christ Beach bestätigten mir Details aus der Zeit, als wir für Bill Graham Presents arbeiteten. Anna Moi entwirrte Debatten über Orts- und Familiennamen, die selbst von Franzosen missverstanden werden. Daniele Balicco und Maria Teresa Carbone, Jasper Bernes und Joshua Clover verschafften mir Gelegenheiten, Nanni Balestrini zu preisen. Ich danke Alex Browns Familie, seinen Freunden und seiner Band Gorilla Biscuits dafür, dass sie die Erinnerung an ihn lebendig halten, und Alexander Ross fürs Verifizieren der Einzelheiten. Ich danke Hiba Nababta und dem verstorbenen Baha Nababta für ihre Gastfreundschaft und Liebenswürdigkeit und Craig und Ruthie Gilmore für die ihre. «Harte Leute» war ursprünglich ein Essay, den ich für Richard Prince geschrieben habe; der Essay hat sich zu etwas anderem gewandelt, aber im Geist ist Richard noch da. Zuletzt danke ich Cynthia Mitchell dafür, dass sie alles verifiziert hat, einschließlich des Noumenons, und Remy Kushner für seine Klugheit und Gutmütigkeit.

Quellen

Fast alle Essays in diesem Band wurden seit ihrer Erstveröffentlichung gründlich überarbeitet:

«The Girl on a Motorcycle»
Eine etwas andere Version dieses Essays erschien in *She's a Bad Motorcycle: Writers on Riding* (Da Capo, 2001).

«Wir sind hier alle Waisen»
«We Are Orphans Here» erschien ursprünglich im *New York Times Magazine*, 1. Dezember 2016; später auch in *Kingdoms of Olive and Ash* (HarperCollins, 2017); und in Leslie Jamison, Hg., *The Best American Essays 2017* (Houghton Mifflin Harcourt, 2017). Auf Deutsch unter dem Titel «Mr. Nice Guy» in *Oliven und Asche*, hrsg. von Michael Chabon und Ayelet Waldman (Kiepenheuer & Witsch, 2017), übersetzt von Bettina Abarbanell.

«Erd-Engel»
«Earth Angel: Denis Johnson's Final Book of Fiction», *Bookforum* (Februar/März 2018). Die Zitate im Text stammen aus: Denis Johnson, *Jesus' Sohn*, (Rowohlt, 2006), S. 49, 50 und 77, übersetzt von Alexander Fest; ders., *Die Großzügigkeit der Meerjungfrau* (Rowohlt, 2018), S. 14, 23, 56, 62 und 80, übersetzt von Bettina Abarbanell; ders., *Ein gerader Rauch* (Rowohlt, 2008), übersetzt von Bettina Abarbanell und Robin Detje.

«In der Gesellschaft von Fernfahrern»
«In the Company of Truckers», *New York Times Magazine*, 19. Februar 2014.

«Schlechte Kapitäne»
«Bad Captains», *London Review of Books*, Nr. 22 (Januar 2015). Auf Deutsch erschienen unter dem Titel «Tagebuch» (Rowohlt Blog, 2016), übersetzt von Bettina Abarbanell. Zitat aus Louis-Ferdinand Céline, *Reise ans Ende der Nacht* (Rowohlt, 2012), S. 199, übersetzt von Hinrich Schmidt-Henkel. Zitate aus Curzio Malaparte, *Die Haut* (Zsolnay Verlag, 2006), übersetzt von Hellmut Ludwig, S. 13/14.

«Happy Hour»
«Happy Hour», *Jeff Koons: A Retrospective*, Whitney Museum of American Art, 2014.

«Unterwegs auf den Seitenstraßen»
«Tramping in the Byways» erschien als Nachwort zu *How I Became One of the Invisible* von David Rattray (Semiotext[e], 2019). Auf Deutsch unter dem Titel «Unterwegs, auf Seitenstraßen» im *Schreibheft* 96, Januar 2021, übersetzt von Rainer G. Schmidt. Die Übersetzung wurde für den vorliegenden Band überarbeitet.

«Fliegende Autos»
«Flying Cars», aus *Matthew Porter: The Heights* (Aperture Books, 2019).

«Bilderbuchpferde»
«Picture-Book Horses», erschienen als Einleitung zu *The Border Trilogy* von Cormac McCarthy (Picador UK, 2018). Zitate aus Cormac McCarthy, *All die schönen Pferde* (Rowohlt, 2014), übersetzt von Hans Wolf, S. 20, 318.

«Nicht in der Band»
«Not With the Band»: eine wesentlich kürzere, andere Version erschien ursprünglich in *Vogue*, Mai 2018.

«Hochentzündlich»
«Made to Burn», ursprünglich in *Paris Review*, Ausgabe 203 (Winter 2012, Portfoliodesign von Charlotte Strick für *Paris Review*, 2012).

«Populäre Mechanik»
«Popular Mechanics» ist eine weiterentwickelte, längere Version des Vorworts zu *We Want Everything* von Nanni Balestrini (Verso, 2016) und

«Nanni Balestrini, 1935–2019», *Commune Magazine*, Herbst 2019. Die Zitate im Text stammen aus: Nanni Balestrini, *Wir wollen alles*, in: ders., *Die große Revolte*, aus dem Italienischen von Peter O. Chotjewitz (Verlag Assoziation A, 2008), S. 21, 50, 45, 50, 47, 48, 55/56, 56, 57. Abdruck mit freundlicher Genehmigung des Verlags Assoziation A. Außerdem: «Fragebogen für Arbeiter», *Marx-Engels-Werke* Bd. 19, S. 230–237.

«Der Untergang der HMS Bounty»

«The Sinking of the HMS Bounty» ist die überarbeitete und erweiterte Fassung eines Essays aus dem Ausstellungskatalog von Thomas Demand, Alexander Kluge und Anna Viebrock, *The Boat Is Leaking. The Captain Lied*, Fondazione Prada, 2017. Zitate im Text aus: Hans Magnus Enzensberger, *Der Untergang der Titanic* (Suhrkamp 1978), S. 34, 98, 102, 84, 99, 97 und 99.

«Duras mit s»

«Duras with an S» ist eine weiterentwickelte, längere Version des Vorworts zu *The Lover, Wartime Notebooks, Practicalities by Marguerite Duras*, Everyman's Library edition (Alfred A. Knopf, 2018); auch erschienen in «A Man and a Woman, Say What You Like, They're Different», *New Yorker* pageturner, 10. November 2017. Zitat aus Marcel Proust, *Sodom und Gomorrha*, übersetzt von Bettina Abarbanell. Zitate aus Marguerite Duras, *Das tägliche Leben* (Suhrkamp, 1988), übersetzt von Ilma Rakusa; S. 24, 22, 64, 24, 63, 63, 65, 66, 155, 161, 157. Zitate aus Marguerite Duras, *Hefte aus Kriegszeiten* (Suhrkamp, 2007), übersetzt von Anne Weber, S. 93, 229, 153, 162, 210, 232, 235, 59, 55. Zitat aus Marguerite Duras, *Der Liebhaber* (Suhrkamp, 1985), übersetzt von Ilma Rakusa, S. 7.

«Brauchen wir Gefängnisse?»

«Is Prison Necessary?», *New York Times Magazine*, 17. April 2019.

«Die Rebellin»

«Woman in Revolt», *Artforum* 51, Nr. 3 (November 2012).

«Lippenstiftspuren»

«Lipstick Traces», *Bookforum* (Dezember/Januar 2013). Zitate aus Clarice Lispector, *Aqua viva* (Bibliothek Suhrkamp, Bd. 1162, 1994), übersetzt von Sarita Brandt, S. 25, 7, 36, 76, 109. Abdruck mit freundlicher Genehmigung des Suhrkamp Verlags. Zitate aus Clarice Lispector, *Der große Augenblick* (Schöffling, 2016), übersetzt von Luis Ruby, S. 5, 21, 85. Das Zitat aus den «crónica» stammt aus einer noch nicht veröffentlichten Übersetzung von Luis Ruby (Kolumnen 1946–1977), die voraussichtlich im Herbst 2023 bei Penguin erscheint, S. 6, 107. Zitat aus Ingeborg Bachmann, *Malina* (Suhrkamp TB 4469, 2013), S. 9/10. Zitat aus Clarice Lispector, *Nahe dem wilden Herzen* (Schöffling, 2013), übersetzt von Ray-Güde Mertin und Corinna Santa Cruz, S. 99. Abdruck mit freundlicher Genehmigung des Schöffling Verlags.

«Häschen»

«Bunny» ist eine weiterentwickelte, längere Version des Essays aus: «Passages: Alex Brown», *Artforum* 57. Nr. 8 (April 2019). Zitat aus Rachel Kushner, *Flammenwerfer* (Rowohlt, 2015), übersetzt von Bettina Abarbanell, S. 484.

«Nackte Kindheit»

«Nackte Kindheit» ist die Adaption eines im März 2021 in der *Vogue* erschienenen Essays.

Das Zitat von Joan Didion ist aus: Joan Didion, *Die Stunde der Bestie* (Rowohlt, 1996), übersetzt von Eike Schönfeld, S. 108.

«Harte Leute»

«The Hard Crowd». Ein Auszug daraus erschien im *New Yorker*, 18. Januar 2021.

Bildnachweise

Seite 149: Jack Goldstein, *The Murder*, 1977, © the Estate of Jack Goldstein.

Seite 150: Standbild aus *Stranded in Canton*, 1974, © Eggleston Artistic Trust. Mit freundlicher Genehmigung von Eggleston Artistic Trust und David Zwirner.

Seite 151: Larry Fink, *Black Mask*, 1967, mit freundlicher Genehmigung von Larry Fink.

Seite 152: Danny Lyon, *88 Gold Street*, 1967, © Danny Lyon / Magnum Photos.

Seite 153: Andy Warhol, *Screen Test: Virginia Tusi*, [ST345], 1965 (16 mm, Schwarz-Weiß-Film, stumm, 4 Minuten 30 Sekunden bei 16 Einzelbildern pro Sekunde), © 2022 The Andy Warhol Museum, Pittsburgh, PA, ein Museum des Carnegie Institute. Alle Rechte vorbehalten.

Seite 154: Julie Buck und Karin Segal, *China Girl #56*, 2005, mit freundlicher Genehmigung von Julie Buck.

Seite 155: Lee Lozano, *Punch, Peek & Feel*, 1967, © The Estate of Lee Lozano. Mit freundlicher Genehmigung von Hauser & Wirth; Moderna Museet, Stockholm/Foto: Stefan Altenburger, Zürich.

Seite 156: Allen Ginsberg, *Sandro Chia*, 1985, mit freundlicher Genehmigung des Allen Ginsberg Estate.

Seite 157: Robert Heinecken, *Cliché Vary: Autoeroticism*, 1974, mit freundlicher Genehmigung des Robert Heinecken Estate, Chicago, © The Robert Heinecken Estate.

Seite 158: David Salle, *The Coffee Drinkers*, 1973, © VG Bild-Kunst, Bonn 2022.

Seite 159: Gabriele Basilico, *Contact*, 1984, mit freundlicher Genehmigung des Archivio Gabriele Basilico.

Seite 160: Enrico Castellani, *Superficie*, 2008, © Fondazione Enrico Castellani.

Seite 161: Standfoto aus *Anna*, 1975, Cineteca Nazionale / Cineteca di Bologna / Associazione Culturale Alberto Grifi.

Seite 162: Detail des Covers von *I Volsci* (März 1980), Ausgabe 10, mit freundlicher Genehmigung des London School of Economics Red Notes Archive.

Seite 163: Tano D'Amico, *At the Gates of the University*, 1977, © Yale University's Beinecke Rare Book & Manuscript Library.

Seite 164: Cover von *Mara e le altre*, mit freundlicher Genehmigung von Evan Calder Williams.

Seite 276: Foto von DeeDee Halleck, privat.

Seite 280: Foto von Fred Drosten, privat.